教育

EDUCATIONAL
TECHNOLOGY

技术

马维和◎著

黑龙江人民出版社

图书在版编目(CIP)数据

教育技术 / 马维和著. — 哈尔滨：黑龙江人民出版社，2019.1（2021.5重印）
ISBN 978 - 7 - 207 - 11640 - 6

Ⅰ．①教…　Ⅱ．①马…　Ⅲ．①教育技术学　Ⅳ．①G40 - 057

中国版本图书馆 CIP 数据核字（2019）第 019943 号

责任编辑：姜海霞
封面设计：欣鲲鹏

教育技术

马维和　著

出版发行　黑龙江人民出版社
　　　　　　地址　哈尔滨市南岗区宜庆小区 1 号楼（150008）
　　　　　　网址　www.hljrmcbs.com
印　　刷　北京一鑫印务有限责任公司
开　　本　787 × 1092　1/16
印　　张　19.5
字　　数　350 千字
版次印次　2019 年 1 月第 1 版　2021年5月第2次印刷
书　　号　ISBN 978 - 7 - 207 - 11640 - 6
定　　价　58.00 元

前　言

　　教育技术是通过创造、使用、管理适当的技术性的过程和资源,以促进学习和提高绩效的研究与符合伦理道德的实践。教育技术不是一般的某种教学方法的应用,它包含了以学习者为中心,依靠资源,运用系统方法综合应用于教育、教学的理论与实践。教育技术重视分析、研究学习者的特点,因为学习者的情况对于选择目标、确定步调、确定评价性质等许多教育决策都产生直接影响。在教育技术中,解决问题的表现形式是依靠开发使用学习资源与促进个别化学习来提高人的学习质量。学习资源包括信息、人员、学习材料、设备、技巧和环境,是一个复杂的系统。要使它们在学习中产生整体功能、发挥优良作用,就必须通过进行系统的设计实现优化组合。因此涉及进行一系列的教育开发工作,进行有效的教学资源开发和有效的教学过程设计。教育技术的本质就是利用技术手段特别是信息技术手段去优化教育教学过程,从而达到提高教育教学的效果、效益与效率的目标。

　　教育技术是国家教育信息化的重要组成部分,对于转变教育思想和观念,深化教育改革,提高教育质量和效益,培养创新人才具有深远意义,是实现教育跨越式发展的必然选择。其实质就是要在先进的教育理论的指导下,以教育环境的数字化、教学内容的数字化、学习工具的数字化为切入点,将教育技术作为教师的教学辅助工具、学生学习的情感激励工具与学生学习的认知工具,改变传统教学中教师、教材、教学媒体的作用以及教师、教材、教学媒体和学生之间的关系,促进传统教育思想、教学结构、教育模式甚至于教育组织形式的全面变革,实现一种全新的学习与教学方式,大幅度提高教育和教学效率,培养具备创新精神与实践能力、适应信息时代知识经济要求的高素质人才。全书在内容体系上共分为七章:第一章,教育技术概述;第二章,教育技术理论基础;第三章,教育技术的基本理论;第四章,教育信息化;第五章,信息技术与课程整合;第六章,教育技术应用;第七章,教育技术发展趋势;本书提出了教育技术的新理念和新观点，阐述了教育技术的含义、教育技术的理论基础、教育技术的基本理论、教育信息化、信息技术与课程整合、教育技术应用、教育技术发展趋势等方面的问题。本书可以作为关注教育技术的广大中小学教师有价值的参考读物，也可以作为师范类学生的相关教材，也可以作为教育技术学专业的《教育技术》课的教材。

　　由于水平和时间有限，书中肯定有很多不足，敬请专家和读者批评指正。

马维和

2018 年 12 月于齐齐哈尔大学

目　　录

第一章　教育技术概述 ……………………………………………（1）

　第一节　教育技术的基本概念 …………………………………（1）

　　一、技术与教育技术 …………………………………………（1）

　　二、教育技术研究对象及范畴 ………………………………（1）

　　三、从教育技术到教育技术学 ………………………………（2）

　　四、教育技术学的学科性质 …………………………………（2）

　　五、教育技术学的研究方法和研究取向 ……………………（3）

　第二节　教育技术的发展历史 …………………………………（3）

　　一、教育技术发展鸟瞰 ………………………………………（3）

　　二、国外教育技术的发展演变 ………………………………（4）

　第三节　教育技术管理 …………………………………………（5）

　　一、教育技术管理概述 ………………………………………（5）

　　二、学习资源管理 ……………………………………………（5）

　　三、教学过程管理 ……………………………………………（6）

　　四、项目管理 …………………………………………………（6）

第二章　教育技术理论基础 ………………………………………（7）

　第一节　教育技术学的理论基础概述 …………………………（7）

　　一、教育技术学的哲学基础 …………………………………（7）

　　二、学习理论 …………………………………………………（7）

　第二节　行为主义学习理论 ……………………………………（9）

　　一、概念 ………………………………………………………（9）

　　二、代表人物 …………………………………………………（9）

　第三节　认知主义学习理论 ……………………………………（12）

　　一、理论介绍 …………………………………………………（13）

二、理论观点 …………………………………………… (13)

三、理论贡献 …………………………………………… (16)

四、理论缺陷 …………………………………………… (17)

五、学习理论 …………………………………………… (18)

第四节　建构主义学习理论 ………………………… (19)

一、关于学习的含义 …………………………………… (19)

二、关于学习的方法 …………………………………… (20)

三、建构主义的学习思想 ……………………………… (21)

四、建构主义的模式和学习方法 ……………………… (24)

五、建构主义的学习设计 ……………………………… (27)

第五节　人本主义学习理论 ………………………… (29)

一、基本理论 …………………………………………… (30)

二、简介 ………………………………………………… (31)

三、差异 ………………………………………………… (31)

四、分类 ………………………………………………… (32)

五、理论基础 …………………………………………… (32)

六、中心疗法 …………………………………………… (32)

七、教学目标 …………………………………………… (33)

八、自由学习 …………………………………………… (34)

九、教学观 ……………………………………………… (35)

十、评价 ………………………………………………… (36)

第六节　多元智能理论 ……………………………… (38)

一、人类智能的定义 …………………………………… (39)

二、八种智能简介 ……………………………………… (39)

三、多元智能理论的要点 ……………………………… (41)

四、多元智能理论对教育的影响 ……………………… (43)

第三章　教育技术的基本理论 …………………… (45)

第一节　教学设计理论与模式概述 ………………… (45)

模块一　初始教学系统设计 …………………………… (45)

模块二　认识教学设计模式 …………………………… (47)

第二节　前端分析和学习目标设计(一) ……………………………… (50)
　　模块一　学习需要分析 ……………………………………………… (50)
　　模块二　教学内容分析 ……………………………………………… (52)
第三节　前端分析和学习目标设计(二) ……………………………… (54)
　　模块三　学习需要分析 ……………………………………………… (54)
　　模块四　学习目标设计 ……………………………………………… (59)
第四节　教学模式与教学策略设计 …………………………………… (62)
　　模块一　信息化环境下的教学模式 ……………………………… (62)
　　模块二　教学策略的选择与运用 ………………………………… (64)
第五节　教学媒体与学习环境设计 …………………………………… (67)
　　模块一　教学媒体选择 …………………………………………… (67)
　　模块二　学习环境设计 …………………………………………… (69)
第六节　学习过程与结果评价设计 …………………………………… (71)
　　模块一　学习过程与结果评价概述 ……………………………… (71)
　　模块二　学习过程与结果评价新方法 …………………………… (73)
第七节　信息化环境下的教学设计 …………………………………… (77)
　　模块一　信息化教学设计概述 …………………………………… (77)
　　模块二　信息化教学设计模式 …………………………………… (78)
第八节　信息化环境下的教学设计(一) ……………………………… (81)
　　模块一　教学设计概述 …………………………………………… (81)
　　模块二　教学设计的一般过程模式 ……………………………… (82)
第九节　信息化环境下的教学设计(二) ……………………………… (87)
　　模块三　信息化环境下的教学设计 ……………………………… (87)
　　模块四　网络环境下的教学设计步骤与方法 …………………… (91)
第四章　教育信息化 …………………………………………………… (93)
第一节　信息技术 ……………………………………………………… (93)
　　一、信息的含义 …………………………………………………… (93)
　　二、信息的特征 …………………………………………………… (97)
　　三、信息的产生和形态 …………………………………………… (98)
　　四、技术 …………………………………………………………… (100)
　　五、信息技术 ……………………………………………………… (100)

第二节 教育信息化的条件 …………………………………………（102）

一、观念转变是教育信息化的先导条件 ………………………（103）

二、技术熟练是教育信息化的必要条件 ………………………（103）

三、资源丰富是教育信息化的重要条件 ………………………（103）

四、硬件可行是教育信息化的基本条件 ………………………（104）

第三节 教育信息化的目标及作用 ……………………………（105）

一、教育信息化的目标 …………………………………………（105）

二、教育信息化作用 ……………………………………………（106）

第四节 教育信息化对学习带来的影响 ………………………（108）

一、学习内容 ……………………………………………………（109）

二、学生 …………………………………………………………（109）

三、教师 …………………………………………………………（111）

四、学习媒体 ……………………………………………………（113）

第五节 教育信息化的基本要素 ………………………………（115）

一、学习材料的信息化特征 ……………………………………（115）

二、教师的信息化特征 …………………………………………（115）

三、学习者的信息化特征 ………………………………………（115）

四、学习过程的信息化特征 ……………………………………（116）

第六节 教育信息化的类型 ……………………………………（116）

一、投影（多媒体）教室 ………………………………………（116）

二、多媒体网络教室 ……………………………………………（117）

三、学科学习资源开发中心 ……………………………………（119）

四、校园网络互动学习平台 ……………………………………（119）

五、网络教务管理系统 …………………………………………（120）

六、网络课程开发工具 …………………………………………（121）

七、学习资源管理系统 …………………………………………（123）

第七节 信息化学习设计概述 …………………………………（124）

一、学习内容和学习目标分析 …………………………………（125）

二、学习者特征分析 ……………………………………………（127）

三、设计学习任务 ………………………………………………（127）

四、学习情境设计 ………………………………………………（130）

五、学习资源设计 ………………………………………… (132)

六、自主学习设计 ………………………………………… (133)

七、协作学习设计 ………………………………………… (133)

八、学习策略设计 ………………………………………… (134)

九、管理与帮助设计 ……………………………………… (135)

十、学习评价设计 ………………………………………… (135)

第八节　信息化学习策略的设计 ………………………… (136)

一、信息化学习策略综述 ………………………………… (136)

二、信息技术环境下自主学习策略的设计 ……………… (137)

三、信息技术环境下协作学习策略的设计 ……………… (140)

第九节　信息化学习的评估 ……………………………… (144)

一、有效的信息化课堂学习 ……………………………… (144)

二、信息化课堂评价指标体系构建 ……………………… (146)

三、面向学习过程的档案袋评估方法 …………………… (149)

第五章　信息技术与课程整合 …………………………… (158)

第一节　信息技术与课程整合 …………………………… (158)

一、信息技术与课程整合的有关概念 …………………… (158)

二、信息技术与课程整合的内涵 ………………………… (163)

三、信息技术与课程整合的目标 ………………………… (164)

四、信息技术与各学科课程的整合关键 ………………… (165)

五、信息技术与课程整合的环境 ………………………… (166)

第二节　信息技术与课程整合的意义 …………………… (167)

一、我国目前基础教育的现状 …………………………… (167)

二、信息技术与课程整合的功能 ………………………… (169)

三、信息技术与课程整合的意义 ………………………… (171)

第三节　信息技术与课程整合的发展进程 ……………… (174)

一、信息技术与课程整合的发展情况 …………………… (174)

二、我国信息技术与课程整合的进程 …………………… (176)

第四节　信息技术与课程整合模式设计的原则 ………… (181)

一、整合性原则 …………………………………………… (181)

二、实效性原则 …………………………………………… (182)

三、协助性原则 …………………………………………（182）

四、自主性原则 …………………………………………（182）

五、协作性原则 …………………………………………（183）

第五节 整合中信息技术运用的基本方法 ………………（183）

一、讲授型方法 …………………………………………（184）

二、个别辅导方法 ………………………………………（185）

三、操练与练习 …………………………………………（187）

四、讨论学习方法 ………………………………………（188）

五、协作学习 ……………………………………………（189）

六、头脑风暴学习 ………………………………………（193）

七、协作调查学习 ………………………………………（195）

八、基于资源的学习 ……………………………………（195）

九、支架式学习 …………………………………………（197）

十、抛锚式学习 …………………………………………（199）

十一、随机进入学习 ……………………………………（200）

十二、游戏化学习 ………………………………………（201）

第六节 信息技术与课程整合中的教师定位 ……………（206）

一、教师要把握建构主义教育思想的要义 ……………（207）

二、教师要把握学习技术与媒体的应用 ………………（208）

三、教师对信息技术与课程整合要有正确的认识 ……（210）

第七节 信息技术与课程整合的误区 ……………………（212）

一、教育思想、教育观念转变不到位 …………………（213）

二、师生主导、主体地位理解的误区 …………………（213）

三、对学习资源认识的误区 ……………………………（214）

四、对课程整合的认识误区 ……………………………（214）

第八节 信息技术与课程整合的建议 ……………………（215）

一、要以先进的学与教的理论为指导 …………………（215）

二、要用新的教学设计理论 ……………………………（215）

三、要重视资源建设 ……………………………………（216）

四、重视评价 ……………………………………………（216）

第九节 信息技术与课程整合的评价 ……………………………… (216)

一、概说教育评价 ……………………………………………… (217)

二、认识信息技术与学科课程整合的内涵 …………………… (218)

三、信息技术与课程整合的评价体系 ………………………… (219)

第六章 教育技术应用 …………………………………………… (222)

第一节 MOOC ……………………………………………………… (222)

一、慕课对高等教育模式的影响 ……………………………… (222)

二、慕课对高等教育观念的影响 ……………………………… (223)

三、慕课对高等教育教学方法的影响 ………………………… (224)

四、慕课对高等教育质量的影响 ……………………………… (225)

五、慕课对高等教育学分证书制度的影响 …………………… (226)

第二节 微课 ……………………………………………………… (227)

一、微课的特点 ………………………………………………… (228)

二、微课的类型 ………………………………………………… (229)

三、微课的应用 ………………………………………………… (229)

四、微课的设计与制作 ………………………………………… (230)

第三节 网络课程的设计与开发 ………………………………… (232)

一、网络课程开发的基本流程 ………………………………… (233)

二、确定教学大纲 ……………………………………………… (233)

三、确定教学内容 ……………………………………………… (234)

四、总体设计与原型实现 ……………………………………… (234)

五、脚本编写 …………………………………………………… (237)

六、素材准备 …………………………………………………… (240)

七、课件开发 …………………………………………………… (240)

八、运行维护与评价 …………………………………………… (240)

第四节 网络教学环境设计 ……………………………………… (241)

一、讨论论题及内容设计 ……………………………………… (241)

二、设计课程疑问及解答 ……………………………………… (242)

三、计划在线交谈话题 ………………………………………… (243)

四、设计课程资源 ……………………………………………… (243)

五、设计测验试题 ……………………………………………… (244)

第五节　网络教学活动设计 ……………………………………（245）

第六节　翻转课堂 ………………………………………………（247）

一、翻转课堂及教学能力的概述 ………………………………（247）

二、翻转课堂的发展背景及国内外研究现状 …………………（247）

三、翻转课堂在我国教育体系中的应用 ………………………（248）

四、教学能力在翻转课堂中的作用 ……………………………（251）

五、翻转课堂下提高教学能力的策略 …………………………（254）

六、培养教师对课堂调控的灵活应变 …………………………（257）

七、为学生营造良好的新型学习氛围 …………………………（257）

八、教师课后不断进行自我反思总结 …………………………（258）

第七节　移动学习 ………………………………………………（258）

一、移动学习内涵 ………………………………………………（259）

二、移动学习研究中的关键性问题 ……………………………（259）

三、移动学习的发展趋势 ………………………………………（261）

第八节　绩效技术 ………………………………………………（261）

一、绩效技术的历史起源与发展 ………………………………（262）

二、绩效技术与教学技术 ………………………………………（264）

第七章　教育技术发展趋势 ………………………………………（267）

第一节　数字化学习 ……………………………………………（267）

一、内容描述 ……………………………………………………（267）

二、学习要素 ……………………………………………………（267）

三、特点 …………………………………………………………（268）

四、模式 …………………………………………………………（268）

五、学习环境 ……………………………………………………（270）

六、学习资源 ……………………………………………………（270）

七、学习模式 ……………………………………………………（271）

八、学习评价 ……………………………………………………（271）

第二节　虚拟现实技术在教育中的应用 ………………………（272）

一、虚拟现实技术在教育中的应用研究 ………………………（272）

二、虚拟现实技术应用于教育的现实意义 ……………………（274）

第三节　智慧校园 ···（276）

　一、智慧校园的缘起及概念解析 ···················（277）

　二、智慧校园的内涵与特征 ·························（279）

　三、支撑智慧校园的若干关键技术 ·················（281）

　四、总结 ···（283）

第四节　智慧课堂 ···（284）

　一、智慧与教育智慧 ·································（284）

　二、智慧型教师 ·······································（285）

　三、智慧课堂及其建构 ·······························（286）

第五节　智慧课程 ···（289）

　一、问题提出 ···（289）

　二、特征建构 ···（290）

　三、结论与思考 ·······································（293）

参考文献 ···（295）

第一章 教育技术概述

第一节 教育技术的基本概念

一、技术与教育技术

1. 技术：在信息社会，技术是人类在生产生活、社会发展和科学实验过程中，为了达到预期的目的而根据客观规律对自然、社会进行认识、调控和改造的物质工具、方法技能和知识经验等的综合体。该定义包含两方面的内容，即有形的物质设备、工具手段和无形的、非物质的、观念形态的方法与技能。

2. 教育技术：由于教育技术是技术的子范畴，因此教育技术就是人类在教育教学活动过程中运用的一切物质工具、方法技能和知识经验的综合，它分为有形（物化形态）技术和无形（观念形态）技术两大类。

二、教育技术研究对象及范畴

1. AECT'94 定义：

Instructional Technology is the theory and practice of design, development, utilization, management and evaluation of processes and resources for learning.

教育技术是对学习过程和学习资源的设计、开发、运用、管理和评价的理论与实践。

2. 研究对象：学习过程和学习资源。

学习过程：广义学习过程，即"学与教"的过程，或者说是包括学习过程和教学过程两个方面。学习资源：指在学习过程中可被学习者利用的一切要素。

3. 研究范畴：设计、开发、利用、管理和评价。

设计：设计是详细说明学习条件的过程，其目的是为了生成策略或产品。

从设计范畴的理论研究和实际探索的落脚点出发分为四个子领域：教学系统设计、讯息设计、教学策略和学习者特征分析。影响设计范畴的因素集中在五个方面：设计者的知识观、设计者的经验、学习理论在设计中的运用、系统方法的影响和新技术的设计过程的影响。

开发：开发是指针对学习资源和学习过程，按照事先设计好的方案予以实施将其转化为物理形式的过程。从技术发展的历史过程来划分，分为四个子领域：印刷技术、视听技术、基于计算机的技术和整合技术。

运用：运用是通过教与学的过程和资源来促进学习者学习活动的过程。运用包括四个子领域：媒体的利用、革新推广、实施和制度化、政策和法规。

管理：管理指的是通过计划、组织、协调和监管来控制教学。管理范畴分为四个子领域：项目管理、资源管理、传送管理和信息管理。

评价：评价是对一个事物的价值的确定。在教育技术领域中，它是对计划、产品、项目、过程、目标或课程的质量、有效性或价值的确定。评价范畴包括：问题分析、标准参照量、形成性评价和总结性评价。

三、从教育技术到教育技术学

1. 只有当教育技术发展到一定阶段时，才会逐渐产生一个专门用于研究教育技术现象及其规律的学科——教育技术学。具体地讲，教育技术学主要是在教育心理学、媒体技术与系统科学方法的发展、彼此渗透、综合的基础上产生的。

2. 教育技术学（技术化教育学）是通过设计、开发、利用、管理、评价有合适技术支持的教育过程与教育资源，来促进学习并提高绩效的理论与实践。

四、教育技术学的学科性质

1. 教育技术学是教育学科领域的一门新兴的分支学科

教育手段：是指教育者为达到一定的教育目的所采用的活动方式和方法的总称，主要指各种教育工具、教育方法和教育组织形式等。教育方法：是指为实现教育目的和内容而采用的各种方式、各种手段和程序的总和。

2. 教育技术学是教育研究中的技术层次的学科

教育哲学的研究在于对教育本身进行反思，探讨教育的本质、价值、目的，提出、设计和描述人的发展理想。教育科学研究的重点在于研究教育、教学活动的内在关系和规律。教育的技术学层次在于探索如何分析、解决具体教育、教学问题的办法,获取改善教学的处方,并且强调能够在相同教学情境中重复使用这种方法来解决问题,体现技术的本质可重复性。教育技术学是具有方法论性质的学科。教育技术学知识体系的核心思想就是"系统方法"。

五、教育技术学的研究方法和研究取向

1. 教育技术的研究方法。哲学的方法:它是研究教育技术宏观性、指导性的方法。一般研究方法:它是指具体研究过程中针对某类学科、某些问题而使用的方法。包括三种:质性研究方法、量的研究方法和综合方法。专门研究法:是指针对专门问题所采用的特殊的研究方法。

2. 教育技术的元方法:教育技术学作为方法论层次的学科,寻找归纳设计、开发、管理、评价学习过程和学习资源的理念、模式、方法、分析框架等适用于教育技术研究领域思考的方法,是教育技术的元方法。

第二节　教育技术的发展历史

一、教育技术发展鸟瞰

1. 从技术的角度看教育技术的发展

从技术的两个发展方向来把握教育技术的内涵。教育技术包含两个方面的内容:物化形态的教育技术与观念形态的教育技术,它们构成了教育技术发展的两个主要方向。这与教育技术发展史上的"媒体论"和"过程论"的观点相对应。涵盖了教育技术发展中的两个核心概念:视听媒体和系统方法,它们分别代表了物化形态的教育技术和观念形态的教育技术。从技术的三个发展阶段来把握教育技术发展概况。根据技术发展的三个阶段将教育技术的发展也划分为三个阶段——传统教育技术:以手工技术为基础的教育技术体系。视听媒体教育技术:以机电技术为基础的教育技术体系。信息化教育技术:以信息技术为基础的教育技术体系。

2. 教育技术发展的特点

教育技术的发展是非替代性的。教育技术的发展表现出一定的累积性。教育技术发展过程中表现出一定的选择性即"适者生存",即保留其中有

生命力的技术。

在教育技术发展过程中对人的作用的认识越来越深刻,教师的作用将是不可替代的。

教育技术的发展需要新的观念,并且要通过积极推进教育的整体改革才能使自身获得快速发展。

二、国外教育技术的发展演变

1. 美国教育技术的形成与发展可从三个方面追溯:

视听教学运动推动了各类学习资源在教学中的应用;个别化教学促进了以学习者为中心的个性化教学的形成;教学系统方法的发展促进了教育技术理论核心——教学设计学科的诞生。

2. 媒体教学技术——从直观教学到视听传播

直观教学——教育技术的先声。夸美纽斯由此得出结论:充分运用直观形象或直观教具是教学工作的"金科玉律"。直观教学是通过运用真实事物标本、模型、图片等为载体传递教学信息,进行具体的教学活动。直观教学实质是一种传授观察经验的直观技术。

3. 视觉教学——教育技术的发端

从实习地见习开始,它提供的教材最具体;越向上,具体性逐渐减少而抽象性逐渐增加;相对来说,言语最抽象。视听教学是媒体教育技术研究的主题。

4. 戴尔的"经验之塔"理论要点

最底层的经验最具体,越往上越抽象,各种教学活动可以依其经验的具体——抽象程度排成一个序列;教学活动应从具体经验入手,逐步进入抽象经验;位于"塔"的中间部位的那些视听经验,比上层更具体形象,又弥补了下层的不足。

5. 视听传播——教育技术观念由媒体理论向过程论和系统论过渡

传播理论对视听教学的影响:教育技术观念从静止的媒体论走向动态的过程论。早期系统观对视听教学的影响:教育技术观念从有形的媒体论走向无形的系统论。视听传播的理论框架和定义开始出现。视听传播的实际目标:有效地使用每一种传播方法和媒体,以开发学习者的全部潜力。

第三节　教育技术管理

一、教育技术管理概述

1. 教育技术管理的含义

管理:即对一定范围的人员及事务进行安排和处理,教育技术管理是管理在教育人培养人这一领域中的具体的、特定的应用。

教育技术管理:教育技术应用领域的各级管理人员,通过计划、组织、协调和监督等一系列的方法、手段和制度来调度所有资源、协调各种关系,以便有效地达到既定目标的教育活动过程。

教育技术管理的特点:教学目标的主导性,管理思想的现代性,管理工作的开放性,服务的广泛性,地位的从属性,管理的复杂性,事业的开拓性。

2. 教育技术管理的意义

管理是推进教育技术发展的决定性因素。管理对整个教育技术工作起着计划、决策、组织、领导、控制和全面协调的重要作用。教育技术管理是实现教育技术目标的关键。教育技术管理是提高教育技术效率和效益的保证。

二、学习资源管理

1. 学习资源的分类

从学习资源的来源可将学习资源分为两大类:设计的资源和利用的资源。

从学习资源的表现形态可将学习资源分为两类:硬件资源和软件资源。

按学习资源的性质可将学习资源分为两类:人力资源和非人力资源。

2. 硬件资源的管理

硬件资源是指学习进行过程中所需的设备、设施、场所等看得见摸得着的有形资源。硬件资源管理的科学化和制度化对教育技术的应用起着基础性的保障作用,其主要内容有:计划与购置。验收和记账立卡。

3. 软件资源管理:是指各种媒体化的学习材料和支持学习活动的工具性软件,是教学资源的重要组成部分之一。

4. 学习资源管理的两种主要方法:集中管理,开放式管理。

三、教学过程管理

1. 现代教学的新特点：教学媒体多样化，教学信息传递立体化，教学对象多层次化，教学方法系统化。

2. 教学过程管理的基本原则：综合性原则，连续性原则，个性原则，最优化原则。

3. 教学过程管理的主要内容：就是利用计算机的数据统计分析和信息处理功能来支持教师对教学过程的管理职能。学校综合信息管理。

四、项目管理

项目管理：指对教学设计和项目开发过程的计划、监督和调控。

1. 网络资源库项目的计划。

2. 网络资源库项目的开发过程管理。

3. 网络资源库项目管理的组织。

第二章　教育技术理论基础

第一节　教育技术学的理论基础概述

一、教育技术学的哲学基础

1. 技术主义：在本体论上把技术看作人的本质力量的延伸；在价值论上把技术看作既可以造福人类又可能危害人类的"双刃剑"。在未来观上主张用辩证思维指导下的认识论、实践论、历史观把握人与技术的内在矛盾和人类征服与服从自然的外在矛盾。

2. 人本主义：在教育目的上，存在主义主张应以个人的自我完成为目标。在师生关系上，教师的作用不是控制学习者，而是应扮演促进者的角色。人本主义提倡以学习者为中心的观点。对于教学内容，要求从客观世界转入个人世界。在教学方法上，认为苏格拉底的"产婆术"教学方法是最理想的方法。

二、学习理论

人类的学习活动和学习能力经历了一个由简单到复杂、由低级到高级的漫长发展过程，人们对学习的认识同样经历了一个由片面到全面、由现象到本质的逐步深化。心理学、教育学、社会学、脑科学、技术等不同学科领域专家都对此做了诸多的研究工作，从不同角度对学习活动与学习概念做了阐释。

经验中的学习概念：

对大多数人来说，"学习"是一个非常熟悉的概念，古今中外，人人都离不开学习，人们每时每刻几乎都在学习。但若问你"学习究竟是什么？"很多人恐怕就说不大清楚了，因为学习是一个非常复杂的现象，其涉及的范围广泛，形式多样，而又层次不一；加之各领域、各派别的学者对学习的解释历来众说纷纭，莫衷一是。因此，如何科学地理解和定义学习概念，这在理论界可以算是一大难题。

在公众的头脑中，谈到学习，人们首先想到的就是在教室里上课，或是看书识字学文化。很显然，日常生活中的学习概念是狭义的学习概念，主要指文化科学知识的学习。这是在印刷时代学校教育中最普遍、最广泛的学习活动，但这种借助语言文字等符号体系获取间接经验的学习方式，并不等于学习的全部，而且很容易掩盖学习活动的本质特征，甚至导致学习的异化。因此，必须穿透历史把握人类学习活动和学习概念的演变发展。

各种学习理论对学习的解释：

学习理论实际上就是对学习现象的一些思考，严格地说，学习理论是一门研究学习实质、学习过程和学习规律的科学。心理学、教育学、社会学、人类学都对学习理论有所贡献，所以学习理论也呈现百家争鸣、百花齐放的态势。

行为主义认为，学习是刺激与反应的联结，有机体接受外界的刺激，然后做出与此对应的反应，这种刺激与反应之间的联结（S－R）就是所谓的学习。行为主义学习理论强调环境决定学习结果，反对内省，主张客观实验，并认为人和动物的学习是一样的。

认知主义学习理论认为人的认识不是由外界刺激直接给予的，而是外界刺激和认知主体内部心理过程相互作用的结果。从人的内部过程入手，考虑人的学习问题。认为人的大脑的活动过程可以转化为具体的信息加工过程。

人本主义学习理论的观点：人本主义心理学派认为学习是自我概念的变化，也就是价值与潜能的实现。人本主义强调情感、人格和自我意识在学习中的作用。提倡真正的学习应以"人的整体性"为核心。强调"以学生为中心"的教育原则。认为学习的本质是促进学生成为全面发展的人。

建构主义学习理论认为学生的知识不是通过教师传授得到的，而是在一定情境下，借助他人的帮助，利用必要的学习资料，通过意义建构方式而获得的。学习是学习者主动地构建内部心理表征的过程，它不仅包括结构性的知识，而且包括大量的非结构性的经验背景。建构主义学习理论认为"情境、协作、会话、意义建构"是学习环境中的四大要素。学习过程同时包含两方面的建构。学习者以自己的方式建构对于事物的理解，从而不同人看到的是事物的不同方面，不存在唯一的标准的理解。

第二节　行为主义学习理论

行为主义学习理论(learning theory of behaviorism)是指运用行为主义的理论和方法研究学习的一种心理学流派。在对动物和人类进行一系列控制较严密的实验研究的基础上,发现并提出一系列有关学习的原理和规律。

一、概念

行为主义者认为,学习是刺激与反应之间的联结,他们的基本假设是:行为是学习者对环境刺激所做出的反应。他们把环境看成是刺激,把相应的有机体行为看作是反应,认为所有行为都是习得的。行为主义学习理论应用在学校教育实践上,就是要求教师掌握塑造和矫正学生行为的方法,为学生创设一种环境,尽可能在最大程度上强化学生的合适行为,消除不合适行为。

二、代表人物

1. 华生

美国心理学家约翰·华生在 20 世纪初创立了行为主义学习理论,在格思里、赫尔、桑代克、斯金纳等的影响下,行为主义学习理论在美国占据主导地位长达半个世纪之久。斯金纳更是将行为主义学习理论推向了高峰,他提出了操作性条件作用原理,并对强化原理进行了系统的研究,使强化理论得到了完善的发展。他根据操作性条件作用原理设计的教学机器和程序教学曾经风靡世界。

华生认为人类的行为都是后天习得的,环境决定了一个人的行为模式,无论是正常的行为还是病态的行为都是经过学习而获得的,也可以通过学习而更改、增加或消除,认为查明了环境刺激与行为反应之间的规律性关系,就能根据刺激预知反应,或根据反应推断刺激,达到预测并控制动物和人的行为的目的。他认为,行为就是有机体用以适应环境刺激的各种躯体反应的组合,有的表现在外表,有的隐藏在内部,在他眼里人和动物没什么差异,都遵循同样的规律。

2. 斯金纳

伯尔赫斯·弗雷德里克·斯金纳(Burrhus Frederic Skinner,1904—1990),

美国心理学家,他认为心理学所关心的是可以观察到的外表的行为,而不是行为的内部机制。他认为科学必须在自然科学的范围内进行研究,其任务就是要确定实验者控制的刺激与继之而来的有机体反应之间的函数关系。当然他不仅考虑到一个刺激与一个反应之间的关系,也考虑到那些改变刺激与反应的关系的条件,他的公式为:$R = f(S \circ A)$。行为主义的主要观点是认为心理学不应该研究意识,只应该研究行为,把行为与意识完全对立起来。在研究方法上,行为主义主张采用客观的实验方法,而不使用内省法。

他把学习的历程分为两种类型:应答型条件作用和操作型条件作用。经典行为主义研究的是前者,而斯金纳研究的重点是后者。操作性条件反射的形成依赖于有机体做出一定的动作反应;而经典性条件反射的形成依赖于有机体的无条件反射。同时,对待意识不像古典行为主义那样,避而不谈,而是承认意识的存在,但认为意识不过是有机体皮肤之内所发生的私有事件,它不作为行为的生理中介物,而是作为行为本身的一部分,因此感觉、知觉都可把它们作为刺激控制形式来加以分析。

(1)怎样看待知识:知识是部分技能有组织的积累,是在基本的心理单元或各行为单元间形成各种有组织的连接。这些单元是一些刺激反应的联系,强调某人知道的东西往往是这个人的经验的反应,把知识看作是一些特定反应组合。某种知识的形成经常可用课程及评定中详尽的行为目标来表示。

(2)如何理解学习活动:学习是联系的获得和使用,是形成联系,增强联系,调整联系。有效的学习需要有明显的准备,即学习的行为需要"塑造"。而迁移的条件是事先获得学习新知识所需的联系、刺激与反应之间的相似性,以及在最初习得的程序与迁移情境中要学的程序之间,到底有多少或有哪些共同的条件行动的产生式规则。

(3)怎样看待教师和学习者:教师是教学过程的设计者和组织者,是训练者,而学习者在教师创设的环境中被动地接受知识。他们对知识的掌握有赖于能否反复练习和得到及时的反馈。因此学习者是可以由教师任意塑造的,是接受者、被领导者。

(4)如何理解教学:斯金纳认为"教学就是安排可能发生强化的事件以促进学习",给学生创设能为要学习的刺激做出反应的机会,教学要在学生做出反应之后,应有随之而来的反馈。a. 教学目标:是提供特定的刺激,以便引起学生特定的反应,教学目标越具体、越精确越好。b. 教学过程:斯金纳认为,学生的行为受行为结果的影响,要学生做出合乎需要的行为反应,必须形成某种相倚关系,即在行为后有一种强化性的后果;倘若一种行为得不到强化,它就会消失。据此,相倚组织教学即对学习环境的设置、课程材料的设计和学生行为的管理做出了系统的安排;关注的是"怎样教",而不是"教什么"。事实上,侧重的是行为,并要以一种可以观察到的、测量的形式来具体说明课程内容和教学过程。c.教学方法:学习过程的有效进行有三个条件:小步骤呈现学习材料;对学习者任何反应立即予以反馈;学习者自定步调学习。传统的讲授法违背上述三个条件,应采用程序教学法。程序教学的设计需要按照教材内部的逻辑程序,以保证学生在学习过程中产生的错误率减少到最低限度;同时,又要合理地设计教材,使每个问题(即每一小步)都能体现教材的逻辑价值。每步内容很少,整个系统由浅入深、由简到繁来安排。程序教学安排有两种形式:"直线式、分支式"。

3. 班杜拉

班杜拉在大量实验研究基础上,提出了"观察学习理论"。1961 年,他以学前儿童为对象进行了一个实验。首先让儿童看成人榜样对一个充气娃娃拳打脚踢,然后把儿童带到一个放有充气娃娃的实验室,让他们自由活动。结果发现,儿童也学着成人榜样的动作对充气娃娃拳打脚踢。这说明,成人榜样对儿童行为有明显的影响,儿童可以通过观察成人榜样的行为而习得新行为。

观察学习是人类学习的本质:班杜拉将学习分为直接经验学习和观察学习两种形式。

直接经验的学习是个体对刺激做出反应并受到强化而完成的学习过程,其学习模式是刺激—反应—强化;离开学习者本身的经验及其所受到的强化,学习就不能产生。

观察学习是指个体通过观察榜样在应对外在刺激时的反应及其受到的强化而完成的学习过程。

观察学习的过程——注意过程:对榜样的知觉。观察者将其心理资源,如感觉、知觉等集中于榜样事件。它决定了选择什么样的信息作为观察对象及其从中获取什么信息,是观察学习的起始环节。

保持过程:信息的存储。观察者将获得的信息以符号表征的方式储存于记忆中。在此过程中,即时的观察经验转化为持久而稳定的认知结构,在榜样行为结束后,给观念者提供指导。

生成过程:记忆向行为的转变。把记忆中的表象和符号转换成适当的行为,即再现以前所观察到的榜样行为。

是由内到外,由概念到行为。

动机过程:行为表现。经过注意、保持和再改造几个过程后,观察者已经基本习得了榜样行为,却不一定会主动表现行为。观察者在动机驱使下,即在特定情境的某种诱因的作用下,才会表现习得的行为。

观察学习的条件:外部因素。榜样的特征包括性别、年龄、职业、社会地位及社会声望等,这些都会影响观察者对榜样的注意。

内部因素。观察者自身认知能力、知识背景和价值取向等都会对注意过程起到制约作用。

4.桑代克

桑代克是美国著名的心理学家,较早地对动物及人类的学习、教学原理和学习迁移进行了深入的研究,被誉为"教育心理学之父"。学习的本质是在刺激和反应之间形成联结。学习的过程是不断尝试错误以形成联结的过程。准备律、练习律和效果律为学习的主要规律。准备律:指学习者在学习前的预备定式。练习律:指刺激与反应之间的联结随练习次数的多少而增减或减弱,它包括应用律和失用律。应用律是指联系越多则联结力越强。失用律是指在一定时间范围内不练习,联结的力量就会减弱甚至消失。效果率:即如果个体对某种情境所起的反应形成可变联结之后伴随着一种满足的状况,这种联结就会增强;反之,如果伴随的是一种使人感到厌烦的状况,这种联结就会减弱。

第三节　认知主义学习理论

认知主义学习理论与行为主义学习理论相对立,源自格式塔学派的认知主义学习论,经过一段时间的沉寂之后,再度复苏。从20世纪50年代中期之后,随着布鲁纳、奥苏贝尔等一批认知心理学家的大量创造性的工作,使学习理论的研究自桑代克之后又进入了一个辉煌时期。他们认为,学习就是面对当前的问题情境,在内心经过积极的组织,从而形成和发展认知结构的过程,强调刺激反应之间的联系是以意识为中介的,强调认知过程的重要性。因此,认知主义的学习论在学习理论的研究中开始占据主导地位。

一、理论介绍

认知派学习理论家认为学习在于内部认知的变化,学习是一个比 S—R 联结要复杂得多的过程。他们注重解释学习行为的中间过程,即目的、意义等,认为这些过程才是控制学习的可变因素。

二、理论观点

1. 克勒的顿悟说

学习的认知理论起源于德国格式塔心理学派的完形理论。格式塔心理学的创始人是德国心理学家魏特墨(M. Wertheimer)、科夫卡(K. Koffka)和克勒。克勒历时 7 年,以黑猩猩为对象进行的 18 个实验,依据其结果,撰写了《猩猩的智慧》一文,他发挥了格式塔理论,提出了顿悟说。主要观点:第一,学习是组织、构造一种完形,而不是刺激与反应的简单联结。第二,学习是顿悟,而不是通过尝试错误来实现的。顿悟说重视的是刺激和反应之间的组织作用,认为这种组织表现为知觉经验中旧的组织结构(格式塔)的豁然改组或新结构的顿悟。

2. 托尔曼的认知—目的论

托尔曼对 S—R 联结说的解释不满,他认为学习的结果不是 S 与 R 的直接联结,主张把 S—R 公式改为 S—O—R 公式。在后一公式中,O 代表有机体的内部变化。托尔曼的学习理论有两大特点:第一,一切学习都是有目的的活动。第二,为达到学习目的,必须对学习条件进行认知。托尔曼用"符号"来代表有机体对环境的认知,认为学习者在达到目的的过程中,学习的是能达到目的的符号及其符号所代表的意义,是形成一定的"认知地图",这才是学习的实质。托尔曼的学习目的和学习认知概念,直接来自格式塔学派的完形说,吸取了完形派思想中某些积极成果,认为行为表现为整体的行为,这种有目的的整体性的行为是学习认知的结果。托尔曼把试误论与目的认知论相结合,认为在刺激和反应之间有目的与认知等中介变量,不但研究行为的外部表现,还要探讨内部大脑活动。关于学习出现的原因,托尔曼认为外在的强化并不是学习产生的必要因素,不强化也会发生。

3. 皮亚杰的认知结构理论

认知结构理论的代表人物是瑞士心理学家 J. 皮亚杰、美国的心理学家 J.

S.布鲁纳。他们认为认知结构，就是学习者头脑里的知识结构，它是学习者全部观念或某一知识领域内观念的内容和组织。他们认为，学习使新材料或新经验和旧的材料或经验结为一体，这样形成一个内部的知识结构，即认知结构。皮亚杰指出，这个结构是以图式、同化、顺应和平衡的形式表现出来的。布鲁纳认为，学习不在于被动地形成反应，而在主动地形成认知结构。学习由一系列过程组成，要重视研究学生的学习行为，教学应注意学习各门学科的基本结构。他们重视教材的知识结构。这个学派还系统地阐述了认知结构及其与课堂教学的关系。近些年来的教学实践和实验研究表明：采用一定手段有意控制学习者的认知结构，提高认知结构的可利用性、稳定性、清晰性和可辨别程度等，对于有效地学习和解决问题是有作用的。

4. 布鲁纳的认知发现说

布鲁纳的认知学习理论受完形说、托尔曼的思想和皮亚杰发生认识论思想的影响，认为学习是一个认知过程，是学习者主动地形成认知结构的过程。而布鲁纳的认知学习理论与完形说及托尔曼的理论又是有区别的。其中最大的区别在于完形说及托尔曼的学习理论是建立在对动物学习进行研究的基础上的，所谈的认知是知觉水平上的认知，而布鲁纳的认知学习理论是建立在对人类学习进行研究的基础上的，所谈认知是抽象思维水平上的认知。其基本观点主要表现在三个方面：第一，学习是主动地形成认知结构的过程。第二，强调对学科的基本结构的学习。第三，通过主动发现形成认知结构。布鲁纳认为发现学习的作用有以下几点：一是提高智慧的潜力。二是使外来动因变成内在动机。三是学会发现。四是有助于对所学材料保持记忆。所以，认知发现说是值得特别重视的一种学习理论。认知发现说强调学习的主动性，强调已有认知结构、学习内容的结构、学生独立思考等的重要作用。这些对培育现代化人才是有积极意义的。

5. 奥苏伯尔的认知同化论

奥苏伯尔与布鲁纳一样，同属认知结构论者，认为"学习是认知结构的重组"，他着重研究了课堂教学的规律。奥苏伯尔既重视原有认知结构（知识经验系统）的作用，又强调关心学习材料本身的内在逻辑关系。认为学习变化的实质在于新旧知识在学习者头脑中的相互作用，那些新的有内在逻辑关系的学习材料与学生原有的认知结构发生关系，进行同化和改组，在学习头脑中产生新的意义。奥苏伯尔的认知同化论的主要观点是：第一，有意义学习的过程是新的意义被同化的过程。奥苏伯尔的学习理论将认知方面的学习分为机械的学习与有意义的学习两大类。机械学习的实质是形成文字符号的表面联系,学生不理解文字符号的实质,其心理过程是联想。有意义学习的实质是个体获得有逻辑意义的文字符号的意义,是以符号为代表的新观念与学生认知结构中原有的观念建立实质性的而非人为的联系。第二,同化可以通过接受学习的方式进行。接受学习是指学习的主要内容基本上是以定论的形式被学生接受的。

6. 加涅的学习条件论

加涅认为学习是一种将外部输入的信息转换为记忆结构和以人类作业为形式的输出过程,要经历接受神经冲动、选择性知觉、语义性编码、检查、反应组织、作业等阶段,反馈及强化贯穿于整个学习过程。学习受外部和内部两大类条件所制约。外部条件主要是输入刺激的结构与形式,内部条件是主体以前习得的知识技能、动机和学习能力等。加涅认为,教育是学习的一种外部条件,其成功与否在于是否有效地适合和利用内部条件。

7. 加涅的信息加工学习论

加涅被公认为是将行为主义学习论与认知主义学习论相结合的代表。加涅认为,学习是学习者神经系统中发生的各种过程的复合。学习不是刺激反应间的一种简单联结,因为刺激是由人的中枢神经系统以一些完全不同的方式来加工的,了解学习也就在于指出这些不同的加工过程是如何起作用的。在加涅的信息加工学习论中,学习的发生同样可以表现为刺激与反应,刺激是作用于学习者感官的事件,而反应则是由感觉输入及其后续的各种转换而引发的行动,反应可以通过操作水平变化的方式加以描述。但刺激与反应之间,存在着"学习者""记忆"等学习的基本要素。学习者是一个活生生的人,他们拥有感官,通过感官接受刺激;他们拥有大脑,通过大脑以各种复杂的方式转换来自感官的信息;他们有肌肉,通过肌肉动作显示已学到的内容。学习者不断受到各种刺激,被组织进各种不同形式的神经活动中,其中有些被贮存在记忆中,在做出各种反应时,这些记忆中的内容也可以直接转换成外显的行动。

8. 海德和韦纳的归因理论

归因理论是探讨人们行为的原因与分析因果关系的各种理论和方法的总称。它试图根据不同的归因过程及其作用,阐明归因的各种原理。最早对归因进行研究的是美国心理学家 F. 海德,他认为人类有两类需要,即对周围世界进行理解和控制的需要。认为通过分析可得知人们行动的原因,并可预言人们如何行动。这就是人们进行行动归因的内在原因。归因可以分成:内归因和外归因,稳定性归因和非稳定性归因。内归因是行为者内在的原因,如人格、情绪、意志等。外归因是产生行为的环境因素,如工作设施、任务难度、机遇等。研究表明,人们总是做比较有倾向性的内归因或外归因。对自己的成绩常做内归因,但对他人的成绩则出于嫉妒,可能做外归因。稳定归因是导致行为的相对不变因素,如内在的能力、气质,外在的工作难度等。非稳定归因是相对易变的因素,如内在的情绪、外在的机遇等。

9. 认知派学习理论的评价

认知派学习理论为教学论提供了理论依据,丰富了教育心理学的内容,为推动教育心理学的发展立下了汗马功劳。认知派学习理论的主要贡献是:一是重视人在学习活动中的主体价值,充分肯定了学习者的自觉能动性。二是强调认知、意义理解、独立思考等意识活动在学习中的重要地位和作用。三是重视人在学习活动中的准备状态。四是重视强化的功能。认知学习理论由于把人的学习看成是一种积极主动的过程,因而很重视内在的动机与学习活动本身带来的内在强化的作用。五是主张人的学习的创造性。

三、理论贡献

认知派学习理论为教学论提供了理论依据,丰富了教育心理学的内容,为推动教育心理学的发展立下了汗马功劳。认知派学习理论的主要贡献是:

1. 重视人在学习活动中的主体价值,充分肯定了学习者的自觉能动性。

2. 强调认知、意义理解、独立思考等意识活动在学习中的重要地位和作用。

3. 重视人在学习活动中的准备状态。即一个人学习的效果,不仅取决于外部刺激和个体的主观努力,还取决于一个人已有的知识水平、认知结构、非认知因素。准备是任何有意义学习赖以产生的前提。

4. 重视强化的功能。认知学习理论由于把人的学习看成是一种积极主动的过程,因而很重视内在的动机与学习活动本身带来的内在强化的作用。

5. 主张人的学习的创造性。布鲁纳提倡的发现学习论就强调学生学习的灵活性、主动性和发现性。它要求学生自己观察、探索和实验,发扬创造精神,独立思考,改组材料,自己发现知识、掌握原理原则,提倡一种探究性的学习方法。强调通过发现学习来使学生开发智慧潜力,调节和强化学习动机,牢固掌握知识并形成创新的本领。

四、理论缺陷

认知学习理论的不足之处,是没有揭示学习过程的心理结构。我们认为学习心理是由学习过程中的心理结构,即智力因素与非智力因素两大部分组成的。智力因素是学习过程的心理基础,对学习起直接作用;非智力因素是学习过程的心理条件,对学习起间接作用。只有使智力因素与非智力因素紧密结合,才能使学习达到预期的目的。而认知学习理论对非智力因素的研究是不够重视的。

代表人物

1. 克勒(W. K. hler)

克勒为德国心理学家,与魏特墨(M. Wertheimer)、科夫卡(K. Koffka)为格式塔心理学创始人。克勒历时 7 年,以黑猩猩为对象进行了 18 个实验,依据其结果,撰写了《猩猩的智慧》一文,他发挥了格式塔理论,提出了顿悟说。

2. 托尔曼(E. C. Tolman)

托尔曼(1886—1959)是美国心理学家。1923 年到德国,曾会见科夫卡。他担任过加利福尼亚大学、哈佛大学的心理学教授,曾任第 14 届国际心理科学联合会主席。他对各派采取兼容并包的态度,以博采众家之长而著称。他既欣赏联结派的客观性和测量行为方法的简便,又受到格式塔整体学习观的影响。他的学习理论有很多名称,如符号学习说、学习目的说、潜伏学习说、期待学习说。

3. 皮亚杰(J. Piaget)

皮亚杰(1896—1980)是当代一位最著名的儿童心理学家和发生认识论专家,他是瑞士日内瓦学派的创始人。

4. 布鲁纳(J. S. Bruner)

布鲁纳(1915—)是美国著名的教育心理学家、哈佛大学教授。他于 1960 年创建了哈佛大学认知研究中心,任中心主任;1962—1964 年间任白宫教育委员会委员。主要著作有《教育过程》《思维的研究》《认知心理学》《发现的行为》。

5. 奥苏伯尔（D. P. Ausubel）

奥苏伯尔（1914—）是美国纽约州大学研究院的教育心理学教授，其理论是美国最新理论之一。主要著作有《意义言语学习心理学》《教育心理学：一种认知的观点》《学校学习：教育心理学导论》。

6. 加涅（R. M. Gagne）

加涅（1916—）是美国加利福尼亚大学教授，被公认为当今美国第一流的教育心理学家和学习实验心理学家。他的理论代表现代认知派学习观的一个新动向、新发展。加涅的主要著作有《学习的条件》《教学设计原理》《知识的获得》等。

五、学习理论

20 世纪 90 年代，认知学习理论的一个重要分支——建构主义学习理论在西方逐渐流行。该理论是对已有学习理论的继承与发展：它不仅包含了皮亚杰与维果斯基的建构主义思想，也有对传统认知学派理论的继承与发展，同时吸收了行为主义学习理论的一些精髓，人本主义强调以学生为中心的教学思想也被吸收进来。日益发展的多媒体计算机和网络通信技术所具有的多种特性适合于实现构建主义学习环境，使构建主义学习理论在世界范围内的影响力不断加强。

1. 主要观点

学习的本质是构建网络结构的知识。建构主义认为，学习是学习者在一定的情境下，利用自己已有经验，建构其网络结构知识。学习所获得的知识并非完全是结构化的，它是围绕着关键概念的网络知识结构，包括事实、概念、概括化以及有关的价值、意向、过程知识等。其中关键概念是结构性知识，而网络的其他方面含有非结构性知识。

学习是主动的意义构建过程。主动建构是指学习不是学生被动接受老师所传授的知识，而是学生自己构建知识的过程。

2. 教学思想

以学生为中心。强调以学生为中心的教学模式，注重在教学过程中发挥学生的能动性。学生是知识信息加工的主体，知识意义的主动构建者，而教师则由知识灌输者转变为学生建构知识的帮助者、指导者。

在实际情景中教学。在实际情景下学习，能够使学习者利用自己原有认知结构中的有关经验去同化和顺应当前学习到的新知识,从而赋予新知识以某种意义,促进学生主动积极地构建自己的知识。

协作学习。学生的学习是在教学群体之间的协作下完成的。在教师的组织和引导下,教师和学生形成一个教学群体,共同批判性地探究各种理论、观点和假说。

提供充分的资源,让学生自主探索。为了能够保证学习者的主动探索和意义建构,必须要为学习者提供充分的信息资源。但是,这些媒体和资料并非用于辅助教师的讲解和演示,而是用于支持学生的自主学习和协作式探索。

第四节　建构主义学习理论

建构主义理论的内容很丰富,但其核心只用一句话就可以概括:以学生为中心,强调学生对知识的主动探索、主动发现和对所学知识意义的主动建构(而不是像传统学习那样,只是把知识从教师头脑中传送到学生的笔记本上)。以学生为中心,强调的是"学";以教师为中心,强调的是"教"。这正是两种教育思想、学习观念最根本的分歧点,由此而发展出两种对立的学习理论和学习设计理论。由于建构主义所要求的学习环境得到了当代最新信息技术成果的强有力支持,这就使建构主义理论日益与广大学生的学习实践普遍地结合起来,从而成为国内外学校深化学习改革的指导思想。

建构主义源自关于儿童认知发展的理论,由于个体的认知发展与学习过程密切相关,因此利用建构主义可以比较好地说明人类学习过程的认知规律,即能较好地说明学习如何发生、意义如何建构、概念如何形成,以及理想的学习环境应包含哪些主要因素等等。总之,在建构主义思想指导下可以形成一套新的比较有效的认知学习理论,并在此基础上实现较理想的建构主义学习环境。

建构主义学习理论的基本内容可从"学习的含义"(即关于"什么是学习")与"学习的方法"(即关于"如何进行学习")这两个方面进行说明。

一、关于学习的含义

学习是获取知识的过程。建构主义认为,知识不是通过教师传授得到的,而是学习者在一定的情境即社会文化背景下,借助其他人(包括教师和学习伙伴)的帮助,利用必要的学习资料,通过意义建构的方式而获得的。由于学习是在一定的情境即社会文化背景下,借助其他人的帮助即通过人际间的协作活动而实现的意义建构过程,因此建构主义学习理论认为"情境""协作""会话"和"意义建构"是学习环境中的四大要素或四大属性。"情境":学习环境中的情境必须有利于学生对所学内容的意义建构。这就对学习设计提出了新的要求,也就是说,在建构主义学习环境下,学习设计不仅要考虑学习目标分析,还要考虑有利于学生建构意义的情境的创设问题,并把情境创设看作是学习设计的最重要内容之一。"协作":协作发生在学习过程的始终。协作对学习资料的搜集与分析、假设的提出与验证、学习成果的评价直至意义的最终建构均有重要作用。"会话":会话是协作过程中不可缺少的环节。学习小组成员之间必须通过会话商讨如何完成规定的学习任务的计划;此外,协作学习过程也是会话过程,在此过程中,每个学习者的思维成果(智慧)为整个学习群体所共享,因此会话是达到意义建构的重要手段之一。"意义建构":这是整个学习过程的最终目标。所要建构的意义是指:事物的性质、规律以及事物之间的内在联系。在学习过程中帮助学生建构意义就是要帮助学生对当前学习内容所反映的事物的性质、规律以及该事物与其他事物之间的内在联系达到较深刻的理解。这种理解在大脑中的长期存储形式就是前面提到的"图式",也就是关于当前所学内容的认知结构。由以上所述的"学习"的含义可知,学习的质量是学习者建构意义能力的函数,而不是学习者重现教师思维过程能力的函数。换句话说,获得知识的多少取决于学习者根据自身经验去建构有关知识的意义的能力,而不取决于学习者记忆和背诵教师讲授内容的能力。

二、关于学习的方法

建构主义提倡在教师指导下的、以学习者为中心的学习,也就是说,既强调学习者的认知主体作用,又不忽视教师的指导作用,教师是意义建构的帮助者、促进者,而不是知识的传授者与灌输者。学生是信息加工的主体、是意义的主动建构者,而不是外部刺激的被动接受者和被灌输的对象。学生要成为意义的主动建构者,就要求学生在学习过程中从以下几个方面发挥主体作用:

1. 要用探索法、发现法去建构知识的意义。

2. 在建构意义过程中要求学生主动去搜集并分析有关的信息和资料,对所学习的问题要提出各种假设并努力加以验证。

3. 要把当前学习内容所反映的事物尽量和自己已经知道的事物相联系，并对这种联系加以认真的思考。"联系"与"思考"是意义构建的关键。如果能把联系与思考的过程与协作学习中的协商过程（即交流、讨论的过程）结合起来，学生建构意义的效率会更高、质量会更好。协商有"自我协商"与"相互协商"（也叫"内部协商"与"社会协商"）两种，自我协商是指自己和自己争辩什么是正确的；相互协商则指学习小组内部相互之间的讨论与辩论。

教师要成为学生建构意义的帮助者，就要求教师在学习过程中从以下几个方面发挥指导作用：

（1）激发学生的学习兴趣，帮助学生形成学习动机。

（2）通过创设符合学习内容要求的情境和提示新旧知识之间联系的线索，帮助学生建构当前所学知识的意义。

（3）为了使意义建构更有效，教师应在可能的条件下组织协作学习（开展讨论与交流），并对协作学习过程进行引导使之朝有利于意义建构的方向发展。

三、建构主义的学习思想

建构主义所蕴含的学习思想主要反映在知识观、学习观、学生观、师生角色的定位及其作用、学习环境和学习原则等 6 个方面。

1. 建构主义的知识观

（1）知识不是对现实的纯粹客观的反映，任何一种传载知识的符号系统也不是绝对真实的表征。它只不过是人们对客观世界的一种解释、假设或假说，它不是问题的最终答案，它必将随着人们认识程度的深入而不断变革、升华和改写，出现新的解释和假设。

（2）知识并不能绝对准确无误地概括世界的法则，提供对任何活动或问题解决都实用的方法。在具体的问题解决中，知识是不可能一用就准，一用就灵的，而是需要针对具体问题的情境对原有知识进行再加工和再创造。

（3）知识不可能以实体的形式存在于个体之外，尽管通过语言赋予了知识一定的外在形式，并且获得了较为普遍的认同，但这并不意味着学习者对这种知识有同样的理解。真正的理解只能是由学习者自身基于自己的经验背景而建构起来的，取决于特定情况下的学习活动过程。否则，就不叫理解，而是叫死记硬背或生吞活剥，是被动的复制式的学习。

2. 建构主义的学习观

（1）学习不是由教师把知识简单地传递给学生，而是由学生自己建构知识的过程。学生不是简单被动地接收信息，而是主动地建构知识的意义，这种建构是无法由他人来代替的。

（2）学习不是被动接收信息刺激，而是主动地建构意义，是根据自己的经验背景，对外部信息进行主动的选择、加工和处理，从而获得自己的意义。外部信息本身没有什么意义，意义是学习者通过新旧知识经验间的反复的、双向的相互作用过程而建构成的。因此，学习，不是像行为主义所描述的"刺激—反应"那样。

（3）学习意义的获得，是每个学习者以自己原有的知识经验为基础，对新信息重新认识和编码，建构自己的理解。在这一过程中，学习者原有的知识经验因为新知识经验的进入而发生调整和改变。

（4）同化和顺应，是学习者认知结构发生变化的两种途径或方式。同化是认知结构的量变，而顺应则是认知结构的质变。同化—顺应—同化—顺应……循环往复，平衡—不平衡—平衡—不平衡，相互交替，人的认知水平的发展，就是这样一个过程。学习不是简单的信息积累，更重要的是包含新旧知识经验的冲突，以及由此而引发的认知结构的重组。学习过程不是简单的信息输入、存储和提取，是新旧知识经验之间双向的相互作用的过程，也就是学习者与学习环境之间互动的过程。

3. 建构主义的学生观

（1）建构主义强调，学习者并不是空着脑袋进入学习情境中的。在日常生活和以往各种形式的学习中，他们已经形成了有关的知识经验，他们对任何事情都有自己的看法。即使是有些问题他们从来没有接触过，没有现成的经验可以借鉴，但是当问题呈现在他们面前时，他们还是会基于以往的经验，依靠他们的认知能力，形成对问题的解释，提出他们的假设。

（2）学习不能无视学习者的已有知识经验，简单强硬地从外部对学习者实施知识的"填灌"，而是应当把学习者原有的知识经验作为新知识的生长点，引导学习者从原有的知识经验中，总结新的知识经验。学习不是知识的传递，而是知识的处理和转换。教师不单是知识的呈现者，不是知识权威的象征，而应该重视学生自己对各种现象的理解，倾听他们时下的看法，思考他们这些想法的由来，并以此为据，引导学生丰富或调整自己的解释。

（3）教师与学生、学生与学生之间需要共同针对某些问题进行探索，并在探索的过程中相互交流和质疑，了解彼此的想法。由于经验背景的差异的不可避免，学习者对问题的看法和理解经常是千差万别的。其实，在学生的共同体中，这些差异本身就是一种宝贵的现象资源。建构主义虽然非常重视个体的自我发展，但是他也不否认外部引导，亦即教师的影响作用。

4. 师生角色的定位及其作用

（1）教师是学生建构知识的忠实支持者。教师的作用从传统的传递知识的权威转变为学生学习的辅导者，成为学生学习的高级伙伴或合作者。教师应该给学生提出复杂的真实问题。他们不仅必须开发或发现这些问题，而且必须认识到复杂问题有多种答案，激励学生对问题解决采用多重观点，这显然是与创造性的学习活动宗旨紧密吻合的。教师必须创设一种良好的学习环境，学生在这种环境中可以通过实验、独立探究、合作学习等方式来展开他们的学习。教师必须保证学习活动和学习内容保持平衡。教师必须提供学生元认知工具和心理测量工具，培养学生评判性的认知加工策略，以及自己建构知识和理解的心理模式。教师应认识学习目标包括认知目标和情感目标。学习是逐步减少外部控制、增加学生自我控制学习的过程。

（2）教师要成为学生建构知识的积极帮助者和引导者，应当激发学生的学习兴趣，引发和保持学生的学习动机。通过创设符合学习内容要求的情境和提示新旧知识之间联系的线索，帮助学生建构当前所学知识的意义。为使学生的意义建构更为有效，教师应尽可能地组织协作学习，展开讨论和交流，并对协作学习过程进行引导，使之朝有利于意义建构的方向发展。

（3）学生的角色是学习活动的积极参与者和知识的积极建构者。建构主义要求学生面对认知复杂的真实世界的情境，并在复杂的真实情境中完成任务，因而，学生需要采取一种新的学习风格、新的认识加工策略，形成自己是知识与理解的建构者的心理模式。建构主义学习比传统学习要求学生承担更多的管理自己学习的机会；教师应当注意使机会永远处于维果斯基提出的"学生最近发展区"，并为学生提供一定的辅导。

学生要用探索法和发现法去建构知识的意义。在建构意义的过程中要求学生主动去搜集和分析有关的信息资料，对所学的问题提出各种假设并努力加以验证。要善于把当前学习内容尽量与自己已有的知识经验联系起来，并对这种联系加以认真思考。联系和思考是意义建构的关键。它最好的效果是与协商过程结合起来。

5. 建构主义的学习环境

建构主义认为,学习者的知识是在一定情境下,借助于他人的帮助,如人与人之间的协作、交流、利用必要的信息等等,通过意义的建构而获得的。理想的学习环境应当包括情境、协作、交流和意义建构四个部分。

(1)情境,学习环境中的情境必须有利于学习者对所学内容的意义建构。在学习设计中,创设有利于学习者建构意义的情境是最重要的环节或方面。

(2)协作,应该贯穿于整个学习活动过程中。教师与学生之间、学生与学生之间的协作,对学习资料的收集与分析、假设的提出与验证、学习进程的自我反馈和学习结果的评价以及意义的最终建构都有十分重要的作用。协作在一定的意义上是协商的意识。协商主要有自我协商和相互协商。自我协商是指自己和自己反复商量什么是比较合理的;相互协商是指学习小组内部之间的商榷、讨论和辩论。

(3)交流,是协作过程中最基本的方式或环节。比如学习小组成员之间必须通过交流来商讨如何完成规定的学习任务以达到意义建构的目标,怎样更多地获得教师或他人的指导和帮助等等。其实,协作学习的过程就是交流的过程,在这个过程中,每个学习者的想法都为整个学习群体所共享。交流对于推进每个学习者的学习进程,是至关重要的手段。

(4)意义建构,是学习过程的最终目标。其建构的意义是指事物的性质、规律以及事物之间的内在联系。在学习过程中帮助学生建构意义就是要帮助学生对当前学习的内容所反映的事物性质、规律以及该事物与其他事物之间的内在联系达到较深刻的理解。

四、建构主义的模式和学习方法

与建构主义学习理论以及建构主义学习环境相适应的模式为:"以学生为中心,在整个学习过程中由教师起组织者、指导者、帮助者和促进者的作用,利用情境、协作、会话等学习环境要素充分发挥学生的主动性、积极性和首创精神,最终达到使学生有效地实现对当前所学知识的意义建构的目的。"在这种模式中,学生是知识意义的主动建构者;教师是学习过程的组织者、指导者、意义建构的帮助者、促进者;教材所提供的知识不再是教师传授的内容,而是学生主动建构意义的对象;媒体也不再是帮助教师传授知识的手段、方法,而是用来创设情境、进行协作学习和会话交流,即作为学生主动学习、协作式探索的认知工具。显然,在这种场合,教师、学生、教材和媒体等四要素与传统学习相比,各自有完全不同的作用,彼此之间有完全不同的关系。但是这些作用与关系也是非常清楚、非常明确的,因而成为学习活动进程的另外一种稳定结构形式,即建构主义学习环境下的模式。

在建构主义的模式下,目前已开发出的、比较成熟的学习方法主要有以下几种:

1. 支架式学习

支架式学习被定义为:"支架式学习应当为学习者建构对知识的理解提供一种概念框架。这种框架中的概念是为发展学习者对问题的进一步理解所需要的,为此,事先要把复杂的学习任务加以分解,以便于把学习者的理解逐步引向深入。"

支架原本指建筑行业中使用的脚手架,在这里用来形象地描述一种学习方式:儿童被看作是一座建筑,儿童的"学"是在不断地、积极地建构着自身的过程;而教师的"教"则是一个必要的脚手架,支持儿童不断地建构自己,不断建造新的能力。支架式学习是以苏联著名心理学家维果斯基的"最近发展区"理论为依据的。维果斯基认为,在测定儿童智力发展时,应至少确定儿童的两种发展水平:一是儿童现有的发展水平,一种是潜在的发展水平,这两种水平之间的区域称为"最近发展区"。学习应从儿童潜在的发展水平开始,不断创造新的"最近发展区"。支架学习中的"支架"应根据学生的"最近发展区"来建立,通过支架作用不停地将学生的智力从一个水平引导到另一个更高的水平。

支架式学习由以下几个环节组成:

(1)搭脚手架:围绕当前学习主题,按"最邻近发展区"的要求建立概念框架。

(2)进入情境:将学生引入一定的问题情境。

(3)独立探索:让学生独立探索。探索内容包括:确定与给定概念有关的各种属性,并将各种属性按其重要性大小顺序排列。探索开始时要先由教师启发引导,然后让学生自己去分析;探索过程中教师要适时提示,帮助学生沿概念框架逐步攀升。

(4)协作学习:进行小组协商、讨论。讨论的结果有可能使原来确定的、与当前所学概念有关的属性增加或减少,各种属性的排列次序也可能有所调整,并使原来多种意见相互矛盾,且态度纷呈的复杂局面逐渐变得明朗、一致起来。在共享集体思维成果的基础上达到对当前所学概念比较全面、正确的理解,最终完成对所学知识的意义建构。

(5)效果评价:对学习效果的评价包括学生个人的自我评价和学习小组对个人的学习评价,评价内容包括:①自主学习能力;②对小组协作学习所做出的贡献;③是否完成对所学知识的意义建构。

2. 抛锚式学习

这种学习要求建立在有感染力的真实事件或真实问题的基础上。确定这类真实事件或问题被形象地比喻为"抛锚",因为一旦这类事件或问题被确定了,整个学习内容和学习进程也就被确定了(就像轮船被锚固定一样)。建构主义认为,学习者要想完成对所学知识的意义建构,即达到对该知识所反映事物的性质、规律以及该事物与其他事物之间联系的深刻理解,最好的办法是让学习者到现实世界的真实环境中去感受、去体验(即通过获取直接经验来学习),而不是仅仅聆听别人(例如教师)关于这种经验的介绍和讲解。由于抛锚式学习要以真实事例或问题为基础(作为"锚"),所以有时也被称为"实例式学习"或"基于问题的学习"或"情境性学习"。

抛锚式学习由这样几个环节组成:

(1)创设情境:使学习能在和现实情况基本一致或相类似的情境中发生。

(2)确定问题:在上述情境下,选择出与当前学习主题密切相关的真实性事件或问题作为学习的中心内容。选出的事件或问题就是"锚",这一环节的作用就是"抛锚"。

(3)自主学习:不是由教师直接告诉学生应当如何去解决面临的问题,而是由教师向学生提供解决该问题的有关线索,并特别注意发展学生的"自主学习"能力。

(4)协作学习:讨论、交流,通过不同观点的交锋,补充、修正、加深每个学生对当前问题的理解。

(5)效果评价:由于抛锚式学习的学习过程就是解决问题的过程,由该过程可以直接反映出学生的学习效果。因此对这种学习效果的评价不需要进行独立于学习过程的专门测验,只需在学习过程中随时观察并记录学生的表现即可。

3.随机进入学习

由于事物的复杂性和问题的多面性,要做到对事物内在性质和事物之间相互联系的全面了解和掌握,即真正达到对所学知识的全面而深刻的意义建构是很困难的。往往从不同的角度考虑可以得出不同的理解。为克服这方面的弊病,在学习中就要注意对同一学习内容,要在不同的时间、不同的情境下,为不同的学习目的,用不同的方式加以呈现。换句话说,学习者可以随意通过不同途径、不同方式进入同样学习内容的学习,从而获得对同一事物或同一问题的多方面的认识与理解,这就是所谓"随机进入学习"。显然,学习者通过多次"进入"同一学习内容将能达到对知识内容比较全面而深入的掌握。这种多次进入,绝不是像传统学习那样,只是为巩固一般的知识、技能而实施的简单重复。这里的每次进入都有不同的学习目的,都有不同的问题侧重点。因此多次进入的结果,绝不仅仅是对同一知识内容的简单重复和巩固,而是使学习者获得对事物全貌的理解与认识上的飞跃。

随机进入学习主要包括以下几个环节:

(1)呈现基本情境:向学生呈现与当前学习主题的基本内容相关的情境。

(2)随机进入学习:取决于学生"随机进入"学习所选择的内容呈现出的与当前学习主题的不同侧面特性相关联的情境。在此过程中教师应注意发展学生的自主学习能力,使学生逐步学会自己学习。

(3)思维发展训练:由于随机进入学习的内容通常比较复杂,所研究的问题往往涉及许多方面,因此在这类学习中,教师还应特别注意发展学生的思维能力。

(4)小组协作学习:围绕呈现不同侧面的情境所获得的认知展开小组讨论。在讨论中,每个学生的观点在和其他学生以及教师一起建立的社会协商环境中受到考察、评论,同时每个学生也对别人的观点、看法进行思考并做出反应。

(5)学习效果评价:包括自我评价与小组评价,评价内容包括:①自主学习能力;②对小组协作学习所做出的贡献;③是否完成对所学知识的意义建构。

五、建构主义的学习设计

建构主义学习理论强调以学生为中心,认为学生是认知的主体,是知识意义的主动建构者;教师只对学生的意义建构起帮助和促进作用,并不要求教师直接向学生传授和灌输知识。在建构主义学习环境下,教师和学生的地位、作用和传统学习相比已发生很大的变化。近年来,教育技术领域的专家们进行了大量的研究与探索,力图建立一套能与建构主义学习理论以及建构主义学习环境相适应的全新的学习设计理论与方法体系。尽管这种理论体系的建立是一项艰巨的任务,并非短期内能够完成。但是其基本思想及主要原则已日渐明朗,并已开始实际应用于指导基于多媒体和 Internet 的建构主义学习环境的学习设计。建构主义使用的学习设计原则如下:

1. 强调以学生为中心

明确"以学生为中心",这一点对于学习设计有至关重要的指导意义,因为从"以学生为中心"出发还是从"以教师为中心"出发将得出两种全然不同的设计结果。至于如何体现以学生为中心,建构主义认为可以从三个方面努力:

第一,要在学习过程中充分发挥学生的主动性,要能体现出学生的首创精神;

第二,要让学生有多种机会在不同的情境下去应用他们所学的知识(将知识"外化");

第三,要让学生能根据自身行动的反馈信息来形成对客观事物的认识和解决实际问题的方案(实现自我反馈)。

以上三点,即发挥首创精神、将知识外化和实现自我反馈可以说是体现以学生为中心的三个要素。

2. 强调"情境"对意义建构的重要作用

建构主义认为,学习总是与一定的社会文化背景即"情境"相联系的,在实际情境下进行学习,可以使学习者能利用自己原有认知结构中的有关经验去同化和索引当前学习到的新知识,从而赋予新知识以某种意义;如果原有经验不能同化新知识,则要引起"顺应"过程,即对原有认知结构进行改造与重组。总之,通过"同化"与"顺应"才能达到对新知识意义的建构。在传统的课堂讲授中,由于不能提供实际情境所具有的生动性、丰富性,因而将使学习者对知识的意义建构发生困难。

3. 强调"协作学习"对意义建构的关键作用

建构主义认为,学习者与周围环境的交互作用,对于学习内容的理解(即对知识意义的建构)起着关键性的作用。这是建构主义的核心概念之一。学生在教师的组织和引导下一起讨论和交流,共同建立起学习群体并成为其中的一员。在这样的群体中,共同批判地考察各种理论、观点、信仰和假说;进行协商和辩论,先内部协商(即和自身争辩到底哪一种观点正确),然后再相互协商(即对当前问题摆出各自的看法、论据及有关材料并对别人的观点做出分析和评论)。通过这样的协作学习环境,学习者群体(包括教师和每位学生)的思维与智慧就可以被整个群体所共享,即整个学习群体共同完成对所学知识的意义建构,而不是其中的某一位或某几位学生完成意义建构。

4. 强调对学习环境(而非教学环境)的设计

建构主义认为,学习环境是学习者可以在其中进行自由探索和自主学习的场所。在此环境中学生可以利用各种工具和信息资源(如文字材料、书籍、音像资料、CAI 与多媒体课件以及 Internet 上的信息等)来达到自己的学习目标。在这一过程中学生不仅能得到教师的帮助与支持,而且学生之间也可以相互协作和支持。学习应当被促进和支持而不应受到严格的控制与支配;学习环境则是一个支持和促进学习的场所。在建构主义学习理论指导下的学习设计应是针对学习环境的设计而非教学环境的设计。因为,学习意味着更多的控制与支配,意味着更多的主动与自由。

5. 强调利用各种信息资源来支持"学"(而非支持"教")

为了支持学习者的主动探索和完成意义建构,在学习过程中要为学习者提供各种信息资源(包括各种类型的学习媒体和学习资料)。这些媒体和资料并非用于辅助教师的讲解和演示,而是用于支持学生的自主学习和协作式探索。对于信息资源应如何获取、从哪里获取,以及如何有效地加以利用等问题,是主动探索过程中迫切需要教师提供帮助的内容。

6. 强调学习过程的最终目的是完成意义建构(而非完成教学目标)

在建构主义学习环境中,强调学生是认知主体,是意义的主动建构者,所以把学生对知识的意义建构作为整个学习过程的最终目的。学习设计通常不是从分析学习目标开始,而是从如何创设利于学生意义建构的情境开始,整个学习设计过程紧紧围绕"意义建构"这个中心而展开,不论是学生的独立探索、协作学习还是教师辅导,总之,学习过程中的一切活动都要从属于这一中心,都要有利于完成和深化对所学知识的意义建构。

第五节 人本主义学习理论

人本主义心理学是 20 世纪五六十年代在美国兴起的一种心理学思潮,其主要代表人物是马斯洛(A. Maslow)和罗杰斯(C. R. Rogers)。人本主义的学习与教学观深刻地影响了世界范围内的教育改革,是与程序教学运动、学科结构运动齐名的20世纪三大教学运动之一。

一、基本理论

人本主义学习理论是建立在人本主义心理学的基础之上的。对人本主义学习理论产生深远影响的有两个著名的心理学家,分别是美国心理学家马斯洛和罗杰斯。

人本主义主张,心理学应当把人作为一个整体来研究,而不是将人的心理肢解为不完整的几个部分,应该研究正常的人,而且更应该关注人的高级心理活动,如热情、信念、生命、尊严等内容。人本主义的学习理论从全人教育的视角阐释了学习者整个人的成长历程,以发展人性;注重启发学习者的经验和创造潜能,引导其结合认知和经验,肯定自我,进而自我实现。人本主义学习理论重点研究如何为学习者创造一个良好的环境,让其从自己的角度感知世界,发展出对世界的理解,达到自我实现的最高境界。

人本主义心理学是有别于精神分析与行为主义的心理学界的"第三种力量",主张从人的直接经验和内部感受来了解人的心理,强调人的本性、尊严、理想和兴趣,认为人的自我实现和为了实现目标而进行的创造才是人的行为的决定因素。

人本主义心理学的目标是要对作为一个活生生的完整的人进行全面描述。人本主义心理学家认为,行为主义将人类学习混同于一般动物学习,不能体现人类本身的特性,而认知心理学虽然重视人类认知结构,却忽视了人类情感、价值观、态度等最能体现人类特性的因素对学习的影响。在他们看来,要理解人的行为,必须理解他所知觉的世界,即必须从行为者的角度来看待事物。要改变一个人的行为,首先必须改变其信念和知觉。人本主义者特别关注学习者的个人知觉、情感、信念和意图,认为它们是导致人与人的差异的"内部行为",因此他们强调要以学生为中心来构建学习情境。

人本主义心理学代表人物罗杰斯认为,人类具有天生的学习愿望和潜能,这是一种值得信赖的心理倾向,它们可以在合适的条件下释放出来;当学生了解到学习内容与自身需要相关时,学习的积极性最容易激发;在一种具有心理安全感的环境下可以更好地学习。罗杰斯认为,教师的任务不是教学生知识,也不是教学生如何学习知识,而是要为学生提供学习的手段,至于应当如何学习则应当由学生自己来决定。教师的角色应当是学生学习的"促进者"。

二、简介

人本主义于 20 世纪 50—60 年代在美国兴起,70—80 年代迅速发展,它既反对行为主义把人等同于动物,只研究人的行为,不理解人的内在本性,又批评弗洛伊德只研究神经症和精神病人,不考察正常人心理,因而被称之为心理学的第三种运动。

人本学派强调人的尊严、价值、创造力和自我实现,把人的本性的自我实现归结为潜能的发挥,而潜能是一种类似本能的性质。人本主义最大的贡献是看到了人的心理与人的本质的一致性,主张心理学必须从人的本性出发研究人的心理。

该学派的主要代表人物是马斯洛(1908—1970)和罗杰斯(1902—1987)。马斯洛的主要观点:对人类的基本需要进行了研究和分类,将之与动物的本能加以区别,提出人的需要是分层次发展;他按照追求目标和满足对象的不同把人的各种需要从低到高安排在一个层次序列的系统中,最低级的需要是生理的需要,这是人所感到要优先满足的需要。罗杰斯的主要观点:在心理治疗实践和心理学理论研究中发展出人格的"自我理论",并倡导了"患者中心疗法"的心理治疗方法。人类有一种天生的"自我实现"的动机,即一个人发展、扩充和成熟的趋力,它是一个人最大限度地实现自身各种潜能的趋向。

三、差异

从以上的简单介绍可以发现,不同的学习理论流派强调了学习的不同方面。实际上,这种差异的引起,往往是因为它们所依据的研究背景的差异(如学习任务的难易程度、学习材料的组织程度等)而引起的。只要我们认真加以分析,就能够发现它们的共性以及各种理论之间的内在联系。"真理往往存在于两个极端的中间",在学习各种派别的学习理论时,我们应当注意防止走极端,吸收各种学习理论中的合理因素为我所用,才是正确的态度。

人本主义心理学家认为,教育的目标、学习的结果应该是使学生成为具有高度适应性和内在自由性的人。

四、分类

根据学习对学习者的个人意义,可以将学习分为无意义学习与意义学习两大类。意义学习,是指一种涉及学习者成为完整的人,使个体的行为、态度、个性以及在未来选择行动方针时发生重大变化的学习,是一种与学习者各种经验融合在一起的、使个体全身心地投入其中的学习。

五、理论基础

人本主义的学习理论是根植于其自然人性论的基础之上的。他们认为,人是自然实体而非社会实体。人性来自自然,自然人性即人的本性。凡是有机体都具有一定内在倾向,即以有助于维持和增强机体的方式来发展自我的潜能;并强调人的基本需要都是由人的潜在能量决定的。但是,他们也认为,自然的人性不同于动物的自然属性。人具有不同于动物本能的似本能(instinct oid)需要,并认为生理的、安全的、尊重的、归属的、自我实现的需要就是人类的似本能,它们是天赋的基本需要。在此基础上,人本主义心理学家进一步认为,似本能的需要就是人性,它们是善良的或中性的。恶不是人性固有的,它是由人的基本需要受挫引起的,或是由不良的文化环境造成的。

六、中心疗法

人本主义心理学家认为,人的成长源于个体自我实现的需要,自我实现的需要是人格形成发展、扩充成熟的内驱力。所谓自我实现的需要,马斯洛认为就是"人对于自我发挥和完成的欲望,也就是一种使它的潜力得以实现的倾向"。通俗地说,自我实现的需要就是"一个人能够成为什么,他就必须成为什么,他必须忠于自己的本性"。正是由于人有自我实现的需要,才使得有机体的潜能得以实现、保持和增强。人格的形成就是源于人性的这种自我的压力,人格发展的关键就在于形成和发展正确的自我概念。而自我的正常发展必须具备两个基本条件:无条件的尊重和自尊。其中,无条件的尊重是自尊产生的基础,因为只有别人对自己有好感(尊重),自己才会对自己有好感(自尊)。如果自我正常发展的条件得以满足,那么个体就能依据真实的自我而行动,就能真正实现自我的潜能,成为自我实现者或称功能完善者、心理健康者。人本主义心理学家认为,自我实现者能以开放的态度对待经验,他的自我概念与整个经验结构是和谐一致的,他能经验到一种无条件的自尊,并能与他人和谐相处。

罗杰斯认为,一个人的自我概念极大地影响着他的行为。心理变态者主要是由于他有一种被歪曲的、消极的自我概念的缘故。如果他要获得心理健康,就必须改变这个概念。因此,心理治疗的目的就在于帮助病人或患者创造一种有关他自己的更好的概念,使他能自由地实现他的自我,即实现他自己的潜能,成为功能完善者。由于罗杰斯认为患者有自我实现的潜能,它不是被治疗家所创建的,而是在一定条件下自由释放出来的,因此"患者中心疗法"的基本做法是鼓励患者自己叙述问题,自己解决问题。治疗者在治疗过程中,不为患者解释过去压抑于潜意识中的经验与欲望,也不对患者的自我报告加以评价,只是适当地重复患者的话,帮助他澄清自己的思路,使患者自己逐步克服他的自我概念的不协调,接受和澄清当前的态度和行为,达到自我治疗的效果。而要有效运用患者中心疗法,使病人潜在的自我得到实现,必须具备三个基本条件,这就是:

无条件地积极关注(unconditional positive regard):治疗者对患者应表现出真诚的热情、尊重、关心、喜欢和接纳,即使当患者叙述某些可耻的感受时,也不表示冷漠或鄙视,即"无条件尊重";

真诚一致(congruence):治疗者的想法与他对患者的态度和行为应该是相一致的,不能虚伪做作;

移情性理解(empathic understanding):治疗者要深入了解患者经验到的感情和想法,设身处地地了解和体会患者的内心世界。

七、教学目标

由于人本主义心理学家认为人的潜能是自我实现的,而不是教育的作用使然,因此在环境与教育的作用问题上,他们认为虽然"人的本能需要一个慈善的文化来孕育他们,使他们出现,以便表现或满足自己",但是归根到底,"文化、环境、教育只是阳光、食物和水,但不是种子",自我潜能才是人性的种子。他们认为,教育的作用只在于提供一个安全、自由、充满人情味的心理环境,使人类固有的优异潜能自动地得以实现。在这一思想指导下,罗杰斯在 60 年代将他的"患者中心"(client centered)的治疗方法应用到教育领域,提出了"自由学习"和"学生中心"(student centered)的学习与教学观。

罗杰斯认为,情感和认知是人类精神世界中两个不可分割的有机组成部分,彼此是融为一体的。因此,罗杰斯的教育理想就是要培养"躯体、心智、情感、精神、心力融汇一体"的人,也就是既用情感的方式也用认知的方式行事的情知合一的人。这种知情融为一体的人,他称之为"完人"(whole person)或"功能完善者"(fully functioning person)。当然,"完人"或"功能完善者"只是一种理想化的人的模式,而要想最终实现这一教育理想,应该有一个现实的教学目标,这就是"促进变化和学习,培养能够适应变化和知道如何学习的人"。他说:"只有学会如何学习和学会如何适应变化的人,只有意识到没有任何可靠的知识,只有寻求知识的过程才是可靠的人,才是真正有教养的人。在现代世界中,变化是唯一可以作为确立教育目标的依据,这种变化取决于过程而不是静止的知识。"可见,人本主义重视的是教学的过程而不是教学的内容,重视的是教学的方法而不是教学的结果。

八、自由学习

由于人本主义强调教学的目标在于促进学习,因此学习并非教师以填鸭式强迫学生无助地、顺从地学习枯燥乏味、琐碎呆板、现学现忘的教材,而是在好奇心的驱使下去吸收任何他自觉有趣和需要的知识。罗杰斯认为,学生学习主要有两种类型:认知学习和经验学习,其学习方式也主要有两种:无意义学习和有意义学习,并且认为认知学习和无意义学习、经验学习和有意义学习是完全一致的。因为认知学习的很大一部分内容对学生自己是没有个人意义(personal significance)的,它只涉及心智(mind),而不涉及感情或个人意义,是一种"在颈部以上发生的学习",因而与完人无关,是一种无意义学习。而经验学习以学生的经验生长为中心,以学生的自发性和主动性为学习动力,把学习与学生的愿望、兴趣和需要有机地结合起来,因而经验学习必然是有意义的学习,必能有效地促进个体的发展。

所谓有意义学习(significant learning),不仅仅是一种增长知识的学习,而且是一种与每个人各部分经验都融合在一起的学习,是一种使个体的行为、态度、个性以及在未来选择行动方针时发生重大变化的学习。在这里,我们必须注意罗杰斯的有意义学习(significant learning)和奥苏伯尔的有意义学习(meaning fulllearning)的区别。前者关注的是学习内容与个人之间的关系;而后者则强调新旧知识之间的联系,它只涉及理智,而不涉及个人意义。因此,按照罗杰斯的观点,奥苏伯尔的有意义学习(meaningful learning)只是一种"在颈部以上发生的学习",并不是罗杰斯所指的有意义学习(significant learning)。

对于有意义学习,罗杰斯认为主要具有四个特征:(1)全神贯注:整个人的认知和情感均投入到学习活动之中;(2)自动自发:学习者由于内在的愿望主动去探索、发现和了解事件的意义;(3)全面发展:学习者的行为、态度、人格等获得全面发展;(4)自我评估:学习者自己评估自己的学习需求、学习目标是否完成等。因此,学习能对学习者产生意义,并能纳入学习者的经验系统之中。总之,"有意义的学习结合了逻辑和直觉、理智和情感、概念和经验、观念和意义。若我们以这种方式来学习,便会变成统整的人"。

九、教学观

人本主义的教学观是建立在其学习观的基础之上的。罗杰斯从人本主义的学习观出发,认为凡是可以教给别人的知识,相对来说都是无用的;能够影响个体行为的知识,只能是他自己发现并加以同化的知识。因此,教学的结果,如果不是毫无意义的,那就可能是有害的。教师的任务不是教学生学习知识(这是行为主义者所强调的),也不是教学生如何学习(这是认知主义者所重视的),而是为学生提供各种学习的资源,提供一种促进学习的气氛,让学生自己决定如何学习。为此,罗杰斯对传统教育进行了猛烈的批判。他认为在传统教育中,"教师是知识的拥有者,而学生只是被动的接受者;教师可以通过讲演、考试甚至嘲弄等方式来支配学生的学习,而学生无所适从;教师是权力的拥有者,而学生只是服从者"。因此,罗杰斯主张废除"教师(teacher)"这一角色,代之以"学习的促进者(facilitator)"。

罗杰斯认为,促进学生学习的关键不在于教师的教学技巧、专业知识、课程计划、视听辅导材料、演示和讲解、丰富的书籍等(虽然这中间的每一个因素有时候均可作为重要的教学资料),而在于特定的心理气氛因素,这些因素存在于"促进者"与"学习者"的人际关系之中。那么,促进学习的心理气氛因素有哪些呢? 罗杰斯认为,这和心理治疗领域中咨询者对咨客(患者)的心理气氛因素是一致的,这就是:(1)真实或真诚:学习的促进者表现真我,没有任何矫饰、虚伪和防御;(2)尊重、关注和接纳:学习的促进者尊重学习者的情感和意见,关心学习者的方方面面,接纳作为一个个体的学习者的价值观念和情感表现;(3)移情性理解:学习的促进者能了解学习者的内在反应,了解学生的学习过程。在这样一种心理气氛下进行的学习,是以学生为中心的,"教师"只是学习的促进者、协作者或者说伙伴、朋友,"学生"才是学习的关键,学习的过程就是学习的目的之所在。

总之,罗杰斯等人本主义心理学家从他们的自然人性论、自我实现论及其"患者中心"出发,在教育实际中倡导以学生经验为中心的"有意义的自由学习",对传统的教育理论造成了冲击,推动了教育改革运动的发展。这种冲击和促进主要表现在:突出情感在教学活动中的地位和作用,形成了一种以知情协调活动为主线、以情感作为教学活动的基本动力的新的教学模式;以学生的"自我"完善为核心,强调人际关系在教学过程中的重要性,认为课程内容、教学方法、教学手段等都维系于课堂人际关系的形成和发展;把教学活动的重心从教师引向学生,把学生的思想、情感、体验和行为看作是教学的主体,从而促进了个别化教学运动的发展。不过,罗杰斯对教师作用的否定,是不正确的,是言过其实的。

十、评价

1. 主要贡献

重视学习者的内心世界　人本主义学习理论反对把人降低到"一只较大的白鼠或一架较慢的计算机水平",重视对学生在教学过程中的认知、情感、兴趣、动机、潜在智能等内部心理世界的研究,主张设身处地地为学生着想,使学生感受到学习的乐趣,从而全身心地投入学习。人本主义不主张学生的行为依赖于现在或过去的环境所获得的刺激,而认为学生的自我实现和为达到目的而进行创造的能力才是他们行为的决定因素,个人所处的物质、社会和文化环境只能促进或阻碍学生的潜能的实现。总之,人本主义学习理论重视教育者对学生内在的心理世界的了解,以顺应学生的兴趣、需要、经验以及个别差异等,达到开发学生的潜能,激起其认知与情感的相互作用;重视创造能力、认知、动机、情感等心理方面对行为的制约作用,这对于教育事业的革新与进步是具有积极意义的。

对学生的本质持积极乐观的态度　人本主义心理学家把人类能否适应当代世界的加速变化,解决种种社会矛盾的一个决定因素归之于能否教育好一代新人。他们反对那种强制学生适应学校,重视智育,不重视整个人全面发展的传统教育目标;提倡教育目标应该是指向学生个人的创造性、目的和意义,是培养积极愉快、适应时代变化的心理健康的人。为了实现这个教育目标,教师应当充分地尊重、了解与理解学生,创设自由的、宽松的、快乐的学习气氛,激发学生的学习积极性,从而促进学生的成长与学习。这种观点对我国当前的素质教育目标的制定,具有积极的借鉴作用。

对教师的态度定势与教学风格的重视　人本主义心理学家在重视学生个别差异与自我概念的同时也重视师生关系、课堂气氛及群体动力的作用,特别是促使教师更加重视与研究那些涉及人际关系与人际感情,诸如自我概念与自我尊重、气氛因素及学生对新的学习的知觉方式的调节、学习能力的获得、持续学习等问题;促使教师从学生的外部行为理解其内在的动因;促使教师在讲授知识中深入理解讲课内容的同时,正确地理解自己。这无疑促进了教师心理的理论研究,对完善教师的态度定势与教学风格具有十分重要的意义。

重视意义学习与过程学习　人本主义心理学家主张的“做”中学和在学习过程中学习如何学习的观点是十分可取的,它有利于在教育中消除教师与学生、学和做、目的和手段之间的距离和对立,使学习成为乐趣。对于克服我国教育中仍然存在的过分重视书本知识的作用和价值,忽视在实践活动中学习的偏向不无启示。

消除行为主义和精神分析学习论的片面性,丰富了学习理论　人本主义心理学家关于学习的基本观点与理论,有力地冲击了行为主义的机械学习论与精神分析的悲观发展论对学习心理与教育实践的消极影响,促进了美国当时的教育革新。人本主义大量的教育试验和研究工作所积累的经验与成果也是教育心理学发展史上的一笔宝贵的财富。

2. 缺陷

片面强调学生的天赋潜能作用,忽视环境与教育的作用　人本主义心理学主张教育、教学应当充分发挥学生的选择性、创造性是正确的,但认为这些心理特点都是先天的潜能,忽视社会和文化环境的决定作用,是一种片面强调遗传决定发展的观点,是违背人的发展的客观现实的。现实中的学校总是在与社会文化环境的互动中,改变着自己的教育目标、方针与办学模式,对学生施加种种影响的,而学生又在家庭与社会团体中接受社会文化环境影响,成为一个既具有学校社会组织特性又具有独特个性的人。过分强调学生天生的潜能,只会导致放任自流式的“自由学习”。

过分强调学生的中心地位,影响了教育与教学效能　人本主义学习理论主张以学生为中心,这对教师以权威身份向学生灌输知识,强迫学生学习的美国传统教育的改善是有积极意义的。然而,强调学习要以学习者的自由活动为中心,这样必然会忽视教学内容的系统逻辑性和教师在学科学习中的主导作用,影响教育与教学质量。我们提倡在宽松、自由的学习气氛中去学习教学计划规定的教学内容。而且要求学生在不影响自己与别人学习的前提下,在选修课与课外兴趣小组中,体现学生的自由、学习的精神,但必须遵循学生的角色规范,遵守必要的规章制度,真正做到既乐于学习又会学习,既自由又受纪律制约,以适应当前的学习与未来的生活。

过于突出学生个人的兴趣与爱好,低估社会与教育的力量 人本主义学习论对满足学生个人自发的兴趣和爱好上过于重视,忽视了良好的社会与学校教育对他们健康发展的作用。我们也主张教育措施必须符合儿童心理发展水平,必须有利于儿童潜能的开发,但不是迁就其原有的水平与独特性,而是在良好的社会教育和自我教育的条件下,提高原有的智能水平,完善其独特性,促使其社会化,将其培养成为德、智、体全面发展的人。

低估了教师的作用 人本主义心理学家提出了情感型的新型师生关系,提倡师生之间真诚的情感交流,这为师生交往提供了一个新模式。但是,人本主义心理学家把教师看作尽职于学生的"侍人""非指导者""促进者"等,教师的作用只是"音叉",应学生之声而"共鸣",这实际上贬低了教师的作用。人本主义心理学强调师生之间的情感交流是合理的,但由此而让教师迁就学生的想法,则是不可取的。

哲学基础与方法论的局限 人本主义心理学以人为本、以学生为中心的思想,猛烈地冲击着当时及当代西方心理学的教育观念,成为心理学发展中的一个新动向,值得深入研究。但是,人本主义学习理论的整个体系建立在存在主义、现象学、性善论的基础上,因而具有唯心主义的色彩。此外,它的研究方法是从心理咨询等实际工作中引进的,一些学者认为在一定程度上人本主义学习论还只是一种推理和猜想,缺乏实验和实践的验证。

第六节 多元智能理论

加德纳对人类认知能力的发展进行了多年的研究。他突破了传统智力理论所依据的两个基本假设:人类的认知是一元的;采用单一的、可量化的智能概念即可以对个体进行恰当的描述。加德纳认为人类的智能是以"垂直"方式组织的,也就是说有一定数量不同的专门的脑功能区域,而不是像人们通常认为的"水平"方式。这个观点从根本上与很多相信人类只有一种智能的语言逻辑理论学观点相对立。在多年研究神经学、脑研究、遗传学、人类学、心理学等的基础上,加德纳提出了多元智能理论,重新定义了"智能"的概念。

一、人类智能的定义

最初,加德纳将"智能"定义为"人们解决或创造对一种文化或多种文化有价值的问题或产品的能力或能力集"。这一智能概念取代了以标准智力测验分数对人类聪明程度的界定。该定义主要体现出,"智能"是:

1. 在实际生活中解决实际问题的能力。

2. 提出并解决新问题的能力。

3. 对自己所属文化提供有价值的创造和服务的能力。

加德纳这一对智能的定义强调了其理论的多元文化特性。

后来,他对该定义进行了细微的调整,将智能定位为"一种加工信息的生物心理潜能,这些信息能在某文化形态中激活,并对某种文化进行有价值的问题解决或产品创造"。这个定义的修订是很重要的,因为"新定义指出智能不是一种能够看到或计算的事情"。加德纳将他的智能看作是"可能存在的潜能,将会或不会被激活的神经系统潜能,依赖于一种特殊的文化价值,在某文化中可能发挥作用的机会,以及个人和家庭、教师、其他人员作出的行动决策"。

除了对"智能"进行重新定义外,加德纳还提出了判断智能的八个标准,旨在测量一种才能是否就是一种智能。这些标准包括:有相对独立的脑系统或区域存在;有独特的发展模式和轨迹;支持符号和标志系统;能够在某些特殊人群中展现出来,诸如奇才或"白痴学者"等。

二、八种智能简介

加德纳认为,我们的智能是多元的。在1983年出版的《智力的结构:多元智能理论》一书中,加德纳定义了最初的七种智能。1996年,他又增加了一种智能:自然观察者智能。两年后,又讨论了第九种智能(存在智能)存在的可能性。下面,我们先对发展比较成熟的前八种智能进行简单的介绍。

言语语言智能。言语语言智能包括各种和语言相关的形式：听、说、读、写和交流的能力。指人对语言的掌握和灵活运用的能力，表现为个人能顺利而有效地利用语言描述事件、表达思想，并与他人交流。诗人拥有真正的语言智能，演说家、律师等都是语言智能高的人。

逻辑数理智能。逻辑数理智能指的是对逻辑结构关系的理解、推理、思维表达能力，主要表现为个人对事物间各种关系，如类比、对比、因果和逻辑等关系的敏感，以及通过数理进行运算和逻辑推理等。科学家、数学家或逻辑学家就是此类智能高的人。

视觉空间关系智能。视觉空间智能指的是人对色彩、形状、空间位置等要素的准确的感受和表达的能力，表现为个人对线条、形状、结构、色彩和空间关系的敏感以及通过图形将它们表现出来的能力。如海员和飞机导航员控制着巨大的空间世界，棋手和雕刻家所具有的表现空间世界的能力。空间智能可用于艺术或科学中，如果一个人空间智能高且倾向于艺术，就可能成为一名画家、雕刻家或建筑师。

音乐节奏智能。音乐节奏智能指的是个人感受、辨别、记忆、表达音乐的能力，表现为个人对节奏、音调、音色和旋律的敏感以及通过作曲、演奏、歌唱等形式来表达自己的思想或情感。在作曲家、歌唱家、演奏家等人身上表现得特别明显。

身体运动智能。身体运动智能指的是人身体的协调、平衡能力和运动的力量、速度、灵活性等，表现为用身体表达思想感情的能力和动手的能力，最典型的例子就是从事体操或表演艺术的人。

人际交往智能。人际交往智能指的是对他人的表情、说话、手势动作的敏感程度以及对此做出有效反应的能力，表现为个人觉察、体验他人的情绪、情感并做出适当的反应。对于教师、临床医生、推销员或政治家来说，这种智能尤为重要。

内省智能。内省智能指的是个体认识、洞察和反省自身的能力，表现为个人能较好地意识和评价自身的动机、情绪、个性等，并且有意识地运用这些信息去调适自己生活的能力。这种智能在哲学家、小说家、律师等人身上有比较突出的表现。

自然观察者智能。自然观察者智能指的是人们辨别生物（植物和动物）以及对自然世界（云朵、石头等）的其他特征敏感的能力。这种智能在过去人类进化过程中显然是很有价值的,如狩猎、采集和种植等,同时这种智能在植物学家和厨师身上有重要的体现。

加德纳认为,传统的教育比较重视前两个方面的智能。但实际上每个学生都在不同程度上拥有上述八种基本智能,智能之间的不同组合表现出个体间的智能差异,因此应该平等关注每一个学生。教育的起点不在于一个人有多么聪明,而在于怎样变得聪明,在哪些方面变得聪明。教育不是为了发现谁是学习的无能者,而是发挥学生的潜能。加德纳认为,智能并非像传统智能定义所说的那样是以语言、数理或逻辑推理等能力为核心的,也并非是以此作为衡量智能水平高低的唯一标准,而是以能否解决实际生活中的问题和创造出社会所需要的有效的产品的能力为核心的,这也是衡量智能高低的标准。因此,智能是个体解决实际问题的能力和生产出或创造出具有社会价值的有效产品的能力。为此,加德纳承认每个人都或多或少拥有这八种多元智能,这八种智能代表了每个人不同的潜能,这些潜能只有在适当的情境中才能充分地发挥出来。这一全新的智能理论对于学校教育具有重要的意义。

三、多元智能理论的要点

加德纳除了论述多元智能及其理论框架之外,还对多元智能的本质要点等进行了论述。

1.每个人同时拥有这八种智能。多元智能理论不是一个"类型理论",即确定某人的智能符合哪一种智能类型,而是一个认知功能理论。此理论提出每个人在八种智能方面都具有潜质。当然,这八种智能以多种方式起作用,但对每个人而言,作用方式是独特的。个别人似乎在所有智能或大部分智能方面处于极高水平,如德国诗人、政治家、科学家、自然观察家、哲学家歌德。另外一些人,如那些特殊机构中的、在发展过程中致残的人,看起来几乎丧失了除基本智能中的大部分智能。大多数人只是介于这两个极端之间——在某些智能方面有较高的发展,在某些智能方面适度发展,在剩下的智能方面则未开发。

2.大多数人是有可能将任何一种智能发展到令人满意的水平的。虽然个体可能会抱怨自己在某一指定领域缺乏能力,并会认为是天生的,不可改变的,而加德纳却认为如果给予适当的鼓励,提供丰富的环境与指导,实际上每个人都有能力将所有八种智能发展到一个相当高的水平。

3. 这些智能之间通常以复杂的方式共同起作用。加德纳指出，以上所描述的每一种智能实际上是一个"虚构故事"，即在生命中智能本身并不存在（但极少数情况下，可在专家或脑损伤的个体身体上发现）。这些智能间通常是相互作用的。当一个孩子在踢球时，他需要身体运动智能（跑、踢、投）、空间智能（在球场上找到自己的位置，并预测球飞来的轨道）及言语语言智能和人际交往智能（在比赛的某次争执中，成功地争到 1 分）。出于检验每种智能的重要特征、学习如何有效地运用这些智能的目的，多元智能理论中所包括的各种智能已经超越了具体背景。我们必须注意的是，在完成对于智能形式的研究之后，应将这些智能放回到它们所特有的文化价值背景中去。

4. 每一种智能类别都存在多种表现形式。在某特定领域中，不存在标准化的、必然被认为是具有智慧的属性组合。因此，一个可能不会阅读的人，由于故事讲得很棒或具有大量的口语词汇而具有较高水平的言语能力。同样，一个人可能在比赛场上很笨拙，但当她织地毯或做一个嵌有棋盘的桌子时，却拥有超常的身体/运动智能。多元智能理论强调了智能表现方式的丰富多样性，人们在某种智能中及多种智能间展现着他们的天赋。

5. 存在其他智能的可能性。加德纳的多元智能理论是一个比较宽泛的智能体系，加德纳指出，他的模型只是一个暂时性的系统化陈述，也许经过更进一步的研究与调查后，某些智能可能不会完全满足相关的标准，而不再具备智能的资格。另一方面，我们可能会鉴别出某些满足相关特点的新的智能类型。因此，人类智能不应局限于他所确认的八种类型，个体到底有多少种智能是可以改变的，随着支持或不支持某一智能的科研成果的出现，可能会使八种智能增加或减少。

实际上，加德纳自己一直在探索新的智能类型，并在 1999 年提出了存在智能。存在智能指的是陈述、思考有关生与死、身体与心理世界的最终命运等问题的能力，如人为何要到地球上来，在人类出现之前地球是怎样的，在另外的星球上生命是怎样的，以及动物之间是否能相互理解等。加德纳还没有全面认可"存在智能"，也没有对其进行详细的描述。这可能是因为他觉得该智能对教育领域并没有太大帮助，也可能是因为，由于加德纳的智能分类主要依赖于神经学上关于大脑特殊区域的相关证据，而要在不触怒任何文化、种族和宗教团体的情况下，证明存在精神探索及宇宙知晓的生物学证据，这对任何科学家来说都是巨大的冒险。正因如此，我们将"存在智能"理解为"半个智能"

可能更准确。尽管如此,很多人还是接受了加德纳的第九种智能,并开始了相关的研究、探索工作。当想到那些"老成"的孩子们时,"存在智能"可能就比较容易接受了。

四、多元智能理论对教育的影响

1. 对课程的影响

传统的课程比较重视言语语言智能和逻辑数理智能,而加德纳认为应该在多元智能中取得平衡,所有的智能都应该结合到课程中去,注重具有不同智能优势学生的全面发展,为所有学生提供发展不同智能的空间与机会。

2. 对学习的影响

加德纳主张应该结合各种智能,采取多种学习方法。这些方法包括角色扮演、音乐演出、协作学习、反思学习、讲故事等方法。因此必须培训教师尽快掌握各种学习形式和方法,设计能体现学生多种智能的学习方法和策略。

3. 对评价的影响

多元智能理论要求考虑多种智能,改变评价方法。我们应重视学生的自我评价以帮助学生更好地了解自我。在评价的内容上,也应针对不同的智能设计实施体现不同内容的方法,如:阅读测验、艺术能力测验、神经心理综合测验、人际关系网、社会成熟量表、自我概念评估等。

4. 对成人学习的影响

多元智能理论会对成人的学习产生深远的影响。许多成人发现,他们在工作中并没有最大限度地利用有发展潜力的智能。比如说有的人擅长身体/运动智能,可是却在从事与言语智能有关的工作,如果这个人能够转换工作,从事能够充分发挥运动智能潜能的工作,他会在工作中找到更多的快乐。多元智能理论给了成人一个重新看待生活的角度,在孩童时代没有被发挥的一些潜能,现在能通过一些课程,或业余爱好,或自我发展的一些活动加以弥补。

5. 基于多元智能理论的学习形式

多元智能理论的一个特色就是针对八种智能提供了不同的学习途径。教师如果发现利用言语或逻辑的形式来教授有困难的时候,就可以尝试利用其他的途径促进学生的学习。无论是在幼儿园,或是小学、中学、大学,指导原则都是一样的。可以尽量采取不同方式促进教和学。

言语智能可以利用字词的方法进行学习,具体方法及策略包括:倾听、讲故事、朗读、头脑风暴、演讲、记日记、小组讨论、访谈、阅读、录音机(学生可将自己的想法随时录下来)、完成作品等;数理逻辑智能可以利用数字、逻辑和问题进行学习,具体方法及策略包括:定量与计算、分类与分类法、启发式学习、科学论证等;视觉空间关系智能可以用图片进行学习,具体方法及策略包括:想象、颜色记号、观察图形、看图说话、思想概括图、绘图表示等;音乐节奏智能可以利用音乐、电影进行学习,具体方法及策略包括:唱歌等各种表演、作品分类、声调的抑扬顿挫、音乐激趣、音乐表达等;身体运动智能可以利用身体体验进行学习,具体方法及策略包括:用肢体语言回答、角色扮演、有效结合运动与动作、操练、肢体地图(用身体的某个部位来代替学到的某个知识点)等;人际交往智能可以利用社会体验进行学习,具体方法及策略包括:同伴分享、小组协作、模拟、角色扮演以及各种促进协作的策略等;自我反省智能可以利用自我反思进行学习,具体方法及策略包括:一分钟自我反省、个人联系(促进所学内容与个人、实际生活的联系)、自己安排时间与任务等;自然观察者智能可以利用大自然的体验进行学习,具体方法及策略包括:自然漫步、探究学习、主题学习、研究性学习等。

在进行上述学习策略与学习方法的同时要防止一个误区:并不是所有的教和学必须同时采取这八种形式,教师可以根据实际的学习需求,选择最有效的、最能引起学习者兴趣的教和学的方法。

第三章　教育技术的基本理论

第一节　教学设计理论与模式概述

模块一　初始教学系统设计

一、教学系统设计的产生与发展

1. 萌芽阶段

（1）教学系统设计研究的一个最初目标，就是建立一座能够沟通学习理论与教育教学实践的知识的桥梁。

（2）20世纪上半叶，教学系统设计研究起源于心理学家试图把心理科学运用于教育情境。

（3）杜威"连接"科学。

（4）桑代克"联结主义学习理论"。

2. 理论初创

（1）"二战"期间，心理学家利用心理学理论来设计一定的程序，进而指导各类人员培训，输送大量合格士兵和工人。

（2）20世纪50年代，美国空军研究人员提出任务分析法，60年代罗伯特·米勒将其进一步发展。任务分析：指在教学活动之前，预先对教学目标中规定的、需要学生习得的能力或倾向的构成成分及其层次关系所进行的分析，目的是为学习顺序的安排以及教学条件的创设提供心理学依据。

（3）20世纪50年代，斯金纳改进与发展了教学机器，以其新行为主义心理学的强化理论为基础，创建了程序教学法。

（4）1956年，布卢姆把教学目标分为三类：认知领域、情感领域和技能领域，奠定了教育目标分类的理论基础。

(5)20世纪60年代,学习目标成了教学系统设计中的一个重要概念。

(6)1962年,罗伯特·马杰以程序教学课本的形式,提出使用行为术语陈述教学目标的理论和方法。

(7)20世纪60年代,美国教育学家斯克里文、斯塔克和开洛格等人对教育评价理论做出了巨大的贡献。在此期间产生了形成性评价和总结性评价。

(8)整个五六十年代,不仅行为主义教学设立理论蓬勃发展,而且教学系统设计的一些核心范畴也于此时建立。

(9)1965年,加涅提出了"学习的条件"这一概念,并以此为核心提出了一套学习理论,为其后系统提出教学设计理论体系奠定了学习理论基础。

(10)20世纪五六十年代以来,系统科学理论逐渐被引入教育技术领域,教学系统设计的概念被正式提出。1962年,格拉泽首次使用"教学系统"这一术语。此时教学设计在系统观上属于"媒体观"和"胚胎期系统观"。

(11)在"媒体观"中,教学系统设计被看成是媒体选择的过程,教学设计人员是通晓不同媒体特征及效果的专家。发展到后来,教学系统设计又突出了教学媒体制作这一过程,形成了胚胎期系统观和狭义系统观。此时,系统理论才真正地进入了教学设计之中,成为教学设计四个理论基础中的一个。从此,教学设计有了固定的、独立的研究对象,从而独立于教育心理学而自成一个专门研究领域。

3.纵深发展

(1)20世纪70年代后,伴随着一批核心范畴的建立,教学系统设计理论开始朝纵深方向发展,逐渐建立起系统的理论体系。

(2)1974年,加涅出版了《教学设计原理》,首次形成了教学系统设计的一个相对完整的理论体系,建立了教学设计理论研究的基本框架,教学系统设计作为一门学科初步完备。

(3)1976年,格拉泽首次提出了"设计的科学",推动了教学设计思想发展。

(4)从70年代开始,产生了众多教学系统设计模型。

(5)瑞奇鲁斯的教学细化理论。

(6)梅瑞尔的成分显示理论、第二代教学设计、教学处理理论以及教学设计自动化理论。

(7)动机设计方面,约翰·凯勒提出了ARCS动机设计模型,认为影响学习者动机形成的因素有四类:注意、相关、自信和满意。

(8)进入新世纪,我们发现教学系统设计研究的发展方向主要表现在以下三个方面:

①随着系统理论的发展,教学系统设计将超越传统的微观课堂教学系统设计并将进一步向宏观的教育系统设计发展。

②在学习理论方面,建构主义认识论从理论和实践两个方面正逐步取代客观主义认识论。

③随着信息时代的到来,信息技术进步必将使教学领域发生深刻的变革,进而促进教学设计向智能化的方向发展。

二、教学系统设计的内涵与特征

1.设计:是为创造某种具有实际效用的新事物而进行的探究。

2.教学系统设计(Instructional System Design,简称 ISD):也称作教学设计(Instructional Design,简称 ID),是以传播理论、学习理论和教学理论等多种学科理论为基础,运用系统论的观点和方法,分析教学中的问题和需求,从而找出最佳解决方案,并对其进行评价、试行与修正的一种理论和方法。

3.教学系统设计具有以下基本特征:

(1)教学系统设计以多种理论为基础。

(2)教学系统设计的目的在于促进学习者的学习。

①通过创设教与学的系统,帮助学生最大限度地获取社会文化知识和专业知识;

②帮助学生学会学习,其关键在于对认知策略的掌握。

(3)教学系统设计是操作和规划教学活动的程序和过程。

(4)教学系统设计是一门理论和实践兼备的应用性科学。

(5)教学系统设计是典型的多学科交叉的团队协作活动。

模块二　认识教学设计模式

一、教学系统设计的三个层次

1.以"产品"为中心的层次

(1)它把教学中需要使用的媒体、材料、教学包等当作产品来进行设计。

(2)以"产品"为中心这一层次的教学系统设计有以下几个前提特征:

①已经确定完成特定的教学目标需要教学产品;

②某些产品需要开发,而不是只对现有材料进行选择或修改;

③开发的教学产品必须被大量的教学管理者所使用,产品对拥有相似特征的学习者有"复制"的效果;

④重视试验和修改。

2. 以"课堂"为中心的层次

这个层次的设计范围是课堂教学,它是依据教学大纲的要求,针对一个班级的学生,在固定的教学设施和教学资源的条件下进行教学系统设计工作,其重点是充分利用已有的设施,选择或编辑现有的教学材料来完成目标。

3. 以"系统"为中心的层次

这一层次的设计通常包括系统目标的确定、实现目标方案的建立、试行和评价、修改等。这一层次的教学系统设计以"问题—解决"的思想为导向,非常重视前期分析。

二、教学系统设计的基本模式

1. 系统分析模式

(1)系统分析模式是在借鉴了工程管理科学的某些原理的基础上形成的。

(2)这种模式将教学过程看作一个"输入—产出"的系统过程,"输入"是学生,"产出"是受过教育的人。

(3)这一模式强调以系统分析的方法对教学系统的"输入—产出"过程及系统的组成因素进行全面分析、组合,借此获得最佳的教学设计方案。

(4)系统分析模式十个基本步骤:

①分析和确定现实的需要。

②确定教学的一般目标及特定目标。

③设计诊断或评估的方法。

④形成教学策略,选择教学媒体。

⑤开发、选择教学材料。

⑥设计教学环境。

⑦教师方面的准备。

⑧小型实验,形成性评价及修改。

⑨总结性评价。

⑩系统的建立和推广。

2. 过程模式

（1）这一模式与目标模式的主要区别在于它的设计步骤是非直线型的,设计者根据教学的实际需要,可以从整个设计过程中的任何一个步骤起步,向前或向后进行。

（2）该模式的特点可用三句话概括:在教学过程中应强调四个基本要素,需着重解决三个主要问题,要适当安排教学环节。

①四个基本要素:教学目标、学习者特征、教学资源和教学评价。

②三个主要问题:

A. 学生必须学到什么,即确定教学目标;

B. 为达到预期的目标应如何进行教学,即根据教学目标的分析确定教学内容和教学资源,根据学习者特征分析确定教学起点,并在此基础上确定教学策略、教学方法。

C. 检查和评定预期的教学效果,即进行教学评价。

③过程教学模式九个基本步骤:

A. 课题任务和总的目标。

B. 学生特征。

C. 学习目标。

D. 课题内容和任务分析。

E. 预测。

F. 教学活动。

G. 辅助性服务。

H. 教学资源。

I. 学习评价。

3. 目标模式

（1）它强调以教学目标为基点对教学活动进行系统设计,以达成教学目标为基本目的,所以被称为目标模式。

（2）该模式包括九个步骤。

①确定教学目标。

②进行教学分析。

③检查起点行为。

④制定作业目标。

⑤拟定测试题目。

⑥提出教学策略。

⑦选定教学内容。

⑧做形成性评价。

⑨修正教学。

三、教学系统设计的一般模式

1.学习需要分析。

2.教学内容分析。

3.学习者分析。

4.学习目标阐明。

5.学习评价。

6.教学策略的制定。

7.教学媒体的选择与运用。

8.教学设计成果的评价。

第二节　前端分析和学习目标设计（一）

前端分析指的是在教学设计过程开始的时候,先分析若干直接影响教学设计又不属于具体设计事项的问题,主要指学习需要分析、教学内容分析和学习者特征分析。

模块一　学习需要分析

一、学习需要分析的内涵

1.学习需要:是指学习者学习方面目前的状况与所期望达到的状况之间的差距,即学习者目前水平与期望学习者达到水平之间的差距。

(1)期望达到的状况是指学习者应当具备的能力素质。

(2)目前的状况是指学习者群体在能力素质方面已达到的水平。

2.学习者的总期望是由以下几个方面的因素决定的:

(1)学习者生活的社会及其变化与发展赋予学习者的历史使命和任务;

(2)学习者未来的职业和现在从事职业的新发展对人才的要求;

(3)学习者未来的工作岗位或所在岗位的技术变化对人才的希望;

（4）学习者自身对知识、技能、态度的培养和发展的个人需求。

3．学习需要分析主要是要进行三方面的工作：

（1）深入调查研究，分析教学中需要解决的问题是什么；

（2）通过分析问题产生的原因，以确定解决该问题的必要途径；

（3）分析现有资源条件和制约因素，明确设计教学方案及解决该问题的可行性。

4．学习需要分析的结果是提供差距的有效资料和数据，从而帮助形成教学设计项目总的教学目标，它的实质就是分析教学设计的必要性和可行性。

5．学习需要分析的基本步骤：

规划→收集数据→分析数据→撰写分析报告

二、学习需要分析的方法

1．内部参照需要分析法

（1）内部参照分析法：是由学习者所在的组织机构内部以已经确定的教学目标（或工作要求）对学习者的期望与学习者学习（工作）现状做比较，找出两者之间存在的差距，从而鉴别学习需要的一种分析方法。

（2）内部参照需要分析法数据收集方法：

①设计测验题、问卷或观察表并进行分析；

②根据指标体系分析学习者近期的现成材料；

③对教师进行座谈或问卷，询问学习目前情况。

2．外部参照需要分析法

（1）外部参照分析法：是一种根据机构外社会（或职业）的要求来确定对学习者的期望值，以此为标准来衡量学习者学习的现状，找出差距，从而确定学习需要的分析方法。

（2）外部参照需要分析法数据收集方法：

①对毕业生跟踪访谈、问卷调查；

②分析毕业生所在单位对毕业生的工作记录；

③设计问卷发放到与所学专业相关的工作岗位；

④深入工作一线，现场调查；

⑤专家访谈。

（3）特尔菲方法：利用多轮匿名函调查来得到有关部门对未来事件的判断信息。其具体做法是：

①在专家访谈等方法的基础上形成一般性的未来信息调查表；

②让专家对调查表中的项目做重要性程度的判断和预测；

③组织者对回收的调查表做统计分析，并把包含上一轮统计分析结果和说明的调查表返给专家，征求预测意见，直到专家意见趋于一致。

3. 内外结合学习需要分析法

内外结合学习需要分析法：根据外部社会要求调整修改已有的教学目标，并以修改后目标提出的期望值与学习者现状相比较找出差距。

三、教学设计项目论证

1. 分析问题性质

唯有因缺乏知识和技能之类的问题而造成的差距才应该通过适当的教学设计去妥善处理。

2. 分析资源和约束条件

（1）资源：能支持教学设计活动开展的所有人力、物力和财力；

（2）约束条件：对教学设计工作起限制或阻碍作用的事项。

3. 认定设计项目

项目的价值大小，从两个变量来考虑：

（1）解决这个教学问题（满足学习需要）在人、财、物、时间上所要付出的代价 a；

（2）不解决这个教学问题（忽略学习需要）要付出的代价 b。

（3）只有当 a＜b 时，教学设计才值得进行。

（4）根据 a 与 b 的差值大小便可认定这一教学设计项目的价值大小。

模块二　教学内容分析

一、教学内容分析内涵

1. 教学内容：指为实现教学目的，由教育行政部门或培训机构有计划安排的，要求学生系统学习的知识、技能和行为经验的总和。

2. 教学内容之间的联系一般有三种类型：并列型、顺序型、综合型。

3. 分析教学内容：是将学生起始能力变化为应有的能力所需要的从属知识和技能，及对其上下、左右关系进行详细剖析的过程。包括两方面的内容：

（1）首先选择教学内容，确定其广度（范围）和深度（水平）；

（2）其次是揭示教学内容各部分之间的练习。

二、教学内容分析的方法

1. 归类分析法

归类分析法:主要是研究对有关信息进行分类的方法,旨在鉴别为实现目标所需学习的知识点。

2. 图解分析法

图解分析法:是一种用直观形式揭示教学内容要素及其相互联系的内容分析方法,用于对认知教学内容的分析。

3. 层级分析法

层级分析法:是用来揭示教学目标所要求掌握的从属技能的一种内容分析方法。

4. 信息加工分析法

信息加工分析法:是将教学目标要求的心理操作过程揭示出来的一种内容分析方法。

5. 卡片法

卡片法:将教学目标和各项内容要点分别写在各张卡片上,对它们的关系进行安排,经讨论修改后,再转抄到纸上。

6. 解释结构模型法(ISM 分析法)

解释结构模型法:是用于分析和揭示复杂关系结构的有效方法,它可将系统中各要素之间的复杂、零乱关系分解成清晰的多级递接的结构形式。这种分析方法包括以下三个操作步骤:

(1)抽取知识元素——确定教学子目标;

(2)确定各个子目标之间的关系,做出目标矩阵;

(3)利用目标矩阵求出教学目标形成关系图。

三、教学内容的组织形式

1. 教学内容组织的基本原则

(1)由整体到部分,由一般到个别,不断分化;

(2)从已知到未知,由具体到抽象;

(3)按照事物发展的客观规律排列;

(4)注意学习内容之间的横向联系。

2. 教学内容组织的方法

(1)教学内容的螺旋式排列

①直线式教材组织是按照一定的逻辑顺序一个接着一个地呈现出来,前后绝少重复。

②同心圆式组织则是同一内容反复多次呈现,有一定量重复。

③螺旋式组织既保留了直线式组织的后一内容比前一内容深入、分化的逻辑次序,又体现了同心圆式一波又一波、一圈又一圈扩散的组织方式,使教学内容成为既有深度又有广度的教学内容基本组织方式。

④布鲁纳的螺旋式序列要求,这些学科的基本概念要在儿童认知的每一个阶段上反复教授,复杂水平也要逐渐提高。随着每个概念复杂性水平的增加,同一概念的周期循环就构成了一个螺旋序列。

(2)教学内容的直线式编排

根据学习繁简水平的不同,加涅把学习分为六类:连锁学习、辨别学习、具体概念学习、定义概念学习、规则学习和解决问题学习。

这六类学习依次按"简单—复杂"这一维度组成一个层级系统,每一高层次的学习必须以低层次的学习为基础。

(3)教学内容的逐渐分化和综合贯通式编排

①逐渐分化:指将该学科的最一般和最概括的观念首先呈现,然后按细节和具体性逐渐分化。

②综合贯通:是强调学科的整体性,包括将教材内容按纵向序列的形式和横向系列的形式组织起来,强调学习新内容之前必须掌握刚学过的内容,确保前面出现的内容能为后面的内容提供准备和奠定基础。

③先行组织者:最先呈现的引导性材料,它有较高的抽象、概括和综合水平。

第三节 前端分析和学习目标设计(二)

模块三 学习需要分析

一、学习者一般特征的分析

学习者一般特征:是指对学习者学习有关学科内容时产生影响的心理的和社会的特点。

1. 小学生智能和情感发展的一般特征

（1）小学生思维具备初步逻辑的或言语的思维特点。这种思维具有明显的从具体形象思维到抽象逻辑思维的过渡性。

（2）小学生在情感方面的自居作用、模范趋向和自我意识也有较快的发展，学习动机多倾向于兴趣型，情绪发展的主要矛盾是勤奋与自卑的矛盾，意志比较薄弱、抗诱惑能力差，需要更多外控性的激发、辅助和教导。

2. 中学生智能和情感发展的一般特征

（1）在中学阶段，学生思维能力迅速得到发展，他们的逻辑思维处于优势地位，表现出以下五个方面的特征：

①通过假设进行思维；

②思维的预计性；

③思维的形式化；

④思维活动中，自我意识或监控能力明显增强；

⑤思维能跳出旧框框。

（2）中学生的创造性思维迅速发展，追求新颖、独特的因素，追求个性色彩和系统性、结构性。

（3）从经验型水平向理论型水平转化是从初二年级开始的，这是一个关键年龄，到高二思维则趋于定向型、成熟。

（4）初中生自我意识逐渐明确；他们富于激情，感情丰富，爱冲动，爱幻想；他们开始重视社会道德规范，但对人和事的评价比较简单和片面；他们在对知、情、意的自我调控中，意志行为日益增多，抗诱惑的能力日益增强，但高级调控仍不稳定。

（5）高中阶段，独立性、自主性日益增强，成为情感发展的主要特征；学生的意志行为愈来愈多，他们追求真理、正义、善良和美好的东西；高级自我调控在行为控制中占主导地位，即一切外控因素只有内化为自我控制时才能发挥其作用。

（6）从初中到高中学习动机也由兴趣型逐渐转向信念型。

3. 大学生智能和情感发展的一般特征

（1）大学生的思维有了更高的抽象性和理论性，由抽象逻辑思维逐渐向辩证思维发展；它们观察事物的目的性和系统性进一步加强，能掌握事物本质属性的细节特征；思维的积极性、深刻性和批判性有了进一步的发展，独立性更为加强,注意更为稳定,集中注意的范围也进一步扩大。

(2)大学生在情感方面已有更明确的价值观念,社会参与意识很强,深信自己的力量能加速社会的进步与发展;学习动机倾向于信念型;自我调控也已建立在日趋稳定的人格基础上。

4.成人学习者的一般特征

(1)学习目的明确;

(2)实践经验丰富;

(3)自学能力较强;

(4)参与教学决策;

(5)注重教学效率。

二、学习者学习风格的分析

学习风格:是学习者持续一贯的带有个性特征的学习方式,是学习策略和学习倾向的综合。

1.认知风格

认知风格:也称认知方式,指个体偏爱的信息加工方式,表现在个体对外界信息的感知、注意、思维、记忆和解决问题的方式上,是学习风格中较为重要的一种因素。

(1)场独立性与场依存性

①场独立性是指个体依赖自己所处生活空间的内在参照,从自己的感知出发去获得知识、信息;

②场依存性是指个体依赖自己所处周围环境的外在参照,从环境的刺激交往中去定义知识、信息。

③场依存性者与场独立性者的差异,特别明显地表现在对事物的观察上。

④场依存性者对人文科学和社会科学更感兴趣,场独立性者在数学与自然科学方面更擅长。

(2)沉思型与冲动型

①在学习过程中,有的学生反应非常快,但往往不够准确,这种反应方式称为冲动型;

②有的学生反应虽然慢,却很仔细、准确,这种反应方式称为沉思型。

③沉思与冲动的认知方式反映了个体信息加工、形成假设和解决问题过程的速度和准确性。

2. 内外控制点

（1）控制点：是指人们对影响自己生活与命运的那些力量的看法，一般分为内部控制与外部控制。

（2）具有内部控制特征的人相信，自己所从事的活动及其结果是由自身具有的内部因素决定的，自己的能力和所做的努力能控制事态的发展。

（3）具有外部控制特征的人认为，自己受命运、运气、机遇和他人的控制，这些外部复杂且难以预料的力量主宰着自己的行为。

（4）控制点差异在一定程度上会随年龄的增长而发生变化，一般趋势是：外控成分减少，而内控成分增多。

3. 焦虑水平

（1）焦虑：在心理学上是指某种实际的类似担忧的反应，或是对当前或预计对自尊心有潜在威胁的任何情境具有一种担忧的反应倾向。

（2）正常焦虑：指客观情境对个体自尊心可能构成威胁而引起的正常的焦虑。

（3）过敏性焦虑：不是因客观情境对自尊心构成威胁而引起，而是由遭到严重伤害自尊心本身引起的。

（4）焦虑对学习是起促进作用还是抑制作用，取决于多方面因素，包括原有焦虑水平的差异、学习材料的难易程度以及学习者本身的能力水平。

①焦虑水平与学习效率成倒 U 形关系，即中等水平的焦虑有利于学习效率的提高，而过低或过高的焦虑均对学习不利。

②从学习难度上讲，难度大的学习，焦虑水平低较好；难度小的学习，焦虑水平高较好。

③焦虑对学习究竟会产生何种影响，主要还是取决于学生已有能力水平的高低。随着学生能力水平的逐步提高，焦虑对学习成绩的影响就会日益失去其消极作用。

④就学习情境压力与焦虑的关系来看，一般是低焦虑者在压力大的学习环境下学习效果较好，而高焦虑者则适合于压力较低的学习情境。

4. 左右脑功能优势

（1）左半球采用序列的分析风格，而右半球则采用平行的综合风格。

（2）左脑序列的分析风格表现为继时性加工信息，偏爱由部分到整体的归纳，强调言语能力的重要性，倾向于反复沉思。

（3）右脑平行的综合风格则表现为同时加工信息，偏爱由整体到部分的演绎，强调空间关系和情绪特征的重要性，倾向于快速冲动反应。

（1）左脑型风格

该风格的基本特征是积极主动，爱用言语、逻辑的方式处理信息，只有在绝对必要的时候才使用右半球的"直觉"，对细节问题特别敏感，做事有计划，具有自觉性，责任心强。

（2）右脑型风格

该风格的基本特征是易于接受新东西，空间概念较强；喜欢以知觉的方式处理信息；除非绝对必要，很少使用"逻辑"，善于把握整体；喜欢灵活的规则和活动；需要自律训练。

（3）左右脑协同型风格

该风格的学习者多数情况下同时使用左右脑，左右脑间的联系紧密，兼有左脑型与右脑型的特征。

（4）左右脑混合型风格

该风格的学习者对左脑和右脑的偏爱取决于学习情境、学习任务的性质等因素，有时较多地使用左脑，而有时则较多地使用右脑，左右脑之间的联系不像协同型那样紧密。

三、学习者初始能力的分析

学生的初始能力：主要指学生已有的知识准备、能力水平、身心熟悉程度和学习动力状态等。

1. 对预备技能的测试

预备技能：即学生在开始新的学习之前已经掌握的知识与技能。

2. 对目标技能的分析

目标技能：即在教学目标中规定学生必须掌握的知识和技能。

3. 对学习者学习态度的分析

学习者的学习态度：指对教学内容是否存在疑虑、偏爱或误解以及学习动机如何等。

四 教学起点设计

1. "先行组织者"：实际上就是在正式的学习开始之前以学习者易懂的通俗语言呈现给学习者的一个引导性或背景性知识材料，它的主要作用是为教学提供一个适当的起点，充当新旧知识联系的桥梁。

2．"先行组织者"最适宜在两种情况下运用：

（1）原有知识与新知识之间缺少明确的可辨性；

（2）新的学习任务认知结构中缺乏适当的上位概念可以用来同化新知识。

模块四 学习目标设计

一、学习目标的基本内涵

1．学习目标：是对学习者通过教学后应该表现出来的可见行为的具体明确的表述。

2．学习目标的可见性和可测量性是系统研究方法的最重要的特点之一。

3．学习目标必须明确、具体、详细。

4．学习目标的作用：

（1）学习目标是教学活动的出发点和最终归宿，它可以提供分析教材和设计教学活动的依据；

（2）学习目标描述的是具体的行为表现，能为教学评价提供科学依据；

（3）学习目标可以激发学习者的学习动机；

（4）学习目标可以帮助教师评鉴和修正教学的过程。

二、教学目标分类简介

布卢姆等人将教学目标分为认知领域、情感领域和动作技能领域等三大领域，又按层次将各个领域分成若干亚领域。

1．认知领域目标分类

（1）知道：指对先前学习过的知识材料的回忆。

（2）领会：亦称理解或领悟，是较低层地处理各种材料和问题的理智操作方式，是指把握材料意义的能力。

（3）运用：指在具体的情境中使用抽象概念。

（4）分析：指将一种传播内容（现象、事物、过程）分解成它的组成因素或组成部分，以便弄清楚各种观念的有关层次，或者弄清楚所表述的各种观念之间的关系。

（5）综合：指将各种要素及组成部分组成一个整体，以构成更为清楚的模式或结构。

（6）评价：指为了一定的目的，对某些观念和方法等的价值做出判断。

2.情感领域目标分类

（1）接受或注意：指学生感受到某些现象的刺激的存在，愿意接受或注意这些现象和刺激。接受或注意是低级的价值内化水平，包括觉察、愿意接受和有控制的或有选择的注意三个方面的内容。

（2）反应：是指学生不仅注意某种现象，而且以某种方式对它做出反应，可分为默认的反应、愿意的反应和满意的反应三种。

（3）价值评分：又称价值化，指学生将特殊的对象、现象或行为不定的价值标准相联系，包括价值接受、对某一价值的偏好、信奉三方面的内容。

（4）组织：指学生将许多不同的价值标准组合在一起，克服它们之间的矛盾、冲突，开始建立内在一致的价值体系，包括价值的概念化和价值体系的组织两个方面。

（5）价值或价值体系的性格化：指学生控制自己的行为以致发展了性格化"生活方式"的价值体系，包括泛化和性格化两方面的内容。

3.动作技能领域目标分类

（1）知觉：包括感官刺激、线索的选择、转换等三部分，借以了解物体、性质和关系。

（2）准备状态：包括心理、身体和情绪三个方面，目的是为某一动作做准备。

（3）引导的反应：是指在别人领导下所表现出的明显动作，包括模仿和尝试错误。

（4）机械练习：是指反复练习所学动作，由熟练而养成习惯。

（5）复杂的反应：指个人能够表现出的复杂的动作和行为。

（6）创作：指创作出新的行为方式及动作。

三、学习目标的撰写方法

（1）行为观：强调用可观察的或可测量的行为来描述教学目标。

（2）认知观：强调用内部心理过程来描述教学目标。

（3）尽管这两种观点有所不同，但它们都一致认为，应把描述学习目标的重点放在学生行为或能力的变化上。

1.五要素目标表述法

（1）加涅把学习结果划分为五种类型：言语信息、智力技能、认知策略、运动技能和态度，又将智力技能分出五个附属范畴（亚类），并且按其复杂程度排列为:鉴别作用、具体概念、为概念下定义、规则和高级规则。

（2）"五要素目标"表述法,即学习目标中必须包含:

①学业行为的情境(S)；

②习得能力的类型(V)；

③学业行为的对象(O)；

④运用习得能力的具体行为(A)；

⑤与学业行为有关的工具、条件(C)或限制。

2. ABCD 法

这种方法之所以叫 ABCD 法,是因为它包含了四个要素:教学对象(audience)、行为(behavior)、条件(condition)和标准(degree)。

A——对象(Audience):指目标所指向的对象。

B——行为(Behavior):指表明学习的具体行为。

C——条件(Condition):指行为出现的条件。

D——标准(Degree):指可接受的行为水平。行为标准一般从行为的速度和准确性等方面进行描述。

3. 内部过程与外显行为相结合的方法

在陈述学习目标时,先用描述学生内部心理过程的术语表明学习目标,以反映学生理解、应用、分析、欣赏、尊重等内在的心理变化,然后再并列出一些能够反映上述内在变化的行为,使得学生内在的心理变化也能够观察与测量。

4. 情感型学习目标的编写方法

（1）意识总会有它的物质做依托,具体言行是思想意识的外在表现。

（2）通过间接测量即通过二级线索推断学生的情感,这就是情感学习领域目标编写的一个特点。

（3）根据以上两点,编写情感目标可采用类似内外结合的表述方法。

四、学习目标的系统化

1. 学习目标的系统化方法有图示和列表两种。

（1）图示法比较直观、明确,但很占篇幅。

（2）列表方便易行,但层次关系不能一目了然。

2. 整理得好的学习目标具有以下几个明显的特征:

（1）规范性和科学性；

（2）客观性和具体性；

（3）系统性和递进性。

第四节　教学模式与教学策略设计

模块一　信息化环境下的教学模式

一、教学模式的基本内涵

1. 教学模式：是在一定教学思想或教学理论指导下建立起来的较为稳定的教学活动结构框架和活动程序。

2. 教学模式通常包括五个因素：理论依据、教学目标、操作程序、实现条件和教学评价。

二、教学模式的基本类型

1. 课堂讲授型模式

（1）该模式以传授系统知识、培养基本技能为目标，其着眼点在于充分挖掘人的记忆力、推理能力与间接经验在掌握知识方面的作用，使学生比较快速有效地掌握更多的信息。该模式强调教师的指导作用，认为知识是从教师到学生的一种单向传递，非常注重教师的权威性。

（2）课堂讲授型教学模式的理论基础是行为主义的心理学，强调控制学习者的行为以达到预定的目标，认为只要通过"联系—反馈—强化"这样反复的循环过程就可以塑造有效的行为目标。

（3）其基本教学程序：复习旧课—激发学习动机—讲授新课—巩固练习—检查评价—间隔性复习。

2. 自主探究型模式

（1）自主探究型教学模式包括两方面的基本特征：一是自主，二是探究。

①自主：即学习者在总体教学目标的宏观调控以及教师的指导下，根据自身条件需要制定并实现具体学习目标的一种学习模式。

②探究：指一种积极的学习过程，即学生在课程学习中自己探索问题并解决问题的一种学习方式。

（2）自主探究模式的一般流程为：创设情境—提出假设—科学探究—形成结论—反思拓展。

3．合作探究型教学模式

（1）合作探究型教学模式：即在教学中充分发挥学生的主体性，以"学生本位"代替传统的"课本本位"，以"主动探究"代替"被动接受"，以问题为开端，倡导学生以探究学习、合作学习和自主学习等多种方式参与学习，教师则以一种"导演"的身份参与、指导学生的学习过程，让学生主动地在问题解决的过程中获得新知。

（2）合作探究型教学模式中的学习在实施上是基于问题解决活动进行的协同性知识建构，它以合作性的问题解决活动为主线，同时整合了其他的知识获取方式。

（3）该模式的一般流程为：组织小组—合作探究—后续行动—活动汇报—评价反思。

三、信息化教学的新模式

1．抛锚式教学

（1）抛锚式教学：主要目的是使学生在一个完整、真实的问题背景中，产生学习的需要，并通过镶嵌式教学以及学习共同体中成员间的互动、交流，即合作学习，凭借自己的主动学习、生成性学习，亲身体验从识别目标到提出和达到目标的全过程。

（2）抛锚式教学中的"锚"，是指在真实的情境中创设问题所依靠的故事情节，具体包括两方面的含义：

①技术。一方面，依靠技术创设逼真的学习情境；另一方面，学生可以依靠交互式计算机、影碟光盘和互动网站等技术支持，不断地重复情境中的某个特定的部分，并从多视角对问题加以揭示，使学生的思考拓展到与之相关的领域。

②情境。它通常指包含所需要解决问题或主题的一个故事、一段冒险或一个情境，且能引起学生的兴趣。

（3）抛锚式教学的一般流程为：设置锚—围绕锚组织教学—鼓励学生开展自主学习和合作学习—"消解"具体的"锚"—对学习效果进行评价。

2．支架式教学模式

（1）支架式教学模式：应当为学习者建构对知识的理解提供一种概念框架。这种框架中的概念是为发展学习者对问题的进一步理解所需要的，为此事先要把复杂的学习任务加以分解，以便把学习者的理解逐步引向深入。

(2)最邻近发展区:儿童独立解决问题时的实际发展水平(第一个发展水平)和教师指导下解决问题时潜在的发展水平(第二个发展水平)之间的距离。

(3)支架式教学模式主要包括以下几个环节:

①搭脚手架——确定要建构的知识,围绕学习主题,按"最邻近发展区"的要求建立概念框架。

②进入支架——呈现一定的问题情境,由此将学习者引入概念框架中的某个节点,为学习者的建构活动提供基础。

③独立探索——让学习者在支架的帮助下自主寻求问题的答案,探究内容包括确定与给定概念有关的各种属性,并将各种属性按重要性大小顺序排列。

模块二 教学策略的选择与运用

考点一:教学策略的基本内涵

1. 教学策略:是对完成特定的教学目标而采用的教学顺序、教学活动程序、教学方法、教学组织形式和教学媒体等因素的总体考虑。

2. 按照教学策略的性质划分,可以划分为生成型教学策略和替代型教学策略。

(1)生成型教学策略:指让学生作为学习的主要控制者,学生自己形成教学目标,自己对学习内容进行组织和加工、安排学习活动的顺序,并鼓励学生自己从教学中建构具有个人特有风格的学习。

(2)替代型教学策略:强调教师在学生学习过程中的指导作用,倾向于替学生处理信息,为学生提供学习目标、选择教学内容、安排教学顺序以及设计教学活动等。

3. 一个成熟的有效的教学策略一般应包含以下几个要素:

(1)指导思想:即某一教学策略所依据的理论基础,它能对具体的教学策略做出理论解释,是教学策略的灵魂。

(2)教学目标:任何一种教学策略都是指向一定的教学目标,为完成一定的教学任务而创立的。目标是教学策略结构的核心要素,对其他要素起制约作用。

(3)实施程序:即教学策略按时间展开的活动步骤以及每一步骤的主要做法等。

（4）操作技术：即教师运用教学策略的方法和技巧。

考点二："先行组织者"教学策略

1."先行组织者"的基本内涵

（1）奥苏贝尔所谓的"先行组织者"，是一种安排在学习任务之前呈现给学习者的引导性材料，它比学习任务具有更高一层的抽象性和包摄性。

（2）提供"先行组织者"的目的就在于用先前学过的材料去解释、整合和联系当前学习任务中的材料。

（3）由于原有观念和新观念（即当前学习内容）之间，可以有"类属关系""总括关系"和"并列关系"，所以"先行组织者"也可分为三类，分别成为上位组织者、下位组织者和并列组织者。

2."先行组织者"的设计策略

对于上位组织者的设计，宜采用"渐进分化"策略；对于下位组织者的设计，宜采用"逐级归纳"策略；而对于并列组织者的设计，则宜采用"整合协调"策略。

（1）渐进分化策略

所谓渐进分化，是指应该首先讲授最一般的即包容性最广、抽象概括程度最高的知识，然后再根据包容性和抽象程度递减的次序逐渐将教学内容一步步分化，使之越来越具体、越深入。细化理论：一个目标、两个过程、四个环节。

①一个目标：是指细化理论的全部内容都是为了达到一个目标，即按照渐进分化策略实现对教学内容最合理有效的组织。

②两个过程：是指它主要通过"概要"设计和一系列细化等级设计这两个过程来实现上述目标。

③四个环节：是指保证细化过程的一致性和系统性，必须注意细化设计中"选择""定序""综合"和"总结"。

1.选择：从学科的内容中选出为了达到总的学习目标或者单元的教学目标所要教的各种概念和知识点。

2.定序：将教学的内容按照"从一般到特殊"的次序来组织和安排。

3.综合：维护知识体系的结构性、系统性。

4.总结：对于学习的保持和迁移都是很重要的，包括两种总结：课后总结和单元总结。

（2）逐级归纳策略

所谓逐级归纳，是指应该先讲授包容性最小、抽象概括程度最低的知识，然后再根据包容性和抽象程度递增的次序逐渐将教学内容一步步归纳，每归纳一步，包容性和抽象程度即提高一级。"逐级分化"和"逐级归纳"正好是互逆的过程。

①一个目标：与细化理论完全相同。

②两个过程：是"锚点设计"和一系列归纳等级的设计。

③四个环节：是指保证细化过程的一致性和系统性，必须注意细化设计中"选择""定序""综合"和"总结"。

（3）"整合协调"策略

所谓整合协调，是指通过分析、比较"先行组织者"与当前教学内容在哪些方面具有类似的或共同的属性，以及在哪些方面二者并不相同，来帮助和促进学习者认知结构中的有关要素进行重新整合协调，以便把当前所学的新概念纳入认知结构的某一层之中，并类属包容范围更广、抽象概括程度更高的概念系统之下的过程。

3."先行组织者"的教学策略

（1）呈现"先行组织者"。

（2）呈现学习任务和材料。

（3）扩充和完善认知结构。

三、教学策略的选择与运用

1.制定和选择教学策略的依据

（1）依据教学的具体目标和任务；

（2）依据教学内容的特点；

（3）依据学生的实际情况；

（4）依据教师本身的素养；

（5）依据教学策略的适用范围和使用条件；

（6）依据教学时间和效率的要求。

2.教学策略的运用

（1）要树立正确的教学指导思想；

（2）要树立完整的观点；

（3）要坚持以学生的主动自主学习为主；

（4）要寻求教学策略的多样化配合和变通运用。

3.教学策略实施效果的影响因素

（1）和谐的民主课堂；

（2）交流的开放性；

（3）媒体介入的适度性。

第五节　教学媒体与学习环境设计

模块一　教学媒体选择

一、教学媒体的基本内涵与特性

1.媒体：指信息传播过程中，从传播者到接受者之间携带和传递信息的任何物质工具。

2.教学媒体：媒体用于传递以教学为目的的信息时，被称为教学媒体。

3.教科书的产生、直观教具的使用、音像教材的涌现，是教学媒体的三大重大发展。

4.传统教学媒体一般指黑板、粉笔、教科书等；现代教学媒体主要指电子媒体，由两部分构成：硬件和软件。

5.教学媒体的六个特性

（1）固定性。教学媒体可以记录和储存信息，以供需要时再现。

（2）散播性。教学媒体可以将各种符号形态的信息传送到一定的距离。

（3）重复性。教学媒体可以重复使用。

（4）组合性。若干教学媒体能够组合使用。

（5）工具性。教学媒体与人相比属于从属地位。

（6）能动性。教学媒体在特定的时空条件下，可以离开人的活动独立起作用。

二、教学媒体选择的原则与依据

1.教学媒体设计的方法一般遵守下述原则

（1）目标控制原则。教学目标是贯穿教学活动全过程的指导思想。

（2）内容符合原则。学科内容不同，适用的教学媒体也不同。

（3）对象适应原则。教学媒体的设计必须与教学对象的年龄特征相适应。

（4）最小代价原则。根据能得到的效能和需要付出的代价来做决定,力求做到以最小的代价,得到最大的收获。

（5）共同经验原则。选择的教学媒体传输的经验,同学生已有的经验,必须有若干共同的地方。

（6）多重刺激原则。选择的教学媒体,应从不同角度、侧面,去表现事物的本质特征。

（7）抽象层次原则。设计和选择的教学媒体所提供的具体和抽象的程度,要根据学生的实际情况(年龄、水平、智能状况),分成不同等级、层次。

2. 教学媒体选择的依据

（1）依据教学目的。每项学习任务、每次上课都有一定的教学目的。

（2）依据教学内容。各门学科的性质不同,适应的教学媒体会有所区别。

（3）根据教学对象。不同年龄阶段的学生对事物的接受能力不一样,选用的教学媒体必须顾及他们的年龄特征。

（4）依据教学条件。教学中能否选中某种媒体,还要看当时当地的具体条件,其中包括资源状况、经济能力、师生技能、使用环境和管理水平等因素。

三、教学媒体选择的方法与程序

1. 教学媒体选择的方法

（1）问卷表。列出一系列要求媒体选用者回答的问题,通过逐一回答这些问题可以比较清楚地发现适用于某种教学情境的媒体。

（2）矩阵式。它通常以媒体的种类为一维,以教学功能和其他考虑因素为另一维,然后用某种评判尺度反映两者之间的关系。

（3）算法型。通过模糊的数量计算,确定媒体的成本与效益之间的比值关系。

（4）流程图。它建立在问题表模型的基础上。先将选择过程分解成一套按程序排列的步骤,每一步骤都设有一个问题,由选择者回答"是"或"否",然后按逻辑被引入不同的分支。

2. 教学媒体选择的顺序

（1）对媒体要求的描述。对媒体期望的具体化,即描述出对教学媒体的要求。

（2）有关流程图的运用。媒体选择的流程图可以根据不同的需要设计成各种形式。

（3）最佳选择的做出。通过模糊的数量计算，确定媒体的成本与效益之间的比值关系。

（4）流程图。完成了流程图，我们的选择常会集中于一种或一组适合的媒体。再拿它们与所有实际因素逐一衡量，我们就可以产生综合性判断。

四、远程教育中媒体选择的 ACTIONS 模型

ACTIONS 模型将技术与媒体选择的问题归纳为 7 个要素：

1. 可获得性（Access）。媒体选择考虑的首要因素。

2. 成本（Costs）。正确地分析媒体成本是进程教学中选择和使用媒体的基础。

3. 教与学（Teaching and Learning）。媒体的特点和能力不同。

4. 交互性和用户友好（Interactivity and user-friendliness）。单向媒体和双向媒体。

5. 组织问题（Organizational Issues）。组织一支技术队伍以及进行教师培训。

6. 创新（Novelty）。资金总是与新媒体联系紧密。

7. 速度（Speed）。社会发展日新月异。

模块二　学习环境设计

一、信息化学习环境

1. 学习环境：指的是一种面对面的发生在学生与学习资源交流的学习过程。

2. 信息化学习环境：即学习者在追求学习目标和问题解决的活动中可以使用多样的信息工具和信息资源相互合作和支持的场所。

3. 经过数字化信息处理具有信息显示多媒体化、信息网络化、信息处理智能化和教学环境虚拟化的特征。

4. 信息化学习环境的基础是多媒体计算机和网络化环境，其最核心的功能是数字化的信息处理。

5. 李克东认为信息化学习环境包括设施、资源、平台、通信、工具。

（1）基础设施：信息化学习环境中的基础设施主要包括多媒体计算机、多媒体教室网络、校园网络、因特网、微格教室、语音教室、电子阅览室等。

（2）学习资源：信息化学习环境中的学习资源都是经过数字化处理，可以

在多媒体计算机上或网络环境下运行的,可被学习者利用的多媒体材料。

(3)平台工具:信息化学习平台与工具主要有认知工具、交流工具、问题解决与决策工具、效能工具、支持评测工具等。

(4)信息通信:通信是实现进程协商讨论的保障,用来保证信息的传输流畅,它主要包括各种网络传输介质、通信设备以及邮政、通信部门提供的各种服务等。

6. 信息化学习环境对比传统学习环境的优势:

(1)环境的开放性。

(2)资源的共享性。

(3)学习界面的人本性。

(4)学习过程的合作性。

(5)知识学习的重构性。

7. 信息化学习环境对学习内容的影响:

(1)信息化学习环境使学习内容和资源及获取性具有随意性;

(2)信息化学习环境使学习内容更具实效性;

(3)信息化学习环境使学习内容探究具有多层次性;

(4)信息化学习环境使学习内容更具可操作性;

(5)信息化学习环境使学习内容具有可再生性。

二、多媒体学习环境

目前,多媒体学习环境的硬件构成一般以多媒体计算机系统为核心,由投影仪、电视机、视频展示台、银幕、影碟机(VCD 或 DVD)、录像机、音响设备等多种教学设备共同组成。

1. 多媒体学习环境的基本类型

(1)课堂讲授式学习环境

充分发挥多媒体技术优势,让学生更大限度地、主动地参与其中,而教师给以适当及时的引导、纠正及进行合理的教学组织活动。

(2)个别化自主学习环境

要求在软件设计中尤其要注意交互性与可控性的体现,并包含一定的教学策略。

2. 多媒体学习环境使用的注意事项

(1)根据教学内容选择教学媒体

（2）恰当熟练地操作各种教学媒体

三、网络化学习环境

1. 网络化学习环境：就是在学习环境中引入网络因素。

（1）网络化学习首先必定使用多媒体计算机，它被包含于计算机学习环境中；

（2）其次，网络可以是互联网或局域网，可以以进程形式进行，也可以在教室中进行。

2. 网络化学习环境的硬件还多以地网为主，采用地网与天网相结合的方式来实现网络学习功能。

3. 网络化学习环境的软件系统则分为保证学习环境正常运行的基础软件和网络学习系统两部分。

2. 优秀的网络化学习环境

（1）一个优秀的网络化学习环境中的网络教学系统不仅支持良构领域的知识学习，而且还提供了不规则的实例化的情境；

（2）一个优秀的网络化学习环境中的网络教学系统还应该具备优良的交流与合作功能，以实现网上的实时或非实时沟通。

3. 网络学习环境下的学习活动分为三个种类：

（1）知识学习：它包括对概念、规则、定律等内容的学习；

（2）解决问题的学习：问题表征、方案设计、尝试解答、评价结果；

（3）策略的学习：即学会学习的过程。

第六节　学习过程与结果评价设计

模块一　学习过程与结果评价概述

一、学习评价的内涵与发展

1. 学习评价：是一种依据学习目标，对学习内容、学习进展情况、学习结果进行观察、记录、测量，对学习效率做出鉴定和评价，并对学习目标进行反思和修订的活动。

2. 学习评价经历了四个不同的发展阶段：测量时期、目标时期、判断时期和建构时期。

（1）前两个阶段注重量化目标的测量，突出了评价者的作用，在一定程度上忽视了被评价者的主体性，使评价成为一种筛选的工具。

（2）后两个阶段强调评价的协商性，被评价者的主体地位得到了体现，使评价成为评价者和被评价者的协商建构，最终通过评价促进学生的发展。

二、学习评价的类型与功能

1. 学习评价的类型

布卢姆等人根据评价在教学中实施的时间和发挥的作用不同，把学习评价划分为诊断性评价、形成性评价和总结性评价三类。

（1）诊断性评价：是指在教学活动进行前，为使教学设计能够指导和调整教学进程，使教学状态及时反馈给师生所进行的评价。诊断性评价主要用途有三个方面：

①检查学生的学习准备程度。

②确定对学生的适当安置。

③辨别造成学生学习困难的原因。

（2）形成性评价：是指在教学过程中，为使教学活动效果更好而修正教学运行的进程所进行的对学生学习进展的评价。形成性评价侧重于教学的改进和完善，是"前瞻式"的。

（3）总结性评价：指在课程或一个教学阶段结束后对学生学习结果的评定。这类评价的主要目的是评定学生的学业成绩，确定学生达到教育目标的程度，证明学生掌握知识、技能的程度和能力水平，以此确定学生在后续教程中的学习起点，预言学生在后续教程中成功的可能性，以及为制定新的教育目标提供依据。

2. 学习评价的功能

（1）诊断功能。通过学期、学年和教程开始之前的诊断性测验，教师可以了解学生的学科知识、技能、能力达到的水平和学习中存在的问题。

（2）反馈功能。通过对学生学习的测评，会给学生以肯定的或否定的评价。

（3）定向功能。学生在学习时间和学习力量分配上，常常受评价标准和测验内容的引导。

（4）鉴定功能。指在评价过程中，通过比较、区分和评定等级，对学生学习的结果进行价值判断。

（5）教育功能。教学过程中所进行的各种评价，本身也是一种教育活动。

三、网络环境下的学习评价

1. 重视对学生学习过程的评价。

2. 重视对所学知识应用的评价。

3. 重视学生的自我评价和学生互评。

4. 注重对学生的定性评价。

5. 注重评价方式的多元性。

模块二　学习过程与结果评价新方法

一、学习量规评价

1. 量规的基本内涵

量规是一种对学生的作品、成长记录、学习成果或者学习过程中的其他表现进行评价的工具。它往往从与学习目标相关的多个维度规定评价准则和划分等级，适于学生自评和互评，是一个融定性评价和定量评价于一体、面向学习过程的形成性评价工具。

2. 量规评价的优点

（1）作为一种结构化的定量评价标准，量规往往是从与评价目标相关的多个方面详细规定评价指标，具有操作性好、准确性高的特点。

（2）在评价学生学习的同时，应用量规可以有效降低评价的主观随意性，不但可以教师评，而且可以让学生自评或同伴互评。如果事先公布量规，还可以对学生起到导向作用。

3. 量规设计的步骤

（1）量规往往以二维表格形式呈现出来，一般由三个要素构成：

①评价指标；

②评价标准；

③水平等级。

（2）几乎所有的量规都有两个共同的特点：

①有一系列标准；

②质量优劣的序列，可描述程度好、一般和差的学生作业。

（3）一个有效的量规的设计大体需要以下五个基本环节：

①明确学习目标；

②列出评价指标；

③制定评价标准及水平等级；

④给每个水平等级分配分值；

⑤检查、测试、修改量规。

4. 基于量规的学习评价过程

基于量规的学习评价与传统学习评价不同，它以"学生的学习"为主体，以"教师指导"为支持，以"评价"贯穿始终，并融教学、学习、评价于一体。

(1)确定学习目标；

(2)设置学习任务；

(3)呈现评价量规；

(4)展开学习活动；

(5)学习成果展示；

(6)开展自评互评；

(7)教师评估反馈。

5. 量规评价的特点

(1)量规在学习开始时向学生提供清晰的作业标准和规则，可以对学生的学习发挥很好的导向作用。

(2)量规往往被用于评价学生在给定作业或任务中产生的成果，它适用于研究性学习、合作学习、课堂参与、家庭作业、科学实验等多种实习活动。

(3)量规是一种评价标准的体现。

(4)量规可以帮助学生认清自己的学习目标和需要达到的学习标准。

(5)量规评分使标准公开化，有助于对学生做出客观、公正的评价。

(6)使用量规的主要目的是为了让学生清楚学习的目标以及在学习过程中引起学生的反思。

二、学习档案评价

1. 学档与学档评价

(1)学档的共同特点

①学档里的主要内容是学生的成果。

②学档里的内容是经过选择的。

③学档具有反思功能。

④学档的内容要有真实性和个性化。

（2）学档评价

就是按照一定的教学目标,由教师和学生系统收集学生的学习作品、学习反思,记录学生的学习过程,由教师、学生、家长等评价者对学生学习过程进行判断的一种评价方法。

2.学档评价的基本环节

（1）确立学档评价的目标。

①学档的内容要让学生看到自己不断成长和进步,培养自信心。

②学档评价把学生学习上的成功与失败直接反馈给学生本人,使他们及时进行自我反省,达到评价者和被评价者双方的互动。

③引导学生正确地评价自己、反思和自我完善。

④通过互评,学会客观、公正地评价他人。

（2）确立学档评价的标准与内容。

（3）学生学档的保存、分析和解释。

3.基于电子学档的学习评价

（1）电子学档包含的内容分为:学习者基本档案信息、学习相关信息（主要是学习计划、学习任务、学习进度等）、学习活动信息、评价反思信息、学习成果信息等五大类。

（2）电子学档评价的主要功能概括为五大功能模块,即信息收集模块、分类处理模块、分析模块、量规标准与案例模块和反馈指导模块。

（3）电子学档中的材料可分为两部分:一部分为系统自动记录的材料,另一部分为人工收集、放入的材料。

（4）基于电子学档的网络学习评价主要包括如下几个阶段:

①明确评价目标。②作品和数据采集。③作品和数据分析。④形成学档评价结论。

三、学习契约的评价

1.学习契约:是一种由学生与指导教师共同规划、设计的学习活动书面协议。它包括确定学生的学习目标、规划学习资源和策略、达到目标的方法、学习活动的日程安排、完成活动的保障及确认这些保障的标准等。

2.学习契约作为一种书面协议,首先具有的是合约属性,它规定了契约签订各方的权利义务,所应承担的责任,并且以明文的方式表示出来。学习契约是维系教师和学生,以及学生之间的一种明确的规则。

3.学习契约的样式有表格式和提纲式两种,一般包括学习者和教师双方的基本信息、学习目标、教师与学生的任务职责、保障学习契约实现的方法与手段、评价方法、未能达标的惩罚条款、学习活动的起止日期、学习者和教师签名等几项基本内容。

4.学习契约的优点

(1)可加强教与学之间的良性互动;

(2)可使教学更具弹性,更能顾及学习者之间的差别;

(3)能够有效地控制学习程序;

(4)能够同时培养教与学双方的教学设计能力;

(5)使学习者具有一定的主动权,能激发其学习的积极性。

5.学习契约的局限性

(1)学习者可能对未知产生恐惧、退缩或反感;

(2)当学习者规划能力不足时,可能会影响学习的质量;

(3)课程时间可能造成的重大压力。

6.利用学习契约对学习进行评价要经历以下几个基本环节:

(1)要在学习互动开始之前由教师详细讲解契约学习的基本原理及使用方法;

(2)学生和教师根据学生的学习兴趣和需求共同商定,达成协议,签订"学习契约";

(3)学生要根据学习契约的要求展开学习与合作,交流学习契约目标完成的进度和涉及的相关资料,教师和学生共同对学习过程进行检查和评价;

(4)在学习活动结束后,教师要按照学习契约来验收学生提供的学习成果,看学生是否完成了学习契约中所承诺的学习目标,并对学习效果进行评价。

7.契约评价实施的要求

(1)先向学习者说明拟定学习契约的目的;

(2)给学习者提供学习契约的范例,并说明要点;

(3)要求学习者根据学习目标、学习方法、学习时间、学习成果等项目,列出切实可行的个人学习契约;

(4)单独与学习者沟通,修正并确认契约内容。

(5)按照契约进行学习,教学双方共同对学习过程及学习效果进行检查。

第七节 信息化环境下的教学设计

模块一 信息化教学设计概述

一、信息化教学设计的基本内涵

1. 信息化教学设计:在先进教育理念(尤其是建构主义)的指导下,根据时代的新特点,以多媒体和网络为基本媒介,以设计"问题"情境以及促进学生解决问题能力的发展为核心的教学规划与准备的系统化过程。

2. 信息化教学设计的目的:是激励学生利用信息化环境合作进行探究、实践、思考、综合运用、问题解决等高级思维活动,以培养学生的创新精神和时间能力。

3. 信息化教学设计的特点

(1)与传统的教学设计相比,信息化环境下的教学设计更加重视学习者的主体作用。

(2)信息化教学设计不局限于课堂教学形式和学科知识系统,而是将教学目标组合成新的教学活动单元,以任务驱动"问题解决"作为学习与研究活动的主线,以学为中心,注重培养学生的信息能力、批判性思考能力和问题解决与创新能力。

(3)信息化教学设计要求教师转变自己的角色。

(4)信息化教学设计是在多媒体组合教学设计基础上的拓展,信息化教学设计包含了多媒体组合教学设计,二者不是对立关系而是包容关系。

二、信息化教学设计的基本内容

1. 学习目标分析

2. 学习情境创设

①广义的情境:指作用于学习主体,产生一定的情感反应的客观环境;

②狭义的情境:指在课堂教学环境中,作用于学生而引起的积极学习情感反应的教学过程。

3. 学习环境设计

4. 学习活动设计

5. 学习评价设计

评价主要内容要围绕三个方面:自主学习能力、合作学习能力、是否达到意义上建构的要求。

三、信息化教学设计的基本原则

1. 以学为中心,注重学习者学习能力的培养。

2. 充分利用现代信息技术,营造优化的学习情境。

3. 强调"合作学习"与团队合作。

4. 强调针对学习过程的评价。

模块二 信息化教学设计模式

一、"英特尔未来教育"模式

1. 目标:帮助教师"扩展创造性思维,从而达到让学生发挥创造力,摆脱课堂束缚的目的",就是"使教师知道如何把计算机技术应用到他们所教的课程中去,从而增强学生的学习能力,提高他们的学业成就"。

2. 核心内容:将现代信息技术更好地应用于学科教学,使计算机的教学与其他学科的教学充分有效地整合,其实质之一就是使教师知道如何把"计算机应用到课程"中去的教学设计,即信息化教学设计。

3. "英特尔未来教育"教学模式的十个模块,即设计流程。

(1)准备单元计划。

(2)查找资源。

(3)创建多媒体演示文稿。

(4)创建出版物。

(5)准备教师支持教材。

(6)创建网站。

(7)建立单元计划支持材料。

(8)整合单元计划。

(9)评价单元计划。

(10)建立单元计划实施方案。

4. 这些模块贯穿着三条主线。

(1)信息技术的使用。

(2)教学设计。

(3)评价工具的使用。

5."课程框架问题"概念。

课程框架问题又由基本问题、单元问题和内容问题构成。

（1）基本问题：有吸引力；不涉及特定的主题、事件或内容；具有综合性、挑战性等特点。

（2）单元问题：对基本问题的细化，为基本问题提供了学科特定及主题特定通道；没有明显的正确答案；激发和维持学生的兴趣。

（3）内容问题：为学生研究单元问题，并进而探究基本问题打造基本的知识基础；大多涉及的是事实；有明确的答案。

6."英特尔未来教育"项目的核心之处

"英特尔未来教育"项目重视过程，体现从做中学。教师的作用不再像在传统教学中那样把问题的"陈述"呈现给学生，而是围绕着学生所学知识设计出知识诞生的"原始情境"进行教学。学生在教学过程中，不是从教师那里得到现成的答案，而是通过对一系列问题的回答而得到所学的知识。

二、WebQuest 模式

在这类课程计划中，呈现给学生的是一个特定的假想情境或者一项任务，通常是一个需要解决的问题或者一个需要完成的项目，课程计划中为学生提供了一些因特网资源，并要求他们通过对信息的分析和综合来得出创造性的解决方案。

1.WebQuest 的基本结构

这是一种探究的学习活动，活动中学生们所用到的所有或大部分信息都来自网络。

（1）WebQuest 学习活动的特点。

①有一个明确的主题或问题，为方便起见统称为问题；

②此类问题可通过寻求信息而得到解答；

③问题的解答没有唯一性。

（2）一个标准形式的 WebQuest 包括 7 个部分：

①介绍。对所"探究"的问题的简要描述。

②任务。对于学习者要做的事情的描述。

③资源。指与网上相关站点的链接。

④过程。说明要做些什么才能完成指定的任务。

⑤建议。指导学习者如何组织信息。

⑥评估。创建量规来展示如何评价最终的结果。

⑦结论。对于可完成的学习成果或学习过程的简要总结。

2. WebQuest 设计的 FOCUS 原则

（1）F——找出精彩的网站。辨别一个好的 WebQuest 的一项指标是它所采用的网站质量。

（2）O——有效地组织你的学习者和学习资源。一个设计良好的 WebQuest 必须要能够做到将孩子们和学习资源很好地组织起来。

（3）C——要求学生思考。WebQuest 作为一种基于网络的研究性学习模式，在具体的设计中必须注意如何促进学习者思考的问题。

（4）U——选用媒体。在媒体的选择上，WebQuest 充分重视网络媒体。

（5）S——为高水平的学习期望搭建脚手架。脚手架是一类临时性的结构，用来帮助学习者超越他们现有的水平，以便更有技巧地展开活动。

三、MiniQuest 模式

1. MiniQuest：是由教师设计的在线指导模块，它使学生参与到一个真实的主题或问题的研究中，目的是为了培养学生的批判性思维和构造知识能力。

2. 根据 MiniQuest 在一个课程单元内所处的位置来划分它们的类型，可以划分为发现型、探索型和终极型三个类型。

（1）发现型 MiniQuest：被运用在一个课程单元的开始阶段，用来引导学习者进入一个特别的课程单元。

（2）探索型 MiniQuest：被运用在一个课程单元的中间阶段，涉及理解概念或课程目标所必需的知识内容的获取。

（3）终极型 MiniQuest：被运用在一个课程单元的结束阶段，它要求学习者运用那些其他类型的 MiniQuest 学习，或从另外一些传统教学方式中获得内容消息。

3. 一个典型的 MiniQuest 由以下三部分构成：

（1）情境

教学情境是指在教学中与学习者和教师发生作用的客观要素之总和，是教学得以发生和维持的环境条件。

（2）任务

问题是 MiniQuest 的网络探究性学习的核心。任务设计模块包括了设计本质问题、设计基础性问题、发展搜索策略、定位特定信息的网站、提取信息和信息的组织与综合等步骤。

（3）成果

成果包括一些描述:学生将如何展现他们对情境中提出的本质问题的回答;成果需要整合信息以便知识能高度建构;成果也应该是真实的。

第八节 信息化环境下的教学设计（一）

模块一 教学设计概述

一、教学设计的必要性

1. 进行教学设计有利于媒体教材质量的提高。

2. 进行教学设计有利于教学工作由经验走向科学化。

3. 进行教学设计有利于教学理论与教学实践的沟通。

二、教学设计的内涵

教学设计:也称作教学系统设计,是以传播理论、学习理论和教学理论为基础,运用系统论的观点和方法,分析教学中的问题和需求,从而找出最佳解决方案的一种理论和方法。

三、教学设计研究的基本内容

1. 基本概念和基础理论。

2. 设计过程。

3. 媒体开发。

4. 教学评价。

四 教学设计的层次

1. 以"系统"为中心的层次——教学系统设计

这里所指的系统是特指比较大、比较综合和复杂的教学系统。

2. 以"课堂"为中心的层次——教学过程设计

教学过程设计是针对一门课或一个单元,甚至是一节课或某个知识点的教学过程进行的教学设计,分为两个方面:

一是课程教学设计,

二是课堂教学设计。

3. 以"产品"为中心的层次——教学产品设计

教学设计最初发展是从以"产品"为中心的层次开始的,它把教学中需要使用的媒体、材料、教学包等当作产品来进行设计。

模块二　教学设计的一般过程模式

一、学习需要分析

(一)学习需要分析的含义

(1)学习需要:是指学习者学习方面目前的状况与所期望达到的状况之间的差距,即学习者目前水平与期望学习者达到水平之间的差距。期望达到的状况是指学习者应当具备的能力素质。期望来自社会和学生自身两个方面,是社会和学生对其能力素质及其发展的要求。目前的状况是指学者群体在能力素质方面已达到的水平。

(2)学习需要分析主要是要进行三方面的工作:深入调查研究,分析教学中需要解决的问题是什么;通过分析问题产生的原因,以确定解决该问题的必要途径;分析现有资源条件和制约因素,明确设计教学方案以及解决该问题的可行性。

(3)需要分析的结果是提供差距的有效资料和数据,从而帮助形成教学设计项目总的教学目标,它的实质就是分析教学设计的必要性和可行性。

(二)学习需要分析的方法

1. 内部参照分析法:是由学习者所在的组织机构内部以已经确定的教学目标(或工作要求)对学习者的期望与学习者学习(工作)现状做比较,找出两者之间存在的差距,从而鉴别学习需要的一种分析方法。

2. 外部参照分析法:是一种根据机构外社会(或职业)的要求来确定对学习者的期望值,以此为标准来衡量学习者学习的现状,找出差距,从而确定学习需要的分析方法。

3. 内外结合学习需要分析法:根据外部社会要求调整修改已有的教学目标,并以修改后目标提出的期望值与学习者现状相比较找出差距。

二、学习者分析

学习者,即需要接受适当教学的对象,其有用的信息包括以下几类:

1. 入门技能。

2. 对该领域已有的知识。

3.对教学内容和将采用的传递系统的态度。

4.学习动机。

5.学业能力水平。

6.学习风格偏好。

7.对培训机构的态度。

三、学习内容分析

(一)学习结果的类型

1.言语信息。

2.智力技能。

3.认知策略。

4.动作技能。

5.态度。

(二)怎样进行学习内容分析

1.确定学习类型。

2.进行信息加工分析。

3.先决技能分析。

4.安排学习内容。

(1)学习内容之间的联系有三种类型:并列型、顺序型、综合型。

(2)组织学习内容的基本原则:

①由整体到部分,由一般到个别,不断分化;

②从已知到未知,由具体到抽象;

③按照事物发展的客观规律排列;

④注意学习内容之间的横向联系。

5.进行初步评价。

四、学习目标的阐明

学习目标(或教学目标)是对学习者通过教学后应该表现出来的、可见的、具体的、明确的表述。学习目标也称为行为目标,运用这个术语是为了强调教育结果的可观察性和可测量性。

1.学习目标的分类理论

布卢姆提出学习目标分类学说,所有以培养人为核心的教育目标均可分为三个领域:即认知领域、情感领域和动作技能领域。

（1）认知领域目标分类

在认知领域中,教学的主要目的和任务就是使学生掌握知识,形成运用知识进行理性的、系统的思维的能力。

①知道:指对先前学习过的知识材料的回忆。

②领会:亦称理解或领悟,是较低层地处理各种材料和问题的理智操作方式,是指把握材料意义的能力。

③运用:指在具体的情境中使用抽象概念。

④分析:指将一种传播内容(现象、事物、过程)分解成它的组成因素或组成部分,以便弄清楚各种观念的有关层次,或者弄清楚所表述的各种观念之间的关系。

⑤综合:指将各种要素及组成部分组成一个整体,以构成更为清楚的模式或结构。

⑥评价:指为了一定的目的,对某些观念和方法等的价值做出判断。

（2）情感领域目标分类

情感是人对客观事物的态度的一种反应,表现为对外界刺激的肯定或否定。

①接受或注意:指学生感受到某些现象的刺激的存在,愿意接受或注意这些现象和刺激。接受或注意是低级的价值内化水平,包括觉察、愿意接受和有控制的或有选择的注意三个方面的内容。

②反应:是指学生不仅注意某种现象,而且以某种方式对它做出反应,可分为默认的反应、愿意的反应和满意的反应三种。

③价值评分:又称价值化,指学生将特殊的对象、现象或行为不定的价值标准相联系,包括价值接受、对某一价值的偏好、信奉三方面的内容。

④组织:指学生将许多不同的价值标准组合在一起,克服它们之间的矛盾、冲突,并开始建立内在一致的价值体系,包括价值的概念化和价值体系的组织两个方面。

⑤价值或价值体系的性格化:指学生控制自己的行为以致发展了性格化"生活方式"的价值体系,包括泛化和性格化两方面的内容。

（3）动作技能领域目标分类

动作技能涉及骨骼和肌肉的使用、发展和调适,主要通过职业培训、实验课、体育课等科目进行学习与掌握。

①知觉:指通过感觉器官观察客体或关系的过程,借此获得信息以指导动作。

②定向:指为某种稳定的活动的准备,包括心理定向、生理定向和情绪定向三个方面。

③有指导的反应:指复杂动作技能学习的早期阶段,包括模仿和尝试。

④机械动作:指学生的反应已成为习惯,能以某种熟练和自信水平完成动作。

⑤复杂的外显行为:指包含复杂动作模式的熟练动作操作,操作的熟练性是以迅速、连贯、精确和轻松为指标,包括消除不确定性和自动化的操作两个方面的内容。

⑥适应:指技能的高度发展水平,学生能改变动作以适应新的具体情境的需要。

⑦创新:指根据在动作技能领域中形成的能力和技能,创造新的动作模式以适应具体情境。

2.学习目标编写的方法

（1）ABCD 法

这种方法之所以叫 ABCD 法,是因为它包含了四个要素:教学对象(audience)、行为(behavior)、条件(condition)和标准(degree)。

A——对象(Audience):指需要完成行为的学生、学习者或教学对象。

B——行为(Behavior):指学生通过学习所能够完成的特定而可观察的行为及其内容。

C——条件(Condition):指行为限制的条件。

D——标准(Degree):指行为完成质量的可接受的最低衡量数据。

（2）内部过程与外显行为相结合的方法

在陈述学习目标时,先用描述学生内部心理过程的术语表明学习目标,以反映学生理解、应用、分析、欣赏、尊重等内在的心理变化,然后再并列出一些能够反映上述内在变化的行为,使得学生内在的心理变化也可观察与测量。

五、教学策略的制定

1.信息处理范畴的教学策略

信息处理有两种目标:一是帮助学生获得大量有用的信息;二是帮助学生发展思维技能,使他们学会独立学习。

（1）先行组织者教学策略。

①先行组织者是一些陈述，这些陈述是在学习内容之前介绍的，并且是事先设计出来的帮助学习者学习的材料，它起着把学习材料和学习者认识结构联系起来的作用。

②先行组织策略的实施步骤是：准备材料，设想学科过程，呈现预备性材料或新材料，从中抽象出新信息，运用活动强化。

（2）概念获得策略

①概念获得策略包括选择和接受策略，包括概念获得活动计划和概念获得活动的实施。

②概念形成的活动实施包括：目的识别、范例选择、范例的排列、呈现范例媒体。

（3）认知发展策略

①皮亚杰认为认知发展是环境与儿童认知结构两种因素相互作用的结果，认知结构是个体在一个时期所具有的、有组织认知的总和。

②认知发展策略运用原则是：教育必须有个别化过程。社会交往起重要作用。

2. 行为技术范畴的教学策略

（1）随机管理策略：强调系统地控制强化刺激，是在特定时间强化所期望的行为反应。

（2）自我管理策略：交给学生改变行为方式的方法。

（3）行为练习策略：又称"直接教学"，特点是建立一系列模式化的教师行为。

（4）合作学习策略：合作学习是把分组教学作为主要的教学形式，由师生的双向交流改为师生的多向交流。

六、教学媒体的选择和运用

教学媒体选择工作程序主要分为三个步骤：

1. 媒体使用目标的确定

媒体使用目标是指媒体在实现教学目标的任务中将要完成的职能。

按其职能分类，可把使用目标分为事实性、情景性、示范性、原理性、探究性等几类。

2. 媒体类型的选择

媒体类型的选择，是根据学习类型与媒体功能关系二维矩阵中的功能大小进行选择的。

3.媒体内容的选择

媒体内容的选择通常包括如下一些成分:画面资料、画面的组合序列、教师的活动、语言的运用、刺激强度。

七、教学设计成果的评价

教学设计成果是指一种新的教学方案。

1.教学评价的含义与作用

教学评价是指以教学目标为依据,制定科学的标准,运用一切有效的技术手段,对教学活动的过程及其结果进行测量,并给以价值判断的过程。

2.教学评价的种类

(1)诊断性评价:这种评价也称教学前评价或前置评价。

(2)形成性评价:在某项教学活动的过程中,为使活动效果更好而不断进行的评价。

(3)总结性评价:又称事后评价,一般是在教学活动告一段落时为把握活动最终效果而进行的评价。

3.教学测量与评价的原则

(1)客观性原则:教学评价必须采取客观的实事求是的态度,要客观地反映被评价对象的真实价值,不能主观臆断或掺杂个人感情。

(2)整体性原则:教学评价时要注意影响教学质量的诸因素及它们之间的联系,要抓住主要矛盾,全面系统地进行分析评价。

(3)可行性原则:教学评价要从当地教学实际情况出发,评价的内容、方案、指标、方法等都要符合当地的具体条件,且能够实行。

(4)科学性原则:教学评价必须具有可信度和可靠度,必须建立在科学的基础上,有充分的科学依据和科学方法。

第九节 信息化环境下的教学设计(二)

模块三 信息化环境下的教学设计

信息环境下的教学设计又称为信息化教学设计,是充分利用现代信息技术和信息资源,科学安排教学过程的各个环节和要素,为学习者提供良好的信息化学习条件,实现教学过程全优化的系统方法,其目的在于培养学生的信息素养、创新能力和综合能力,从而增强学生的学习能力,提高他们的学业成就。

一、信息化环境下教学设计的基本原则

1. 以学生为中心,注重学习者学习能力的培养

以学生为中心是信息化环境下教学设计的基本原则。如何体现以学生为中心,信息化环境下的教学设计可以从三个方面努力:

(1)要在学习过程中充分发挥学生的主观能动性,要能体现学生的首创精神;

(2)要让学生有多种机会,在不同的情境下去应用他们所学的知识(将知识"外化");

(3)要让学生能根据自身行动的反馈信息来形成对客观事物的认识和解决实际问题的方案(实现自我反馈)。

2. 充分利用各种信息资源来支持学习

这里利用一些媒体和资料并非用于辅助教师的讲解和演示,而是用于支持学生的自主学习和协助式探索。

3. "任务驱动"和"问题解决"作为学习和研究活动的主线,在相关的有具体意义的情境中确定和教授学习策略与技能,通过"同化"和"顺应"达到对新知识意义的建构。

4. 强调"协作学习"的团队合作

信息化环境下教学设计认为,学习者与周围环境的交互作用,对于学习内容的理解(即对知识意义的建构)起着关键性作用。这种协作学习不仅指学生之间、师生之间的协作,也包括教师之间的协作。

5. 充分利用各种信息资源来支持学习

(1)教学评价的目的,一方面是要检验教学活动的结果;另一方面,更主要的是应该具有激励功能。

(2)在信息化的教学环境下,学生完全有权对自己的作品做出合理的评价,教师这时并不是作为一个标准的掌握者出现,而是作为一个引路人出现,他更多的是鼓励学生的创造,尊重学生的不同见解,以促进学生创新精神的养成,培养学生独立的人格。

二、信息化环境下教学设计的典型模式

1. 典型模式的教学设计所产生的结果不是传统意义上的教案或课件,而

是一个单元教学的计划包,我们成为"包件",其中包括:

(1)单元教学计划。

(2)学生电子作品范例。

(3)学生作品评价量规。

(4)教学支持材料。

(5)单元实施方案。

2.在典型模式中,教学设计过程可以分为单元教学目标分析、教学任务与问题设计、信息资源查找与设计、教学过程设计、学生作品范例设计、评价量规设计、单元实施方案设计、评价修改八个步骤:

(1)在典型模式中,对各步骤的分析和操作通常是按顺时针方向进行的,必要时也可以跳过某些步骤或重新排序。

(2)首先由教师对单元的教学目标进行分析,确定学生通过此教学应该达到的水平或能力。

(3)根据单元教学目标,设计真实的任务和有针对性的问题。

(4)根据任务和问题以及学生的学习水平,确定提供资源的方式。

(5)要对整个教学过程进行梳理,使之合理有序。

(6)在教学过程中,教师应事先做出电子作品范例,学生浏览后就会对自己将要完成的任务有一个感性的认识。

(7)在评价信息化学习时,结构化评价工具提供了较为科学的方法。

(8)最后,还要对教学的具体实施方案进行设计。

(9)在教学设计过程中,评价修改是随时进行的,伴随设计过程的始终。

三、多媒体环境下的教学设计步骤与方法

1.分析教学内容,确定教学目标。

2.选择教学媒体。

3.创设教学情境。

(1)教学情境类型。

①问题情境。

②真实情境。

③模拟真实情境。

④合作性教学情境。

⑤具有丰富学习资源的情境。

（2）情境创设中应注意的问题。

①情境创设与教学内容的关系。

情境的创设是为了帮助学习者理解、内化学习内容。不同类型的教学内容需要不同的表现手段与表现方式。

②情境创设与学习者特征的关系。

情境的创设要充分考虑学习者原有的知识、技能，考虑学习者的学习动机、态度，考虑学习者的年龄和心理发展特征。

③情境创设与客观现实条件的关系即情境创设的可行性。

4.指导自主学习，组织协作活动。

（1）自主学习的设计。

自主学习即让学生自我学习、自我探讨。

①抛锚式教学中的自主学习设计。

②支架式教学中的自主学习设计。

③随机教学中的自主学习设计。

（2）协作学习设计。

设计协作学习的目的是为了在个人学习的基础上，通过小组讨论协商，以进一步完善和深化对主题的意义建构。

①学习主题已知的协作学习的设计。

②学习主题未知的协作学习的设计。

5.确定教学要素关系，形成教学过程结构。

课堂教学系统是由教师、学生、教学内容及教学媒体等要素组成。根据系统科学理论，要使课堂教学取得好的教学效果，必须重视教师、学生、教学内容及教学媒体这些要素之间的相互联系，以形成最佳的组织结构。

6.设计测量工具，进行学习评价

学习评价，即根据明确的目标，采用科学的方法，对测量数据按照一定的标准进行策划，并对量化的结果做出判断。

（1）设计形成性练习

形成性练习，是按照教学目标而编制的一组练习题，它以各种形式考核学生对本学习单元的基本概念和要素的掌握程度。

（2）设计总结性测验

总结性测验主要用来检查学生对学习内容的认知结果，检查原定教学目标的实现程度。

模块四 网络环境下的教学设计步骤与方法

1. 学习目标与任务的确定

2. 学习者特征的分析

根据格雷戈克的观点,将学习者的学习风格分为具体—序列、具体—随机、抽象—序列和抽象—随机四种类型。

3. 学习环境的选择

网络化学习环境基础是多媒体计算机和网络化环境,这种环境具有信息显示多媒体化、信息传输网络化、信息处理智能化和教学环境虚拟化的特征。

4. 学习情境的选择

网络学习环境中,学习情境要创设与当前的主题相关的、尽可能真实的情境。

5. 学习资源的设计

(1)网络学习资源的类型

网络学习资源的类型可分为网络课件、网络课程、专题学习网站、案例库、题库、多媒体资源库等。

(2)网络学习资源的设计要求

对于各类网络学习资源的设计,必须符合以下四点要求:具备丰富多样的学习资源、提供良好的学习交互功能、进行直观友好的界面设计、提供活泼生动的教学策略。

(3)网络学习资源的设计策略

对于网络学习资源的设计,可以从相关度、整合度和扩展度等方面来考虑。

相关度——是指与教学内容(教材、课本)相关的程度。

整合度——是指知识内容综合、加工、处理水平的程度。

扩展度——是指扩大知识面、丰富素材资料、增加学习功能的程度。

6. 学习活动的组织

学习活动的组织包括自主学习的设计、协作学习的设计、教师指导性活动的设计和教学结构流程的设计等内容。

（1）协作学习的设计

协作学习活动的基本方式有竞争、辩论、问题解决和角色扮演等五种。

（2）教师指导性活动的设计

网络教学中，教师的作用主要体现在：信息海洋的导航者、情境观察的指导者、学习过程的设计者、协作活动的辅导者。

（3）教学结构流程的设计

教学结构包括两方面的含义，即各要素的时间关系和空间关系。

①教学结构中各要素的时间关系主要是指教师与学生进行教学活动的先后顺序，即我们平时所说的教学程序、教学步骤、教学过程等。

②教学结构各要素的空间关系则主要是指教学内容的层次关系、教学过程的逻辑关系等。

7. 学习评价的设计

学习环境的设计与使用是一个动态的过程。网络学习评价包括以下几个过程和步骤：

（1）准备阶段：确定评价目标、选择评价对象、建立评价指标体系、设计问卷、设计试卷和设计调查量表。

（2）实施阶段：包括进行考试、调查和测验。

（3）处理阶段：主要是数据统计、量表分析和加权处理。

（4）判断阶段：包括比较平等、达标衡量和发展比较三种判断。

（5）反馈阶段：调整教学目标与任务、修改教学过程、完善教学资源和改变评价指标体系。

第四章　教育信息化

第一节　信息技术

一、信息的含义

"信息"一词来源于拉丁文"information",原意是指解释、陈述。随着社会的进步、科学技术的发展,人们对信息的认识也不断加深,对信息含义的认识也在不断改变和发展。学术界对信息的理解各不相同,仅仅是信息的定义就不下百种。到目前为止,还没有一个较为认可的普遍使用的信息的定义。综合众多的对信息的理解和界定,可以将其概括为以下几种不同的认识领域。

信息是指消息、知识和情况。

先看看一些词典对"信息"二字的字面解释。《牛津字典》的解释:"信息就是谈论的事情、新闻和知识。"《现代汉语词典》的解释:"音信,消息。"《韦伯斯特字典》的解释:"信息就是用来通信的事实,是在观察过程中获得的数据、新闻和知识。"

正如以上解释,在日常生活中,人们所说的"信息"通常指消息、知识和情况。在信息科学还没有形成以前,人们较少使用"信息"这个概念,即使使用,也把它当作消息、知识、情况的同义语,此种理解有三层含义:

信息是一种可传播的消息,也就是人们在传播时所要告诉对方的内容。比如,朋友之间聊天,相互转告今天身边发生的事情;给远方朋友写信,告诉他关于你的学习、工作、生活的情况;广播电台预告今天的天气情况;卫星电视转播北京奥运会比赛盛况;互联网传送的各种新闻等等。总之,传播者所要告诉对方的消息,就是我们在日常生活中所说的"信息"。

信息是可以被运算、加工和处理的。人们可以采用多种方式对信息进行运算、加工和处理,并把处理的结果用数字、符号、数据、图表或曲线等形式表示出来,其目的是使加工和处理过的信息更具有使用价值。比如,温度表的读数告诉我们气温高低的信息;尺子上的数据显示出物体大小、长短的信息;天平砝码的数字给出了物体重量的信息;曲线可显示出物体运动轨迹的信息;计算机可以代替人脑对复杂的数据进行快速处理,输出我们所需要的信息等等。

信息是一种认识世界、改造世界的知识。信息是可以被人类感知和利用的。人类总是在不断地从外部世界取得有用的信息,加以分析、归纳和处理,从而得到对外部世界的规律性认识,认识的不断积累与沉淀,便构成了"知识"。掌握了这些知识,人类便具有了认识世界和改造世界的强大武器。因此,信息为人类认识世界和改造世界提供了重要的条件。

以上是我们从日常生活的角度对信息含义的解释。但这种解释还不是信息的全部含义,更不是信息的本质含义,甚至这些解释还有一定的片面性。严格来说,日常生活中把信息和消息、知识甚至信号等混为一谈是不确切的。信息、消息、信号、知识之间确实有着密切的联系,比如信息是以消息的形式表达出来的,信息的传递需要通过信号,信息的接收可以使人们获得知识,但是信息、消息、信号、知识毕竟是几个不同的概念,它们之间存在着严格的区别。

对信息与消息来说,信息是消息的内核,消息是信息的外壳。平时,我们常听人说:"这则消息没有多少信息",或者说:"这则消息包含很丰富的信息",实际上从一定程度上说明了信息与消息的区别与联系。

对信息与信号来说,同一个信息既可以用这种信号表示,也可以用别的信号表示,并且同一信号可用来传递各种不同的信息。例如,我国奥运健儿在奥运会上获得金牌的消息,可以通过广播,用声音信号来传递信息;也可以采用报纸报道,用文字的光信号来传递信息;还可以通过电视,用图像与解说的声光信号来传递信息;或者是通过互联网,用图像、文字等多种声光信号来传递信息。这表明,信号是信息传送时的载体,信息是信号所表达的内容。

对信息与知识来说,人们通过感知外界的事物现象可以得到一定的信息,再经过思维的加工处理便可以获得知识。在这个过程中,信息既不等同于事物现象,也不等同于知识。信息与事物现象的区别在于信息具有知识的秉性,因此不是所有的事物现象都具有信息,只有使人们获得新知的事物现象才具有信息。而信息与知识也是不同的,一般来说,从事物现象获得的信息还只是知识的毛皮,只有经过大脑的思维、科学与系统的加工,才能成为科学的知识。

信息是减少或消除某种情况不确定性的东西。

在信息论上,信息被定义为可以减少或消除"不确定性"的内容,这是美国数学家兼通信工程师克劳德·香农在通信理论的研究中所揭示出来的。他把信息看作是消除事物的不确定性,从而获得确知的信息或关于该事物的确定状态。比如,你明天要到广州出差,不清楚广州的天气情况,这就是"某种不确定性"。如果你收听了天气预报,知道了广州明天的温度,这就减少了你对天气情况的"不确定性",于是天气预报就是一种信息。如果你已经非常了解广州明天的天气情况,天气预报没有减少你的任何"不确定性",此时可以说你没有得到什么信息。总之,只要是能减少或消除某种"不确定性"的东西,都是信息。

信息是关于事物运动状态和规律的表征。

这是立足于哲学的探讨,从信息的本质、本源的角度对信息的认识。1950年,控制论的创立者,美国数学家诺伯特·维纳认为:"信息是我们在适应外部世界和控制外部世界的过程中,同外部世界进行交换的内容的名称。"这一说法对信息的本源问题做了进一步的阐述,但维纳并没有明确指出人类与外部世界交换的内容是什么。人类在与外部世界发生联系的过程中,交换的内容是多种多样的。比如,人类可以把自然界的物质(粮食)转化为自身的物质(肌肉、体质),把自然界物质的能量(食物中的能量),转化为自身的能量(如体力、体温),但体质自身并不是信息,能量也不是信息,因此维纳又进一步地指出:"信息就是信息,既不是物质,也不是能量。"这一论断,使信息与物质、能量划清了概念上的界限,比如,物质具有质量,占有一定的空间,而信息不具有质量,也不占有空间;能量可以相互转化,机械能、热能、电能之间可以相互转化,能量的转化遵循能量守恒定律,但信息的传送和转化不遵循守恒定律,老师将知识传授给学生,学生获得了知识,并不意味着老师失去了知识。尽管维纳的观点表明了信息有其独立的科学范畴和研究领域,但并未说明信息的本质究竟是什么。

由此,我们把信息定义为:"信息是关于事物运动状态和规律的表征。"此种意义上的信息包括了一切物质运动的表征,例如,前面提到的消息、知识、情况、事实、数据等等,确实都是关于某种事物运动状态和规律的表征。

显然这个定义指出的是自然界与人类社会、物质世界与精神世界一切运动的信息共同构成了普遍意义上的信息,它揭示出了信息的本质。

揭示了信息的普遍性。

物质的运动是客观存在的,一切事物都在不断地运动与变化中,天体的运动、气候的变化、生物的生长与死亡、社会生产的发展、社会制度的变迁等等,所有这一切,都在变化发展中,因此作为表征这些变化状态与规律的信息在世界上是普遍存在的。世界上任何运动着的事物无时无刻不在生成信息,信息无处不在,无时不在。

揭示了信息的重要性。

人类的生存和发展,必须掌握事物的运动状态与规律,也就是说必须掌握与利用信息。人类发展的历史证明了,人类了解与掌握信息越多,人类社会的发展与进步也就越快,信息的封闭往往是制约一些落后的国家和地区发展缓慢的重要原因。在经济比较发达的国家,信息的流通与更新比较快,其科学技术与国民经济的发展也比较迅速。在当今这个高度信息化的社会里,信息的掌握和利用已成为决定一个国家命运的重要因素。

揭示了信息对物质、能量的依赖性。

信息来源于物质,来源于物质的运动,物质的运动需要消耗能量。没有物质,没有事物的运动,就没有运动状态和规律,也就不存在信息。

信息的传送与存储要以物质作为载体。比如,化石上面的花纹是了解古代动植物种类和分布的信息,化石是这一信息的载体;古代的烽火台、铁路上的信号灯是信息的载体;报纸、杂志、书籍、录像带、光盘等都是传送与存储信息的载体。

信息的处理与加工也离不开物质。信息的加工与处理,需要借助各种各样的物质,如人脑、电脑、各种仪器设备等。

信息的传递需要能量。信息在提取、传递、存储和处理的过程中都要消耗能量,说话要消耗能量,打电话要消耗能量,印刷、录音、录像以及计算机处理信息均需要消耗不同类型的能量。

揭示了信息对于物质、能量的独立性。

信息是事物运动状态与规律的一种表征,它并不是事物本身,它可以脱离产生它的事物本身而独立存在。比如,一场世界杯足球比赛,比赛实况的信息可以通过卫星电视广播系统传向全世界的观众,人们可以从电视屏幕上观看到比赛现场的情景,而观众观看的只是这一场球赛的一种表征,不是真正的运动员与球赛本身。运动员与球赛本身并不能同时分别送到亚洲、欧洲或美洲,但作为表征这一场球赛的信息,却能脱离物质本身而被人们摄取、传送、加工和利用。

信息受到主观因素的影响。信息是关于事物运动状态和规律的表征,而表征的形式和方法是多种多样的。例如,对同一新闻事件,文字记者可以在报纸上采用文字的形式表征,摄影记者可以采用图片的形式表征,电视记者可以采用活动图像的形式表征等等,采用何种方式将事物的运动状态和规律表征出来完全取决于人。此外,对信息的接收者而言,在理解表征形式方面也存在着显著的差异,比如,文化程度低的人对文字的理解显然比文化程度高的人要困难;专业音乐人士对乐曲内涵的理解比非专业人士要丰富。因此,对信息的理解与信息接收者的思想意识、立场观点、知识结构、社会背景等有密切关系。所以说尽管信息是客观存在的,但它却受到主观因素的影响。

二、信息的特征

从信息的本质出发,我们可以归纳出信息的以下一些特征:

1. 信息是一种可以共享的资源

信息是现代生产和生活中一种重要的资源。信息可以根据需要像产品或商品般进行交易,但信息的传递、交换、交流与实物交易是完全不同的。在一般的实物商品交易后,出售者就失去了实物,但信息出售后,出售信息的人并没有失去信息,而是形成了出售者和购买者共享信息的局面。因此,信息资源具有共享的特性。通过卫星电视转播世界杯足球赛的信息,可以同时出售给世界上几十个国家和地区,使世界上几十亿人共享这一信息。

2. 信息具有知识的秉性

信息是关于事物运动状态与规律的表征,用来减少或消除人们认识上不确定性的东西,这是信息的一个本质特征。知识蕴藏在信息中。一方面,人们可以把从外界获取的信息,经过思维的加工变成系统、科学的知识;另一方面,人们可以从所获取的信息中获得知识,消除认识上的不确定性,改变原来不知道或知之甚少的状态。例如,一个地质探矿队,可以通过钻探所获得的信息,经过分析得到地下矿藏的种类、分布情况和排列规律等知识,同时也消除了原来对地质矿藏情况不了解的状况。所以我们说信息确实具有知识的秉性。

3. 信息可以传输和存储

人们可以通过各种物质载体把信息从一个地方传递到另一个地方。对于信息是可以传输的特性,在古代就已被人们所认识和利用了。在生产和生活中,人类首先使用了自身的声音、体态、动作、表情来传递信息;在我国,古人为了把信息传得更远和更快,建立了驿站和烽火台用以传送皇上的命令和敌人来犯的信息。随着科学技术的发展,传送信息的载体也越来越多,越来越复杂,书刊、广播、电视、电话、因特网、电子邮件等等的出现,都是为了能高质量、高效率地传送信息。

4. 信息可以提取、加工和变换

存储在物质载体里的信息,我们可以随时提取出来。提取信息的手段有很多种,如一般书本、报纸的文字信息,我们可以通过视觉器官去提取,存储在磁带里的信息,可以通过录音机、录像机、计算机等设备去提取。

信息也是可以转换的。同样内容的信息,可以有不同的形态,也可以包含在不同的物质载体里。信息可以从一种形态转换成另外一种形态。比如,震惊世界的美国"9·11"事件,我们可以把报纸上关于该事件报道的文字信息转换成我们自己的语言向学生讲述事件的过程,还可以转换成电视、电影的电信号与光信号、声信号去呈现。在信息的转换过程中,信息的物质载体发生了变化。信息的这一特性,既为人们借助仪器间接识别与提取信号提供了基础,也为信息的传递、存储与加工处理提供了方便。

三、信息的产生和形态

1. 信息的产生

信息是在物质相互作用中产生的。世界上的一切事物,都不是孤立的、静止的,而是处于相互联系、相互作用之中。某物与他物相互作用,在他物留下某物存在方式(运动状态及其规律)的痕迹,这意味着他物携带着某物的信息。某物是产生信息的源,称为信息源;他物是信息的载体,成为信息体。

相互作用的方式。物体之间的相互作用属物质性的作用,其方式有以下几种:物质直接作用方式。指物体之间通过直接接触而产生的相互作用。如,鱼在水中遨游,鱼与水直接接触产生的作用;阳光照射在植物上,雨水洒在大地上,我一拳打在桌子上等等,都属于直接作用的方式。

物质场的作用方式。物体之间没有直接接触,而是通过其产生的物质场作用于其他物体,如引力场、电磁场的作用。

发射与接收方式。它是物质场作用的特殊形式。信源物发出一种特殊的信号,信息体通过特有的感官或接收器去感知与接收这一特殊信号。如物体的振动能产生机械波,不同的振动体所产生的波的频率与强度有差异,人的听觉器官能接收某一强度与频率范围的机械波,感知到信源物的存在方式与状态。又如广播电视,信源物的运动状态被摄像机摄取转换为电信号,经调制向广阔空间发射携带有信源物信息的电磁波,然后经电视机接收机调谐接收,将电信号转换为光信号在显示屏幕上呈现信源物的运动状态信息。

作用的痕迹—信息。物体相互作用的结果,导致信息体自己的内在结构与运动状态产生变化,在信息体上留下了信源物存在方式的痕迹—信息。比如,气候的变化作用于树木,影响树木的生长,使树木的结构与生长状态发生变化,树木的这种变化表现在所形成的年轮里,因此说在树木的年轮(痕迹)上留下了气候变化的信息;物体的反射光作用于照相机,在胶卷上感光,留下了物体的影像(信息);甲观看一场世界杯排球赛,在他的大脑中便留下了印象(排球赛的信息)。信源物的刺激无论作用于自然界事物,还是作用于机器或人类,都能留下信源物的痕迹—信息。

2. 信息的形态

同一信源物作用于不同的信息体,会留下不同的痕迹,这就导致信息有不同的呈现状态。要研究信息形态,首先应对信息体的类型进行研究。

为了研究工作的方便,我们把信息体分为如下三大类:

自然物信息体。除人类和人类制造的机器外,所有自然界的事物,包括无机物和有机物,都属于自然物信息体。

机器信息体。这类信息体是人类设计与制造的仪表、仪器、设备等机器,特别是那些有信息呈现、储存与传送功能的机器。

人类信息体。人类是一种特殊的信息体,他不仅有接收感知信息的功能,而且具有对信息进行加工处理的能力。

信源物作用于不同类型的信息体,呈现出信息的几种不同形态:

自然信息——信源物作用在信息体上留下信源物存在方式的痕迹。一般来说,这类痕迹难以明显呈现信源物存在方式的全部状态与特性。如树木的年轮就难以准确描述气候变化的具体状况。

机器信息——信源物作用在机器信息体上呈现出的痕迹。通过人工制造的机器可以把信源物的存在方式用形状符号或数量化的符号更加形象和准确地呈现出来。如照相机通过机械装置对信源物影像的摄取与冲洗能显示出信源物的静止图像。电影摄影与放映装置能记录与重现信源物存在方式的活动图像。电视摄、录、放设备也能记录与重现信源物存在方式的活动图像。静止图像与活动图像均是信源物的形状符号,它能形象地记录与重现信源物的存在方式与运动状态。

人类感知信息——信源物被人类感知,在大脑留下信源物存在方式的痕迹。感知信息有两个层次:感觉信息和感知信息。例如,当我们的手不小心碰到正在燃烧的火柴,马上产生条件反射缩回手,留下的是感觉信息,它是人对燃烧着的火柴所留下的个别特性的信息;而当我们通过分析大量事实总结出了"火是能烫伤手的"这一带有普遍性的规律时,便产生了感知信息,它是人类对诸多个别特性进行综合后所得到的对信源物的整体认识。

人类思维信息——将感知信息在大脑中进行加工处理,转换成符号信息(如语言符号和非语言符号信息)。这种符号信息也称人工信息或再生信息。例如新闻记者把所发生的新闻事件用文字、图片描述后在报纸上刊登出来。

四、技术

什么是技术? 技术是人类在利用自然、改造自然,以及促进社会发展的过程中所掌握的各种活动方式、手段和方法的总和。它包括经验形态、实体形态和知识形态三大要素,并由此形成不同的技术结构。实体形态的技术与具体的物质(工具、设备、材料)有关,我们把它称为物化技术(简称手段,即一般狭义理解的技术);经验形态和知识形态的技术主要与人的智力有关,我们把它称为智能技术(简称方法)。因此可以认为:技术由物化技术(手段)和智能技术(方法)两部分组成。

五、信息技术

联合国教科文组织对信息技术的定义是:应用在信息加工和处理中的科学、技术与工程的训练方法和管理技巧;上述方法和技巧的应用,涉及计算机及其与人、机的相互作用,以及与之相应的社会、经济和文化等诸多事物。

根据上面的定义,我们可以做如下理解:

信息技术一般是指"一系列与计算机相关的技术"。这些技术或技术的集成能够对数量巨大的、格式变化的、分布在不同地点的各种信息进行记忆、处理、展示、发布和使用。信息技术越来越多地同文本、图形、声音和视频等多种媒体格式的变换相关联。通俗地说,信息技术是能够扩展人们的信息功能的技术。主要包括:扩展人的感觉(视觉、听觉、触觉、嗅觉、味觉等)器官采集信息功能的感测技术;扩展人们的神经系统和交换信息功能的通信技术;扩展人们的思维器官存储、分析、加工、处理信息功能的计算机技术;扩展人们的施效器官施用信息功能的控制技术。

总而言之,信息技术是指人类对数据、语言、文字、声音、图画和影像等各种信息进行采集、处理、存储、传输和检索的经验知识及其手段、工具的总和。目前在学校学习应用信息技术主要是指以数字化、网络化、多媒体化和智能化为特点的多媒体计算机及以网络为核心的现代信息技术。

作者认为,信息技术可以从广义、中义、狭义三个层面来定义。

广义而言,信息技术是指能充分利用与扩展人类信息器官功能的各种方法、工具与技能的总和。该定义强调的是从哲学上阐述信息技术与人的本质关系。

中义而言,信息技术是指对信息进行采集、传输、存储、加工、表达的各种技术总和。该定义强调的是人们对信息技术功能与过程的一般理解。

狭义而言,信息技术是指利用计算机、网络、广播电视等各种硬件设备及软件工具与科学方法,对文图声像各种信息进行获取、加工、存储、传输与使用的技术总和。该定义强调的是信息技术的现代化与高科技含量。

信息技术的分类:

按表现形态的不同,信息技术可分为硬技术(物化技术)与软技术(非物化技术)。前者指各种信息设备及其功能,如显微镜、电话机、通信卫星、多媒体电脑。后者指有关信息获取与处理的各种知识、方法与技能,如语言文字技术、数据统计分析技术、规划决策技术、计算机软件技术等。

按工作流程中基本环节的不同,信息技术可分为信息获取技术、信息传递技术、信息存储技术、信息加工技术及信息标准化技术。信息获取技术包括信息的搜索、感知、接收、过滤等。如显微镜、望远镜、气象卫星、温度计、钟表、Internet搜索器中的技术等。信息传递技术指跨越空间共享信息的技术,又可分为不同类型。如单向传递与双向传递技术,单通道传递、多通道传递与广播传递技术。信息存储技术指跨越时间保存信息的技术,如印刷术、照相术、录音术、录像术、缩微术、磁盘术、光盘术等。信息加工技术是对信息进行描述、分类、排序、转换、浓缩、扩充、创新等的技术。信息加工技术的发展已有两次突破:从人脑信息加工到使用机械设备(如算盘、标尺等)进行信息加工,再发展到使用电子计算机与网络进行信息加工。信息标准化技术是指使信息的获取、传递、存储、加工各环节有机衔接,以提高信息交换共享能力的技术。如信息管理标准、字符编码标准、语言文字的规范化等。

日常用法中,有人按使用的信息设备不同,把信息技术分为电话技术、电报技术、广播技术、电视技术、复印技术、缩微技术、卫星技术、计算机技术、网络技术等。也有人从信息的传播模式来分,将信息技术分为传者信息处理技术、信息通道技术、受者信息处理技术、信息抗干扰技术等。

按技术的功能层次不同,可将信息技术体系分为基础层次的信息技术(如新材料技术、新能源技术)、支撑层次的信息技术(如机械技术、电子技术、激光技术、生物技术、空间技术等)、主体层次的信息技术(如感测技术、通信技术、计算机技术、控制技术)、应用层次的信息技术(如文化教育、商业贸易、工农业生产、社会管理中用以提高效率和效益的各种自动化、智能化、信息化应用软件与设备)。

信息技术的特征:

有人将计算机与网络技术的特征——数字化、网络化、多媒体化、智能化、虚拟化,当作信息技术的特征。我们认为,信息技术的特征应从如下两方面来理解:

信息技术具有技术的一般特征——技术性。具体表现为:方法的科学性,工具设备的先进性,技能的熟练性,经验的丰富性,作用过程的快捷性,功能的高效性等。

信息技术具有区别于其他技术的特征——信息性。具体表现为:信息技术的服务主体是信息,核心功能是提高信息处理与利用的效率、效益。由信息的秉性决定信息技术还具有普遍性、客观性、相对性、动态性、共享性、可变换性等特性。

第二节　教育信息化的条件

2000年全国中小学信息技术教育工作会议召开以来,中小学生平均拥有计算机数和已建成校园网的学校数,都在直线上升,现已基本实现"校校通"。但是,由于教育思想和教育观念没有发生转变以及教育技术运用水平低下等原因,很多学校的信息化设施与学科学习"脱节",信息技术仍然游离于学生学习的核心之外。

一、观念转变是教育信息化的先导条件

我们对中小学的电教设备状况进行了调查,了解到不少中小学的电教设备无论是规模还是档次都处于领先水平。但有很多学校,包括一些示范性学校在内,应用这些设备作为辅助学习工具的却不多,大多作为应付检查的展品。究其原因是教育思想和教育观念没有发生转变,从而制约了现代教育技术发挥应有的效益。

教育思想、教育观念的转变要放在首要地位,这是"整合"的先导条件。具体说要做到三个改变:

1. 必须改变旧的学科观念? 要在其他学科的知识中有效地融入信息技术,更好地提高学习效率,让学生具备不断更新知识、创造新知识的能力。

2. 必须改变旧有的教材观? 要根据当前信息技术的发展和信息技术课程的目标以及学生的特点,结合其他学科的知识,设置相关的课题内容,并且按照课题难度的大小安排学习顺序和课时。

3. 必须改变旧有的学习观? 相对于传统的模式,无论是教师的教还是学生的学都发生了很大改变。教师成了学习的指导者、促进者。

二、技术熟练是教育信息化的必要条件

没有娴熟地运用现代教育技术的技能,"整合"只能是"凑合"。

要推广应用信息技术,提高现代教育技术运用水平,教师的培训是关键。许多学校采用"外请专家,内用高手,内外并用"的方式,把培训工作做在实处。在教师培训上,既要重视对教师进行现代教育技术的培训,又要注重对新的教育思想、教育观念和教育方法的学习和掌握。既要有全新的教育观,又应有一定的现代教育技术做支撑。

三、资源丰富是教育信息化的重要条件

如果多数的多媒体素材或课件都要教师自己去开发,不但耗时而且耗费精力。但是没有丰富的高质量的学习资源,就谈不上让学生自主学习,更不可能让学生进行自主发现和自主探索,就难以改变教师主宰课堂,学生被动接受

知识的状况。新型学习结构的创建既然落不到实处，创新人才的培养自然也就落空。教师运用现代教育技术的热情、兴趣、积极性都会受到严重的打击。

为解决好整合中的资源问题，我们在加强资源库建设方面做了一些工作。具体做法是先制定一个建库标准（目的性、科学性、先进性，简称为"三性"），从三个渠道进行建库。第一是"拿来主义"，努力搜集、整理和充分利用因特网上已有的资源，只要是网站上有的并且确实对学习有用的，不管是国内的还是国外的，都可以下载为自己学习服务。第二是购买资源库，国内有一些软件公司开发的多媒体素材资源库是很实用的，很多素材能被老师直接使用或稍加改造即可使用。第三是教师自己制作，只有在确实找不到与学习主题相关的资源（或者找到的资源不够理想）的情况下，再由教师自己开发。实践证明：教师制作课件的量虽然很少，但实用性很强。利用这三种渠道建设起来的资源库的质和量都是很高的，并在不断修改、更新、交流、共享。教师使用起来感到方便、实用、快捷，从而使教师运用现代教育技术的热情、兴趣、积极性都得到提升。因而资源丰富是"信息技术与学科课程整合"的重要条件。

四、硬件可行是教育信息化的基本条件

从某种意义上说，硬件水平只是一个投入问题，但没有硬件，整合只能"纸上谈兵"。目前，基础教育的经费十分有限，硬件建设可以从下面两个方面着手：第一，学校自筹资金购买硬件设备。所购设备不追求高档、不赶时髦，只追求可行、实用。第二，学校、社会、电脑公司相结合的方式进行硬件建设。单靠学校自己那点可怜的经费去搞硬件建设，就是再等三五年也不一定能办成。首先是教育局、学校领导四处奔跑，求助社会上一切愿意资助的单位或团体；其次是和有实力、有较长远眼光的电脑公司谈判协商：学校和电脑公司长期合作，一次购买三五年内分批付款还清，电脑公司让利，学校计算机的配件在三五年内都必须在该电脑公司购买，采用了"双赢"的方针。硬件建设要量力而行，力求实用、可行即可；思想观念要全新，运用现代教育技术水平更要上一台阶；资源库建设要高标准、严要求。

综上所述，只有思想观念转变走在先，技能娴熟、资源丰富、硬件设备跟上，信息技术与学科课程整合才能成为可能。"整合"的模式多种多样，只要不断探索、不懈努力，就能找到适合自己的"整合"模式。

第三节 教育信息化的目标及作用

一、教育信息化的目标

教育信息化要达到的宏观目标可以定义为："建设数字化教育环境,推进教育的信息化进程,促进学校学习方式的根本性变革,培养学生的创新精神和实践能力,实现信息化的素质教育与创新教育。"具体可以概述为:

1. 培养学生获取、分析、加工和利用信息的知识与能力,为学生打好全面、扎实的信息文化基础,培养学生的信息素养与文化,其内涵基本可以概括为四个方面的内容:

信息意识。信息意识是人们在信息活动中产生的认识、观念和需求的总和。它是人们获取知识的前提,决定着人们捕捉、判断和利用信息的敏锐程度。主要包括:能认识到信息在信息时代的重要作用,确定在信息时代尊重知识、终身学习、勇于创新的一些新的观念;对信息有积极的内在需求;对信息的敏感性和洞察力。

信息知识。信息知识是指一切与信息有关的理论、知识和方法。信息知识是信息素养的重要组成部分。一般包括传统文化素养、信息的基本知识和现代信息技术知识。

信息能力。信息能力是指人们有效利用信息设备和信息资源获取信息、加工处理信息及创造新信息的能力,这是信息时代个体重要的生存能力。它包括信息工具的使用能力、识别和获取信息的能力、加工和处理信息的能力、创造和传递新信息的能力。

信息道德。信息道德是信息活动过程中,调节信息加工者、传递者和使用者之间相互关系的行为规范的总和。它包括正确处理人与社会、人与人之间的关系及个人的理想、情感、意志等方面的问题。

2. 培养学生具有终身学习的态度和能力。具有主动吸取知识的愿望并能付诸日常生活实践,要将学习视为享受,而不是负担;要能够独立自主地学习,能够自我组织、制订并执行学习计划,并能控制整个学习过程,对学习进行自我评估,学习过程受本人支配,对自己的学习全部负责。教师只是学习的指导者、建议者,而不是学习过程的主宰者。

3.培养学生掌握信息时代的学习方式。改变传统学习注重知识接受的倾向,培养学生形成积极主动的学习态度,提供环境让学生主动参与、乐于探究、勤于动手,培养学生搜集和处理信息的能力、获取新知识的能力、适应能力、应变能力、分析和解决问题的能力以及交流合作的能力;学习者必须学会利用资源进行学习,学会在数字化情境中进行自主发现的学习,学会利用网络通信工具进行协商交流、协作讨论式的学习,学会利用信息加工工具和创作平台进行实践创造的学习。

4.培养学生的适应能力、应变能力与解决实际问题的能力。在信息时代,知识量增多,知识成为社会生产力、经济竞争力的关键因素;知识的更新率加快,陈旧率加大,有效期缩短。另外,知识的高度综合性和各学科间的相互渗透,出现了更多的新兴学科、交叉学科,由此带给人们难以想象的社会生活、经济生活、政治生活和人类一切领域内深刻而广泛的冲击波和影响力。在这种科学技术、社会结构发生剧变的大背景下,适应能力、应变能力与解决实际问题的能力将变得至关重要。

5.通过技术手段加强课程内容与学生生活以及现代社会和科技发展的联系,关注学生的学习兴趣和经验。

二、教育信息化作用

教育信息化,改变了传统的模式,在丰富学科知识、创设学习情境、优化学生认知、优化课堂学习结构等方面起到了积极的作用。

1.丰富学科知识,激发探索热情

在各学科学习中,蕴含着大量的信息技术的因素,通过教师的开发和整合,不仅能够提高学生对信息技术的兴趣,增加学生的信息意识,而且能够大大拓宽学生的知识面,帮助学生对学科知识的理解、记忆和应用。例如语文展示课文背景、历史展示历史事件、地理展示各种地形地貌与各地方的风土人情、政治展示英雄人物的先进事迹与道德规范、生物展示生命世界的万千形态等。教育信息化,可以引发学生对学科知识的学习热情,激发学生的求知欲望,促使学生主动去探索未知。

2.创设学习情境,营造良好氛围

在学习中,各门学科都有大量的形象的学习内容需要展示,以此来帮助学生更好地掌握学科知识,其中包括大量的图片、影音资料和影视资料。常规的电教手段,只能按线性的方式组织各种媒体信息,学科教师难以控制,且交互性差。以计算机多媒体技术为核心的信息技术,能以超文本和超媒体的非线性方式组织媒体信息,教师容易控制,且交互性好,为各学科多媒体信息的呈现提供极好的展示平台,使之成为学科学习或个别化学习必不可少的辅助手段。教育信息化,还有利于创设良好的课堂学习情境、生动活泼的学习内容、丰富多彩的课堂演示、扣人心弦的跌宕悬念,营造良好的教与学的氛围,激发学生学习的积极主动性,提高教与学的有效性,使学生在愉悦的情境下,以丰富的想象、牢固的记忆和灵活的思维获得学习的成功。

3. 优化学生认知,掌握思维规律

传统学习只重视知识掌握的最终效果,不重视思维训练,以教师向学生的单向灌输代替学生的思维活动。教育信息化,改变了传统的学习观念和方法。现代信息化的课堂学习,不仅要在课堂上给学生提供展示聪明才智的机会,还要培养学生良好的思维方法,培养创新思维和创新能力。利用 Authorware、几何画板和 PowerPoint 软件,能够针对学科实际,制作出一些动态课件,不仅较好地表现了事物内在关系和变化规律,并且能以问题驱动的方式,启发学生的思维,引导学生更好地理解、掌握、发现规律,尝试各种解决问题的途径。能够有意识地通过多媒体技术从不同角度提出问题,引导学生用不同方法解决问题,发展学生的发散思维。不仅可以设置各个参数的动态变化,引导学生通过总结、分析,从而掌握事物发展变化的规律,还可以模拟事物变化的过程或展示自然界中的现象,引导学生学会观察、提出猜想、进行探索、合理论证、发现规律,如数学学科的几何学、函数关系等,物理学科的几何光学、热力学等,化学学科中模拟物质的化合、分解、中和、复分解等反应过程等,都可以利用多媒体 CAI 课件,较好地帮助学生理解记忆、发现规律,从而促进学生主动学习、积极思维,引发学生的创新意识。

4. 优化课堂学习结构,启发学生主动参与

学习的真正目的在于授之以"渔",因此形成学生自我教育的动力机制和提高学生自主学习的能力,显得尤为重要。教育信息化,科学地设置学生活动的情境,让学生最大限度地活跃起来,积极主动地参与学习。通过猜一猜、试一试、想一想、做一做、议一议等方法,采用指导自学、独立练习、协作学习、网上学习等各种形式,使课堂学习结构发生质的变化。

指导自学,是教师指导学生通过多媒体学习软件自主地开展学习。通过

各种自学软件开展学习活动，既能有计划地、系统地安排学习过程，又能利用多媒体技术的超文本或超媒体功能有效地突破重点与难点问题，从而为学生自学起到导航、导方法、导疑、导思的作用。

独立练习，是指利用计算机帮助学生进行操作练习，主要应用于英语单词学习与句型训练、电脑课中英文录入训练，各学科单元复习时的自我检测等。这种练习方法一方面可以及时反馈、适时评价，有的软件还可以针对学生出现的问题给予提示。其次，可以针对每个学生的能力和水平进行个别化的训练，并通过独立练习进行自我评价、自我把握学习的进度和难度。此外，还可以利用计算机模拟情境进行虚拟操作，即时反馈实验结果，提高技能的熟练程度。

协作学习，是师生之间利用计算机网络进行问题讨论、开展协作学习。利用电子邮件（E-mail）、在线讨论、电子公告栏（BBS）、文件传输（FTP）及语音电话等方式，使传统学习的单向交流扩展到双向交流以至于多向交流。通过协同、伙伴、竞争、角色扮演等基本的协作形式，使师生、学生之间的信息联系能够在多层面、多方位、多形式上展开，让学生通过友好的界面，获取学习内容，并能够发表自己的见解，交换意见，有助于更加广泛、深入地掌握所学的知识，提高分析、综合、评价和复杂应用等认知能力，并增进学生的团队意识和协作精神。

网上学习，是学生通过校园网或 Internet 进行自主学习的有效手段。校园网或计算机互联网具有信息丰富、互动性强等特点，学生可以在网上查询到大量自己感兴趣的课外知识，开阔视野，丰富知识。通过网络还可以让学生根据自身的实际情况，以及兴趣、爱好等，接受名牌学校的同步学习，随时向名师咨询并得到教师指导。计算机网络不仅为学生提供了更多的自主学习机会，也将大大提高学生收集、处理、传输和应用各种信息的能力。因特网（Internet）是世界上最大的资源库，它拥有最丰富的信息资源，而且这些信息资源，都是按照符合人类联想思维特点的超文本结构组织起来的，因而特别适合于学生进行"自主发现式"学习，并有利于发展学生批判性思维、创造性思维和培养学生的创新能力。

第四节　教育信息化对学习带来的影响

从上面的论述可以看出，教育信息化和计算机辅助学习最根本的区别就是使传统的学习结构实现了变革,学习结构中的四个核心要素的地位以及相互作用形式都发生了转变。下面分别就学习结构的四个元素:教师、学生、学习内容和学习媒体来具体阐述实施全面信息技术和课程整合后给学习带来的变革。

一、学习内容

信息技术与课程实施整合后,单一的由教师作为知识来源的局面被打破,突破了书本是知识主要来源的限制,运用各种相关资源来丰富封闭的、孤立的课堂学习,极大地扩充了学习知识量,使学生不再只是学习课本上的内容,而是能开阔思路,看到百家思想。学习者可以直接从信息化环境和数字资源中获取知识,包括三层意思:通过教师开发和学生创作,把课程学习内容转化为数字化的学习资源,并提供给学习者共享;充分利用全球共享的数字化资源作为课程学习的素材资源;利用全球共享的数字化资源,与课程内容融合在一起直接作为学习对象,供学生进行学习、评议、分析和讨论。同时,学习者可以通过信息技术从学习化社区、其他学习者、在线专家等方面获取课程内容,达到最终的学习目标。

课程的内容内在结构发生改变的同时,内容的表现形式也相应转变了,由原来的文本性、线性结构的纯纸张形式转换成包含文本、图形、声音、动画、录像甚至模拟的三维景象的超链接的电子化的结构形式。注意这种电子化的课程资源并非只是对书本内容的简单搬家,而是对学习内容进行了合理的重组改造,结合信息技术本身的优势和课程知识的特点,在丰富学生的感官感受和激发学习兴趣、促进知识建构的同时,还是对学习内容的一种结构化、动态化、形象化的表示。这样就彻底摆脱了知识来源仅仅是固定不变的书本或是参照书本的某个知识内容表述所制作的单个课件的束缚,学生所获得的信息量更为丰富,为培养学生的某种能力或是让学生掌握某个知识所提供的资源不再局限于某门学科某个知识领域的限制,学生的探索空间更为宽广,探索学习的形式更为丰富,可以根据需要进行学生之间的协作学习或是自主学习,不同学生的学习自由度也得到了延伸,每个学生可以根据自己的学习进度和学习偏好跳转到相应的资源进行自主学习等。

二、学生

对于学生而言,学生的学习由被动的简单接受和吸收,转变为主动的意义建构者和积极的学习者。具体包含以下几点：

1. 培养目标的转变：对学生培养目标的转变表现在从知识本位转移到能力本位。信息技术和课程整合对于学习内容本身有着很大的冲击作用，脱离现实生活、陈旧的简单知识传授被一种强调知识内在联系、基本理论和与真实生活相关的学习内容所代替。对于学生的培养目标也相应地由知识本位向能力本位转换，知识的获取只是一种手段，学生通过对知识的自主探索和获得来培养解决实际问题和创新思维的能力成为学习过程的最根本目的。具体的能力包括：信息处理、获取、组织、操作和评价的技能；问题解决能力；批判性思维能力；学习能力；与他人协作的能力。

2. 获取知识方式的转变：在传统课堂学习中，学生主要是以一种被动地接收式的学习方式来获取知识。教师向学生的单向灌输代替了学生的思维活动。教育信息化改变了传统的学习观念和方法。通过创设良好的以学生为中心、教师为主导的新型的学习环境，集文字、声音、音乐、图片、动画、资源等于一体的生动活泼的学习资源，给学生充分探索的空间和实现自主建构的各种自主和协作学习的活动，突破了时间和空间、宏观和微观、历史和现实的限制，激发了学生学习的积极主动性，提高了教与学的有效性，使学生在愉悦的情境下，以丰富的想象、牢固的记忆和灵活的思维获得学习的成功，培养了学生良好的思维方法，创新思维和创新能力得到了培养。

教师可以在课前将所需的资源整理好，保存在内部的某一特定专题网站下，让学生访问该专题网站来选择有用信息；也可以为学生提供适当的参考信息，如网址、搜索引擎、相关人物等，由学生自己去 Internet 或资源库中去搜集素材。相比较来说，后者比前者更能培养学生获取信息、分析信息的能力。但是，由于现实环境的限制，如：上网速度慢、学生信息处理能力低、无法上 Internet 等原因，也可以采用第一种方式，不过要求教师提供尽可能多的资源，让学生有对信息进行"筛选"的可能。

3. 学习方式的转变：学习方式不是指具体的学习策略和方法，而是学生在自主性、研究性和协作性方面的基本特征，是行为参与、情感参与、认知参与以及社会化参与的有机结合，其中学生的行为方式是载体，认知和情感因素表达了学习方式的实质和内涵；单纯的行为参与方式并不能促进学生高层次思维能力的发展，只有以积极的情感体验和深层次的认知参与为核心的学习方式，才能促进学生包括高层次思维在内的全面素质提高。

在信息化学习环境中，人们的学习方式发生了重要的变化。学习者的学习主要不是依赖于教师的讲授与课本的学习，而是利用信息化平台和数字化资源，教师、学生之间开展协商讨论、协作学习，并通过对资源的收集利用、探究知识、发现知识、创造知识、展示知识的方式进行学习。因此，要通过信息技术与课程的整合，使学生掌握信息时代的学习方式：会利用资源进行学习；学会在数字化情境中进行自主发现的学习；学会利用网络通信工具进行协商交流、协作讨论式的学习；学会利用信息加工工具和创作平台，进行实践创造的学习。

信息资源的丰富性和共享性，数字化学习环境初步形成，学习者学习方式实现了转变，从单一、被动的学习方式向多样化的学习方式转变，特别是要提倡自举、探索与协作的学习方式。通过教育信息化，力求为学生提供多种感官参与学习的氛围，充分让学生动眼、动耳、动脑、动手、动口，并通过动手实验、操作学具，边想、边做、边练来感知事物、领悟概念、掌握原理，使学生由被动学习变为主动学习，真正成为学习的主人，学生的主体意识、能动性和创造性不断得到发展，发展了学生的创新意识与实践能力。比如：资源利用的学习，即利用数字化资源进行情境探究学习；自主发现的学习，借助资源，依赖自主发现、探究性的学习；协商协作的学习，利用网络通信，形成网上社区，进行协作式、讨论式的学习；实践创造的学习，使用信息工具，进行创新性、实践性的问题解决学习。此外还有其他的学习方式。

三、教师

整合实施后，教师的角色也发生了很大的转变，教师由传统的课本知识传授者、课件制作者，转变为对课程内容进行重构组合的设计者、学习者学习的指导者和学习活动的组织者和参与者。具体表现在以下几个方面：

1. 从课堂学习到实施课堂与活动并存的学习：在以前的计算机辅助教学阶段，教师的思路仍然是束缚在课堂上，教师都有一种既定的思想，必须要在课堂内完成本节课某个知识点的学习目标，课件只是教师用来展示某个知识重点或是难点以更好更快地达到自己既定的学习目标。一个学期的绝大部分课时都是教师在课堂上讲解，学生竖着耳朵听，同时拿着笔记录老师强调的某个知识重点。由于课时的限制、课程结构的不容调整、大班学习学生人数的要求、升学压力等诸多因素，教师很少放手组织大型的学生分组的学习活动，尤其对于中学的课堂。但随着教育各界人士对信息技术和课程整合的实践的不断探索和其思想日益深入人心,在知识的展现"空间"不再是以简单的书本教材来呈现,知识展现的"时间"限制也随之被打破。传统的课时限制被打破,各种教师组织的不受课时限制的学习活动在学生学习中所占的比例在不断增大,出现了各种形式的跨学科、跨课堂限制的综合实践课、活动课、研究课和探索课。这些活动的共同特点一般都是以任务驱动的形式,让学生通过自身的参与和实践来达到学习知识、培养各种个人的能力素质以及和他人协作能力的目标。学生活动的时间不局限于某个课时,根据活动的性质可以是一周、一个月甚至是一个学期或是一年,结合课上或是课外学生协作完成。活动的空间也不仅仅是学校,应尽量创造时机让学生走出校园,了解社会,反过来通过在实践中应用所学习的知识解决问题来学习知识和培养各种技能。

2. 从教内容到教方法角度的变换:实施信息技术和课程整合,学生学习的重心不再仅仅放在学会知识上,而是转到学会学习、掌握方法和培养能力上,培养学生掌握信息时代的学习方式。因此教师应该从教内容向教方法上进行转变:帮助学生检视和反思自我,明白自己想要学习什么和获得什么;帮助学生发现他们所学东西的个人意义;帮助学生营造和维持学习过程中积极的心理氛围,帮助学生坚定自己的意志,克服惰性心理;帮助学生寻找、搜集和利用学习资源,帮助学生学会使用网络、电子词典等信息化的学习工具;帮助学生设计合适的学习活动并监控学习活动的实施,帮助学生形成时间与事务管理的良好习惯;帮助学生进行深层次的思考,对知识内容的迁移应用;帮助学生学会提问,学会概括、归纳与演绎;帮助学生对学习过程和结果进行评价,并促进评价的内在化。

3. 学习设计重点由学习内容转变为学习过程:对于传统的计算机辅助学习,由于认识到课件可以辅助教师在课堂学习中创设学习情境,在教授知识的重点难点上起了一定的作用。为了促进教师在课堂上使用课件来辅助学习,全国上下各级都组织了大量的课件评比活动,但是对课件的过分关注导致了一个极端的现象——学习一线的教师只关心课件的评比结果,不关注其在学习中的实际效果,花费了大量的时间和金钱用在眼花缭乱的技术表现和页面美观上,学习的付出和产出有着严重的不平衡。同时课件设计的思路不能摆脱其局限性,仍然用以教为中心的思路来设计主要用于教师传递学习信息的课件,这种事先确定的、有固定程序和定型情节的、封闭的、整体型的课件设计思路也根本不适应千变万化的现实课堂学习。到了课程整合阶段，人们的注意力开始由课件向整个学习过程转移，关注以设计"问题"情境以及促进学生解决问题的学习策略为核心的学习规划与准备的过程，目的是激励学生利用信息化环境协作进行探究、实践、思考、综合运用、问题解决等高级思维活动，培养学生创新精神和实践能力。同时这种以学为主，或以学为中心的学习设计中的每一个环节要真正落到实处都离不开教师的主导作用。设计的核心从为了表现学习内容的设计、重视课件的设计和开发转变到重视对学习过程和模式的设计，重视学习资源的开发和利用；由于对学生的培养目标由以知识为中心转换为以能力为中心，学习内容也相应不再是单个分割的学科知识点，而是交叉学科的综合专题。模式由原来的以教师为中心的讲授、辅导、模拟演示或是让学生进行固定步骤的操练练习，转变成强调学生进行自主探索、多人协作和实践能力培养的各种研究性学习、探究性学习或是协作性学习；学习周期不再是固定的单个课时，而是根据学习的需要变成一周、几周甚至一个学期；学习评价由原来的面向学生的反应性行为转变成强调学生学习过程的形成性评价；学习管理从原来的简单地由教师来记录演变成在教师的指导下由学生自主进行管理的反映学生整个成长过程的档案袋。

4.学习设计成果从教案变为学习过程单元包：对于传统学习，教师需要对每个课时进行教案的设计和编写，主要侧重对教授知识的梳理、对教材的重新组织。而信息化环境下的课程整合则侧重学习活动与教育资源的设计，学习设计成果是一个学习过程单元包，这个过程单元包可以直接用于课堂的学习。学习过程单元包所包含的内容有，信息化单元学习设计方案：整个单元的侧重学习过程的学习设计方案；学生作品规范/范例：最后学生完成的作品的样例；学习课件：本单元中所用到的课件；评价量规：对学生的各项表现及其相应作品的评价量表；学习支撑材料：本单元中所用到的学习资源；参考资源：包括信息调查模板、实验报告模板、评价报告模板等等；单元实施方案：本单元的具体的学习活动过程的实施方案。

四、学习媒体

在整合阶段，学习媒体的作用不再局限于制作课件和对课件的展示，而是强调建构出一种理想的信息化学习环境，让学生在集合学习的评价管理、学习资源的呈现和组织以及各种认知工具的信息化环境中开展学习，要在以多媒体和网络为基础的信息化环境中实施课程学习活动,包括多媒体计算机、多媒体课堂网络、校园网络和互联网络等。在这种信息化学习环境中,课件不过是众多的学习资源中的一种,这种环境可以支持真实的情境创设、不受时空限制的资源共享、快速灵活的信息获取、丰富多样的交互方式、打破地区界限的协作交流,以及有利于培养学习者创造性的自主发现和自主探索。

我们要重新定位以计算机及网络为核心的信息技术在教育中的作用,教育信息化将改变人们对信息技术的以往观念。传统的信息技术,主要是作为知识的呈现工具、学习的辅助工具,而忽视构建信息化学习环境,更加忽视其构筑数字化学习社区的功能。对于以前的计算机辅助教育,无论是课堂辅助、个别辅导、操练和练习,还是游戏,信息技术所充当的主要是一种导师、学伴、学员或是助手的"拟人"角色,而对于教育信息化,以计算机及网络为核心的信息技术无论是创设学习情境、提供学生自主探索的学习资源、作为学习的教具还是学具,充当的更多的是"拟物"的角色。整合中信息技术所起的作用可以大致概括为以下几点:

1. 教师教学工具:教育信息化,是原来的计算机辅助学习理念的提升和发展,原来的信息技术学习应用更加关注的是辅助学习,而且将信息技术孤立于课程目标之外,不能作为学习结构的有机元素来看待,不能取得良好的学习效果。教育信息化,并非忽视信息技术作为学习工具的功能,而是把其作为信息技术与课程实施整合的一个侧面来看待。信息技术作为教师学习工具,主要是作为情境创设工具、学生的情感激励工具、知识呈现工具、师生通信交流工具、测评工具等,信息技术作为学习工具,将更加关注其学习设计的合理性,从课程目标出发,真正地把信息技术融入学习结构中。

2. 学生认知工具:教育信息化区别于以往的辅助学习的突出特点,就是信息技术作为学生强大的认知工具,学生根据学习目标,合理选择信息技术工具。信息技术主要作为课程学习内容和学习资源的获取工具,作为生生、师生之间的协商学习和交流讨论的学习工具,作为知识建构和创作实践工具和作为自我评测和学习反馈工具。学生可以根据学习环境和目标,根据其预期结果,选择合适的信息技术工具作为学生的学习工具。

3. 环境构建工具:信息技术应该构建一个有效的数字化学习环境,信息技术构建学习环境可以通过其网络通信功能以及虚拟功能等方面来体现,营造实现学生有效学习的环境,让学生真正在其中进行自我体验,学会在数字化学习环境中实现知识的主动建构,构筑自己的学习经验。

第五节　教育信息化的基本要素

在传统学习理论研究中,通常将教育者、学习、学习材料三者作为学习系统的构成要素,它们在学习环境中,带有一定的目标性,经过适当的相互作用过程而产生一定的学习效果。而随着教育技术的应用与发展,媒体在现代教育活动中起着相当大的作用,甚至信息技术与课程的全面整合将引起教与学方式革命性的变化,因此必须将媒体作为学习系统的要素之一。教师、学习者、学习材料、媒体构成了学习系统的四个核心要素,它们在适当的学习环境中相互作用而产生一定的学习效果。

信息化学习系统是指将以计算机为核心的信息技术引入后而形成的学习系统,它仍然由以上四个要素组成,但在信息化学习系统不仅将信息技术作为教育媒体,其他要素以及学习过程也都无一例外地烙上了信息化的特征。

一、学习材料的信息化特征

学习材料多媒体化是指利用多媒体技术尤其是超媒体技术,用数字化、结构化、动态化、形象化的形式来表示学习材料。目前已经有越来越多的教材和学习资料以文本、图形图像、声音、动画、视频以及模拟三维景象等形式呈现。

二、教师的信息化特征

信息时代的教师应该具备利用信息技术来提高工作及学习的效率和效果的能力。教师要学会用计算机进行学生的档案与成绩管理、教学设计、教学设计方案的编写与管理,利用一些电子备课系统制作电子讲稿和多媒体课件,熟练使用多媒体教学平台进行学习,能用信息化方法与学生进行交互,以及利用计算机评阅学生的作业、考试。此外,教师还要掌握信息化教育的基本理论和方法,不能"穿新鞋走老路"。

三、学习者的信息化特征

由于以学生为主体的教育思想日益得到认同,利用信息技术支持自主学习成为必然的发展趋向。利用人工智能技术构建的智能导师系统能够根据学生的不同个性特点和需求进行学习和提供帮助,基于网络学习平台的学习也为不受时间和地点的自主学习提供了技术保障。学习者要具备信息读写能力,加强定位感训练,学会从浩如烟海的信息海洋中找到所需的信息,并了解信息时代自主学习的特点,掌握自我学习的各种技能,加强元认知学习,学会有效地反省、评价及监督自己的学习过程。

四、学习过程的信息化特征

由于信息技术的介入,使学习不再依赖于教材和教师的口耳相传,学生的学习更多是基于技术系统的自主学习。学生阅读电子化的学习资料,通过多媒体网络与学校甚至全球范围的学习伙伴或专家讨论、协作,用多媒体计算机处理信息、制作多媒体电子作品,用计算机做作业、考试。教师也从讲台上走下来,成为学生的学习伙伴,用信息技术给学生提供学习支持,包括发布学习材料、答疑、布置作业、考试以及与学生讨论等。

第六节　教育信息化的类型

由于信息技术的引入,学习系统常常物化地表现为多媒体硬件环境。这些学习媒体有机地整合在一起,为某个学习目标服务。不同的媒体组合可产生不同的学习系统模式,形成不同的信息传播模式,以至于形成不同的学习方式,达到不同的学习效果。下面将介绍三种当前比较流行的信息化学习系统,并对每一种系统的学习功能进行简要的阐述。

一、投影(多媒体)教室

投影教室是目前大部分中小学校多媒体教室的标准配置,也就是现在普遍意义上的多媒体教室。投影教室除了黑板(白板)、模型、书本等传统媒体之外,主要包括大屏幕投影仪、多媒体计算机、录像机、录音机、扩音器、话筒、调音台、实物视频展台等媒体设备。

实际上有很多学校考虑到学生协作学习和交流协作的需要,将学生座位设计成圆环形、马蹄形、蝴蝶形、餐桌型等各具特色的布局。有的投影教室还为每个小组配置了供小组成员共同使用的电脑。

投影教室的主要设备连接成图像与声音两个系统。图像系统共用一个数据/视频大屏幕投影机，多媒体计算机的文字与图像数据信号可直接输入；录像机、实物视频展示台等视频信号通过视频切换器可以分别输入，能显示面积大、清晰度高的图像。图像的清晰度与投影仪的亮度、分辨率有关。声音系统是将所有音频信号通过调音台再输入一个功率放大器，输出保真度高的声音。

　　为了方便对教室内各种媒体设备和设施（如银幕、灯光、窗帘等）的操作与控制，把操作与控制的功能键集中放置于讲台的一块面板上，需要通过集成控制系统去实施。一些有条件的学校根据需要还会在教室中增加一些媒体设备，如配上 2～3 台带云台的摄像机，用于摄录师生的学习活动过程，摄像信号传送到中心控制室供记录贮存，或同时传至其他学习场所供观摩或扩大学习规模；增加学习信息反馈分析装置，可使全班同学在座位旁的按键上对教师提出的问题做选择性的回答，教师通过计算机收集与分析学生的学习信息，能及时全面了解学生的情况，以便有针对性地进行学习活动。

　　这类教室中师生之间存在双向交流，多媒体设备主要起演示学习内容作用，利用视音频多媒体的优势，以丰富的多媒体信息刺激学生的各种感知器官，突破学习重点、难点，从而优化学习过程，提高学习质量与效率，而且由于其结构相对简单，便于师生操作，维护比较容易，价格相对低廉，是目前最为常见的信息化学习系统。教室中的媒体设备主要由教师使用，媒体主要起辅助教师教学的作用，虽然有时也可以用来展示学生的作品，教师仍然是课堂的控制者，学生仍然被动地接收信息，如果应用不当，很可能造成"人灌"变"电灌"的现象。这类教室多用于以教为主的学习，有时也可用于学术报告活动和观摩示范课。

二、多媒体网络教室

　　多媒体网络教室主要由联网的多媒体计算机和其他多媒体设备（如投影仪、扩音设备等）组成，如果采用纯硬件方式传输视音频，每台 PC 上的网卡需要变成一块多媒体网卡。多媒体计算机由网卡、网线、集线器、网络操作系统等网络软硬件形成一个小型的局域网。

　　这类教室除了第一类投影教室所具备的功能外，教师机和学生机、学生机和学生机之间还可以通过网络交换信息，包括视音频等多媒体数据。教师可以通过教师机进行声音、图像、视频等的广播学习，利用电子白板功能进行要点讲解，监视和控制学生机操作等。学生可以利用计算机进行电子举手。

与前面介绍过的投影教室相似，多媒体网络教室中学生座位的摆放是有多种多样的布局的。目前多媒体网络教室解决方案主要有三种：纯硬件多媒体学习网、纯软件多媒体学习网、软硬件结合多媒体学习网，其中后两者都是基于网络设计的多媒体网络教室。纯硬件多媒体教室操作简单，通过专用多媒体高速线缆传输到工作站，不依赖原有网络的操作系统，传输速度快，性能稳定，音视频流畅性好，但投资比较大，性能价格比较低，升级不容易，易出故障，不易维护，且不易进行基于资源的学习；纯软件多媒体网络教室基于网络操作系统来实现视音频传输，能够充分发挥计算机网络技术和多媒体技术的优势，性能价格比较高，升级容易，易于实现基于网络的学习，但这种方式对计算机配置要求较高，然而随着计算机技术的发展，这个问题已经得以解决。

多媒体网络教室的功能主要包括视听学习功能、实时监控功能、控制功能、分组管理功能、交互辅导功能等。广播学习包括屏幕广播、语音和集体讨论等多种形式，教师将教师机或某台学生机屏幕显示的画面和语音同步播送给学生，可以全体广播，也可以对部分学生广播。实时监控功能是指当学生自由练习或自由讨论时，教师可以不离开自己的座位，通过教师机来查看和控制学生的操作情况，从而采取某种手段对学习过程进行有效的控制，以达到更好的学习效果。查看的方式包括自动查看和局部查看两种形式。控制功能也是多媒体电子教室应该具备的基本功能之一，教师通过控制功能可以随时对学生机实行键盘封锁、帮助指导甚至重新启动等多种功能，可以提供一对一的学习手段，对学生进行个别辅导。分组管理功能包括分组学习、分组辅导、分组讨论等多种形式，教师可通过分组管理功能将学生编成若干组，以实现针对单个学生、某个群组或全体进行学习示范、远程学习、分组讨论等操作。交互辅导功能其实是控制功能在课堂中的具体应用形式，也是多媒体电子教室应该具备的基本功能之一，通过电子举手、自由讨论，教师可方便地实现对学生的个别辅导、单独对话等，极大地方便了学习。

这类信息化学习系统利用计算机彻底改变了以往学习中黑板加粉笔的状况，大量多媒体学习信息得以方便地展示给学生，可以轻松实现集体授课、协作式学习、个别辅导、探索式学习等多种学习方式，学生在各种学习方式下都可以很方便地同教师进行沟通，利用软件解决方案容易实现与 Internet 的无缝连接，可以大大地扩展教育信息的来源。多媒体电子教室中的监控功能利于发挥教师在课堂中的主导作用，让教师实时监控学生的学习行为，及时发现、纠正学生学习过程中的问题,对于保证课堂学习效率非常有效,对基础教育阶段的课堂学习尤为重要。但是这类电子教室涉及的范围比较小,一般仅限于教室或学校内部,学生的协作空间较小,不利于进行校际及全球范围内的协作学习,通常需要与Internet结合才能实现广泛的协作。

三、学科学习资源开发中心

电子备课是指广大教师利用网络资源和工具进行备课。为了促进资源在学习过程中的深入应用,电子备课系统提供了智能化资源分析和提取功能,帮助广大教师轻松整合各种教育资源库所提供的资源,并根据学习的需要将各种资源整合为页面形式的课件,为教师充分利用各品牌资源库产品进行课件制作提供了保障。它通过模板化选择和流程化制作,快速高效地完成了学科学习资源的整合和开发。有条件的学校应该以多媒体电子备课系统为核心,建立现代学习资源开发中心,它是信息化资源的整合和生产中心,直接将教师教学设计的思想通过各种课件、教案反映到教学中,是学校推进信息化教学中不可或缺的重要设施。

四、校园网络互动学习平台

网络互动学习系统是一整套提供校园网络学习服务的系统软件,它以网络课程为核心,在学习管理系统的支持下,合理有效地利用学科学习资源,为实施全方位的数字化学习提供服务,它将网络课程与学校的学习进行了有机的集成。网络学习系统不仅是先进计算机科学和技术水平的体现,更重要的是要符合教育的一般规律,能够为教育提供一个真正高效的现代化教育手段。其主要目的是:

1. 通过各种先进的教育技术,最大限度地用计算机替代教师的劳动,并节约大量的教育投资;

2. 形成完整、统一的信息化学习界面,减少因需要熟悉各种不同的学习系统而给学习者带来的不便;

3. 通过给学习者提供包括学习导航、答疑、查询、讨论、作业布置、自测等手段,提高师生之间的互动水平以及学习者的学习效果;

4. 通过提供方便的网络课程构建工具,可以大大提高网络课程的建设效率,减少大量的重复劳动,提高网络课程的建设质量;

5. 通过提供标准化的题库与考试系统,实现在线测试与评估;

6. 提供多种体现网络特色的学习策略,打破传统单一的讲授式模式,每一种学习策略都提供多种教学设计模板,以便教师进行教学设计。

基于校园网络的互动学习系统,彻底打破了传统意义上的教室空间,教与学可以不依赖于传统的教室,教师和学生通过联网的计算机,在网络学习支撑环境中进行教与学的活动,教师和学生主要通过平台进行交流,教师利用平台提供学习支持,这样教与学的活动在时空上产生分离,学习者选择学习方式的自由度更大,学习更具自主性。教与学的活动范围得以最大限度地扩充,学习者不仅可以跟本课程的教师进行交互,还可以跟不同国家、不同地区、不同学校的学习伙伴进行协作,获得全球范围内专家的帮助。一个完整的基于 WEB 学习的支撑平台应该由四个系统组成:网上教务管理系统、网上课程开发系统、网上学习支持系统和网上学习资源管理系统。

五、网络教务管理系统

教务管理系统将基本覆盖学习活动的各个环节,如从学生入学到学生毕业的各项活动,其管理的范围不仅仅是管理机构和行政部门,而且包括学习涉及的所有对象和资源,如学生、教师、学科学习资源等。同时,它将以学生为中心,为学生创造一个个性化、智能化的学习环境,具体包括教务管理、学习管理、年级与课程管理、系统管理这四个方面的内容。其具体功能有:

1. 教务管理

注册认证:提供了在线注册功能,注册用户名,指定用户名称,建立用户账号,登录系统时做认证。

学籍管理:学籍管理以学生为单位,记录每个学生所选的课程和在每门课程的得分情况。根据是否进行在线交费,网上教务管理系统所提供的安全权限也不同,系统应提供多级的安全措施。

教师档案管理:记录教师的个人信息,并记载教师的授课情况,建立教师授课的账号,配置相应的授课资源。

行政公文管理:发布公告信息,进行公告文档的管理。

信息查询:查询开设的课程信息、任课教师的情况、课程内容简介、个人的档案记录等。

数据统计与分析:统计与记录用户在本学习平台的信息,如花费的时间、发表的文章数、做的作业数量等。

学习评价管理:对教师与学生的评价,客观评价与主观评价相结合,客观评价根据用户与学习平台的交互信息,做出量化分析;主观评价则采用用户填写评价表的形式评价,对于教师的授课情况,由选课的学生填写教师评价表,经过统计分析后做出评价;对于学生的学习评价,由任课教师填写评价表。

2. 系统管理

初始化设置程序:当管理员成功地安装了网络学习平台之后,可以利用网络学习平台系统管理软件,进行初始化程序设计,假如网络学习平台安装时数据库没有成功导入,初始化设置程序就可以自动完成数据库的导入工作。

用户管理:主要是针对网络学习平台中的用户进行安全管理,可以对用户进行修改、删除、查询等。

定期更新检查:定期更新检查主要是对数据库中的数据进行更新检测,以便管理数据的完整性。

课程信息管理:课程信息管理主要是对网络学习平台中的开设课程进行设置,诸如:进行课程信息的修改、删除操作。

导入课程资源:导入课程资源是指将教师制作的课件导入网络学习平台系统。

导出课程资源:导出课程资源是指将网络学习平台系统中的课件导出来。其中还有:计费管理、权限控制、数据备份、安全管理、系统评估、性能管理、配置管理等等。

3. 课程管理

课程管理:包括设立课程,指定课程相关人员如开发人员、授课人员、助教人员和学生的权限和口令,分配建立与课程相关的设施,如邮箱、讨论区、网址等。

课程管理还可以提供灵活的数据库报表功能,为教员和管理人员提供有关课程的各种统计信息,数据库连接应采用标准的接口,如 ODBC。

六、网络课程开发工具

通用的多媒体写作工具都是为商务用途而设计的,相对于教育领域的特殊需求针对性不够,特别是缺乏资源的支持,更增加了用户开发多媒体网络课件的难度。网络课程开发工具就是要让非计算机专业人员(普通教师)能够方便地构建网络课程和相关内容(备课、考试等),该工具可简化教师开发网络课程和备课的过程,降低课程开发对教师计算机技能的要求,使一般教师易于学习掌握。另外,该工具能够与远程学习系统进行紧密的配合,可直接将开发的网络课程发布到实施远程学习的因特网站点上。

网络课程工具可以针对不同性质学科的特点,将该学科的模式抽象为多个可以直接套用的模板,并给予相应资源库的支持,有了丰富的资源和使用简单的学习设计模板,就可方便地完成多媒体课件对交互性的要求。在课件编写过程中,从总体的学习设计到具体的学习方法,从版面设置到对象属性设置,由于每一步都有模板和提示支持,经过较短时间的学习,普通教师就可以轻松地完成课件的编写工作。教师不必再为缺乏素材而发愁,也不必再学习抽象烦琐的代码设计,可以大大减小制作多媒体课件的难度。

网络课程开发工具主要完成网上课程内容的表示,支持基本学习逻辑的设计,其基本特色是:1.支持网络多媒体开发功能,能够进行多媒体素材的导入、抓取和制作,通过直观方便的拖动连接、简单易行的课程管理和动态调整等制作手段,能够快速高效地生成网络课程;2.提供素材库与素材库管理软件,简化教师开发网络课程时的素材制作负担;3.提供针对具体学科的网络课程模板和向导库,并提供一些模板化的网络课程,可方便和加速网上课程的开发。

工具软件应该是模块化的、面向对象的,具有很好的易用性和可维护性,该软件生成的课件能够在因特网上可靠运行。

网络课程开发工具应该具备的基本功能有:

1.素材的组织生成、搜集与利用;

2.采用多媒体学习内容表示,支持网络多媒体课件开发;

3.支持学习逻辑的设计,能自动生成课程描述和课程内容结构图;

4.课程存储与发布;

5.课程内容预览与播放;

6.提供针对具体学科的网络课程模板和向导,支持网络课程的快速生成;

7.作业与试卷的生成,支持网上某些课程的自动测试、自动判题;

8.支持视频流媒体课件的制作。

网上课程开发系统主要完成网上课程内容的表示,支持基本学习逻辑的设计,同时还会提供一些设施和工具,方便和加速网上课程的开发。

对网上课程开发系统的一个基本要求是：所开发的课程应该可以在标准浏览器下阅读，不需要用户安装特别的插件。更进一步的要求是不仅所产生的课程可以在多个操作系统平台上使用，网上课程开发系统本身也应该可以在多个操作系统平台上运行。

七、学习资源管理系统

建立教育资源库可以帮助学习者进行探索式学习。探索式学习的本质是指让学习者自己去探索学习的内容、发现学习的规律并得出结论。教育资源库中由于存储了大量的学习信息，并提供了先进的信息查询手段，学习者可以方便快速地发现学习的内容，因此将会更加积极地进行探索式学习。

建立教育资源库是实现建构主义学习环境的有效途径。建构主义学习环境的三大要素是"情境创设""协商会话"和"信息资源提供"。由于在 Internet 上可以按照超文本、超链接方式组织管理学科知识和各种教育信息，并且 Internet 可以提供界面友好、形象直观的交互式学习环境以及图文声像并茂的多种感官综合刺激，因此建立 Internet 上的教育资源库将更加有利于学习者的主动发现、主动探索、发展联想思维和建立新旧知识之间的联系。

建立基于 Internet 的学习资源库可以使教育资源实现最大范围的共享。我们知道，Internet 是当今世界覆盖面最广、使用成本最低、信息交流最迅捷的传播媒介，因此，建立基于 Internet 的学习资源库可使最多数的用户不受时间、地点限制地使用资源库中的资源。

学习资源管理系统主要功能是对各种学习资源进行采集、管理、检索和利用。它需要收集与管理五种类型的学习资源：媒体素材（包括文本、图形、音频、视频、动画）、试题素材、案例素材、课件素材、文档资料素材。学习资源库首先是按照学科来组织，其次按照素材类型来组织，每种类型的素材都需要标记不同的属性，便于归类存储和检索。

学习资源库为各级各类学校提供丰富的学习背景材料、扩展学习材料以及其他各种分类多媒体素材。学习资源库也可用于培训教师备课用参考资料（包括各种史料、教参、优秀教案和优秀课例的分析等）。

素材管理软件的功能要求：

1.具备对素材进行查、录、删、改等基本功能。

2.录入素材应具备两种形式：单个素材的随机录入，大量素材的批量录入。

3.支持单键查询功能,对于文本素材,也就是关键词的全文检索功能,以及其他类型的素材,以布尔逻辑查询所有类型匹配的属性字段。

4.素材检索引擎功能还应包括:布尔查询功能,关联查询的段落定位查询、精确查询、模糊查询、支持通配符等。

5.具备素材的远程提交功能,用户可以通过互联网络进行远程提交素材。

6.具备使用者注册管理及收费记账功能。

7.要具备良好的导航及检索预览功能。

对于网上的文本性学习资源,还应具有如下功能:支持全文检索:不仅支持关键词检索相关站点,而且可以检索到所需资料的全文。高效的搜索策略和协议:具备快速反馈的搜索策略,并支持相关协议,使得用户在 Internet 环境中可以直接访问各个大学院校的电子图书馆数据库。支持多种文档类型的检索:除了一般的 HTML 格式的文献资料以外,还应能够支持如 .PDF、.PS 以及 Doc 格式的文档的搜索。支持服务器端的"推送"功能:除了客户端的搜索功能以外,还具备服务器端的"推送"功能。能够主动地、定期地向用户发送所需要的信息。

第七节　信息化学习设计概述

建构主义和学习设计能否共处? 学习设计专家之间有争论。大致有两种不同的观点。

一种观点认为,建构主义根本不能与学习设计的理论相容,学习设计是基于客观主义的,要追求一种可显、可控的学习效果,而建构主义非客观主义的立场是与之相违背的,它强调学习效果是自我建构的,是不可预测的,采取的是非理性主义的哲学思想,所以是不能引入学习设计理论的。

另外一种观点则认为,客观主义与建构主义解释了学习过程的两个不同方面。这两种认识,在不同的学习情境下是互补的。建构主义对一些复杂学习领域、高级学习目标的学习设计是比较适合的。基于此,提出了建构主义的学习设计原则,归纳如下:

1.强调以问题为核心的驱动学习。学习问题必须在真实的情境中展开,必须是一项真实的任务。

2.强调以学生为中心,各种学习因素作为广义的学习环境支持学生的自主学习。

3.强调协作学习的重要性,要求学习环境能够支持协作学习。

4.强调面向学习过程的质性评估,反对以简单的技能与知识的测试作为唯一评价依据。

5.强调设计学习任务展开的学习环境,以反映环境的复杂性。在学习发生后,学习者必须在这一环境中活动。强调学习任务的复杂性。

6.强调设计多种自主学习策略,使得学习能够以学生为主体展开。

7.设计学习环境以支持并挑战学习者的思考。鼓励对各种想法进行尝试,反对二者必居其一的观点和二者择一的环境。提供机会并同时支持对学习的内容和过程进行反思。

目前,随着多媒体技术和网络技术的发展以及信息化学习的日益普及,建构主义对学习设计的影响已越来越受到人们的关注,信息化学习设计也逐渐发展起来。

信息化学习设计是在先进教育理念(尤其是建构主义)的指导下,根据时代的新特点,以多媒体和网络为基本媒介,以设计"问题"情境以及促进学生问题解决能力发展的学习策略为核心的学习规划与准备的系统化过程。信息化学习设计的目的是激励学生利用信息化环境,通过协作进行探究、实践、思考、综合运用、问题解决等的高级思维活动,以培养学生的创新精神和实践能力。这种学习设计主要基于建构主义理念,强调学生是认知过程的主体,是知识意义的主动建构者,有利于学生的主动探索和主动发现以及有利于创造型人才的培养是其突出的优点。

如前所述,信息技术与课程整合是信息化学习发展的必然阶段,也是信息化学习的一种特殊形式,因此,可以用信息化学习设计的理论来指导信息技术与课程整合的设计。

一、学习内容和学习目标分析

学习目标是对学生通过学习应该达到的行为状态的一种明确而具体的表述,是学习者在信息化学习活动实施中应该达到的学习结果和标准。对学习目标的分析和阐明是信息化学习设计的基础,可以使学习结果和标准具体化、明确化,并为制定学习策略提供依据。在基于建构主义的信息化学习设计中,分析学习目标是为了确定学生学习的主题,即与基本概念、基本原理、基本方法或基本过程有关的知识内容。

学习内容是学习目标的知识载体,学习目标要通过一系列的学习内容才能体现出来。信息化学习内容的选择应具有科学性和先进性,符合学习内容的内在逻辑体系和学生的认知规律,并以符合国家有关规范标准的形式呈现。建构主义强调学习要解决真实情境下的任务,力求在解决真实任务中达到学习的目的。但真实的任务是否会体现学习目标,又如何来体现学习目标,都需要对学习内容做深入分析。

明确所需学习的知识内容、知识内容的结构关系以及知识内容的类型(陈述性知识、程序性知识及策略性知识)。这样,在设计学习问题(任务)时,才能很好地涵盖学习目标所定义的知识体系,并根据不同的知识类型,制定不同的学习策略。如陈述性知识,可以通过提供学习资源的方式来体现;而策略性的知识,则可通过设计自主学习活动来展开。

在实际学习中,每门课程都由若干章(或单元)组成,每一章(学习单元)由若干课(或主题)组成,每一课(或主题)又都包含一定的知识内容。我们可以根据学科的特点,将学习内容分解为许多的知识点,并确定每个知识点内容的属性(陈述性知识、程序性知识和策略性知识)。然后对学习内容与学习目标进行分析,确定各知识点的学习目标(如记忆、理解、运用、发现等)。

在信息化学习设计中,一定要重视学习目标的编写,并以明显的形式呈现,使学生明确学习任务和目标。在描述学习目标时,通常先用描述内部过程的术语概括学习目标,然后用可观察的行为做例子以使这个目标具体化。如平面几何课中有一个学习目标是"理解几何术语的能力",这是学习目标的一般陈述,旨在"理解"。但"理解"是一个内部心理过程,不能直接进行评价,且"理解"的标准也并不明确,因此需要描述证明学生具有这种能力的行为例子。这样,"理解"变成可以操作的目标,不再是难以捉摸的东西。但同时也应注意,学习目标的编写应有一定的弹性和可变化性,可以采用认知目标分类的层次来标识。另外,建构主义强调知识的情境性、整体性,强调知识应在真实任务的大环境中展现,从而使学生在探索真实的任务中达到学习的目标。所以在编写学习目标时,应采用一种整体性的学习目标编写方法,避免传统学习目标分析过度抽象,过分细化、分散、单调的缺陷。

建构主义学习设计的这种重整体轻细化的学习目标编写方式,并不意味着完全抛弃传统的学习目标分析方法(如归类分析法、解释结构模型法等)。建构主义强调要在真实情境中体现知识学习,因此对所学知识结构的详细分析,将有助于设计更合理的真实任务与学习环境,减少非学习范围的错误探索,以提高学习效率。

在进行学习目标分析时,首先要区分教学目标与学习目标,允许不同学习者之间多重目标的存在;其次,分析学习目标还应尊重学习内容本身的内在体系特征。学习内容由各级知识点组成,而知识点之间的关系有三类:上位关系、下位关系和并列关系。这样,学习内容总体上则呈现出多层次的网状结构,这将成为分析学习目标的主要依据之一。

二、学习者特征分析

信息化环境下的学习,学生是学习的主体,是意义的主动建构者。从哲学角度看,学习者是内因,外界影响是外因。内因是事物发展变化的决定因素,外因通过内因起作用。这就可以解释为什么教师在同一课堂中实施同一教学,但不同学生的学习结果却存在较大差异。学习者特征分析涉及智力因素和非智力因素两个方面。与智力因素有关的特征主要包括知识基础、认知能力和认知结构变量,与非智力因素有关的特征则包括兴趣、动机、情感、意志和性格。

对学习者特征进行分析的主要目的是了解学生的学习准备和学习风格,为后续的学习设计环节提供依据,如:设计适合学生能力与知识水平的学习问题,提供适合的帮助和指导,设计适合学生个性的情境问题与学习资源。

三、设计学习任务

建构主义所阐述的学习是基于真实问题情境下的学习,学习的过程就是解决实际问题的过程,问题构成了建构主义学习的核心。建构主义用问题来驱动学习,而不像传统学习那样,情境问题只充当概念、原理的例子。学习是为了解决问题,而不是把解决问题看成是学习的一个应用。因此,设计学习任务成为信息化学习设计的一个关键环节。

学习任务是指对学习者要完成的具体学习活动的目标、内容、形式、操作流程和结果的描述。学习任务可以是一个问题、案例、项目或是观点分歧,它们都代表连续性的复杂问题,能够在学习的时间和空间维度上展开,均要求在主动的、建构的、真实的情境下进行学习。

提出学习任务，是整个建构主义学习设计模式的核心和重点，它为学习者提供了明确的目标与任务。其他辅助设计使得任务更加明确具体，使得学习者解决问题成为可能，使学习者能够在解决问题完成任务的过程中，达到学习目标的要求。

1. "任务"设计要有明确的目标

对于大的学习任务，教师要在总体学习目标的基础上，把总目标细分成一个个的小目标，并在学习目标分析的基础之上提出一系列的问题。这些问题可分为主问题和子问题，子问题的解决是主问题解决的充分条件，同理，下层子问题的解决是上层子问题解决的充分条件，这样就形成一个树状谱系图，为学生解决问题提供不同的路径。

学习任务要涵盖学习目标所定义的知识，并且任务的活动内容应能引发学习者的高级思维活动。陈述学习任务时，应该使学生明确完成任务时所要达到的目标以及完成任务的一些基本要求。

可以设置能在不同学科领域间建立连接的任务。各学科的各种主题都可以进行任务驱动式学习，有意识地与其他学科（甚至多学科）进行横向联系，使学生能够在提出问题、思考问题、解决问题的动态过程中进行学习。

2. "任务"解决要具有可操作性

信息化学习是实践性非常强的学习。对于知识与能力的培养，通过实际问题的解决，学生亲自动手实践远比听老师讲、看老师示范要有效得多。教师创设问题的真实情境，学生不仅需要从中发现问题，还要努力通过实践去把握真知、掌握方法。因此，教师设计学习任务时，要注意让学生能够通过自己的实践解决问题，将大问题、大任务进行分解，以便于学生能够通过解决一个个子问题、完成一个个子任务，逐步解决大问题、完成大任务。

3. "任务"设计要符合学生特点

设计学习任务要符合学习者的特征，依据学生的最近发展区，不能超越学习者知识能力太多。

第一，"任务"设计时要注意学生特点及知识接受能力的差异。不同年龄段的学生，甚至同一年龄段的不同学生，接受知识的能力往往会有很大的差异。教师进行"任务"设计时，要从学生实际出发，充分考虑学生现有的文化知识、认知能力、年龄、兴趣等特点，遵循由浅入深、由表及里、循序渐进等原则。

对于新内容或一些有难度的"任务",教师最好能提供一些有启发性的方法或学习资源,便于学生自主学习。实践证明,学生在解决一个与他们的实际生活或学习密切相关而且比较有趣的"任务"时,他们会专心致志、乐此不疲。

第二,"任务"设计要注意分散重点、难点。学科知识和实践技能需要一个逐步积累的过程。"任务"设计时要考虑"任务"的大小、知识点的含量、前后的联系等多方面的因素。一般来说,对于课堂学习,每个"任务"涉及的知识点不宜过多,最好不要有两个以上的重点、难点,否则会增加学生学习的难度。"任务"的规模宜小不宜大,规模过大,会偏离"任务驱动"的本意。前后"任务"之间能有一定的联系是比较理想的,但也不要强求,否则也会加大难度。任务是手段,便于学生学习和掌握有关的知识、技能和方法才是"任务驱动"的目的。

第三,尽力体现"学生为主体、教师为主导"。传统模式的主体是教师,学习时往往是教师讲学生听,学生被动地接受学习,不利于调动学生的积极性。在建构主义理论指导下的学习,要求师生改变传统的观念和角色。学生在学习中占主体地位,教师在学习中起组织、引导、促进、控制、咨询的作用。强调学生的主体性,要求充分发挥学生在学习过程中的主动性、积极性和创造性。学生被看作知识建构过程的积极参与者,学习的许多目标和任务都要通过学生主动、有目的地完成学习任务来实现。

在信息技术与课程整合学习中,学生在教师的组织、引导下,用不同的方法完成活动"任务"。在这个过程中,学生的知识、思维、技能和情感得到良好的发展。因此,教师进行"任务"设计时,要以学生为中心,设身处地地为学生着想。

"任务"设计要注重渗透方法,培养学生能力。在"任务"设计时,要注意引导学生从各个方向去解决问题,用多种方法解决同一个问题,防止思维的绝对化和僵硬化。在学习过程中,培养学生质疑能力,鼓励学生大胆猜想、判断,并将猜想作为逻辑推理的一种形式和发展学生创造力的一种重要手段,帮助学生克服思维定式。同时,培养学生能力,使学生领会思想方法,重在"渗透"和"潜移默化",不应该把方法当作知识向学生灌输。因此,指导学生完成"任务"时,要注重讲清思路,理清来龙去脉,从而潜移默化地渗透处理问题的基本方法。使学生在掌握了基本方法后,能够触类旁通,举一反三,开阔思路,提高自主学习能力,尽可能多地产生学习迁移。

同时,很多学生喜欢独立地获取知识,"任务"设计要注意留给学生独立思考、探索和自我开拓的空间,培养学生用探索式学习方法去获取知识与技能的能力。

4."任务"设计要注意个别学习与协作学习的统一

信息化学习还强调个别学习和协作学习的和谐统一,教师进行"任务"设计时,要注意以适当的比例分别设计出适合个别学习和协作学习的"任务"。对于个别学习的"任务",让学生采用不同的方法、工具来独立完成,培养学生的独立自主能力。对于协作学习的"任务",则要求由多个学生组成的学习小组协作完成。

5.要设计开放的、非良结构的问题

要设计非良结构的问题。非良构的问题具有无显性目标和限制条件的特点,并且有多种评判的标准。

要设计开放性的问题,解决问题的目的不是期望学生一定能给出完美的答案,而是鼓励学生参与,使其了解这个领域,强调学生获得解决问题的体验,而不仅仅是关注解决问题的结果。

总之,教师进行"任务"设计时,要仔细推敲学习目标、统筹兼顾,为学生设计、构造出一系列可操作的"任务",让学生在完成"任务"的过程中掌握知识、技能与方法。

四、学习情境设计

从建构主义学习理论的观点来看,学习总是与一定的"情境"相联系的,因为在"情境"的媒介作用下,那些生动直观的形象能有效地激发学生联想,唤起学生原有认知结构中有关的知识、经验及表象,从而使学生利用有关知识与经验去"同化"或"顺应"要学习的新知识。建构主义强调学生要在真实的情境下进行学习,以减少知识与现实之间的差距。因此,建构主义的学习设计需要将设计的问题具体化,知识内容与学习问题是对现实生活的抽象和提炼,而学习情境则是要还原知识的背景,恢复其原来的生动性、丰富性。同一个问题,在不同情境背景下的表现是不相同的。现代教育心理学的研究也表明,人在学习活动中最有效的时刻就是各种学习因素处在最和谐状态的时刻。

在信息化学习过程中,创设与当前学习主题相关的、尽可能真实的学习情境,引导学习者带着真实的"任务"进入学习情境,使学生的学习直观而形象,进而实现积极的意义建构。因此,在学习情境的创设中,要充分发挥多媒体计算机综合处理图形、图像、动画、视频以及声音、文字和语言、符号等多种信息的功能,从声音、色彩、形象、情节、过程等方面,设计出具有某种"情境"的学习"任务",激发学生联想、判断,使学生在这种"情境"中探索实践,从而加深对问题的理解。

在设计学习情境时,我们应注意如下几点:

1. 明确学习类型与情境创设的关系

学习可分为三种不同类型,有初级知识学习、高级知识的获得及专业知识与技能的学习。初级知识学习属于学习中的低级阶段,这是一种具有还原倾向的简单化的学习。学生通过初级知识学习掌握的概念与事实只能在相同的情境中再现。高级知识的获得是一种比较高级的学习类型,它要求学习者通过对知识的意义建构,掌握概念的复杂性,跨越案例的变化性,使学生具有适应不同的真实情境的弹性与灵活性。显然,建构主义学习情境最适于第二种学习类型,即高级知识的获得。

2. 不同学科对情境创设的要求不同

不同学科对情境创设的要求不同,一种是学科内容有严谨结构的情况,如数学、物理、化学等理科内容,要求创设有丰富资源的学习情境,其中应包含许多不同情境的应用实例和有关的信息资料,以便学习者根据自己的兴趣、爱好去主动发现、探索。另一种是学科内容不具有严谨结构的情况,如语文、外语、历史等文科内容,这时应创设接近真实的学习情境,激发学习者参与交互式学习的积极性,在交互过程中完成问题的理解、知识的应用和意义的建构。在这两种环境中均应包含"帮助"系统,以便在学习过程中随时为学习者提供咨询与帮助。

3. 把握学习内容、学习目标与情境创设的关系

情境的创设是为了帮助学习者理解、内化学习内容,实现学习目标。不同的学习内容、学习目标需要不同的表现手段与表现方式,要用不同的学习方法;而不同情境对于不同学习目标、学习内容的学习效果是不一样的。如提供学习资源的学习情境适用于知识的学习,渲染气氛的情境适用于角色扮演,仿真学习情境可以用于体验式的问题解决学习等。

4. 学习情境的创设要符合学习者的特征

学习是个性化的行为,是学生在原有知识结构上进行的意义建构,因此,

在情境创设时要充分考虑到学习者原有的知识、技能,考虑学习者的学习动机、态度,考虑学习者的年龄和发展特征。在综合分析的基础上,创设符合学习者的认知发展规律的情境,创设适合不同学习者特征的多样情境,用符合学生认知心理的外部刺激促进他们对新知识的同化与顺应,从而完成知识的意义建构。

另外,学习情境只是促进学习者主动建构知识意义的外因,设计学习情境是为促进学习者自主学习,最终完成意义建构服务的。明确这一点对研究以学为中心的学习设计非常有意义。

学习情境与学习任务必须相融合,不能处于分离或勉强合成的状态,创设的学习情境要能够以自然的方式展现学习任务所要解决的矛盾和问题。

五、学习资源设计

学习资源是指用来帮助教、学的一切有形和无形资源的总和,即支撑学习过程的各类软件资源和硬件系统。信息化学习中的资源主要是指与信息技术相关的资源。

学习资源设计就是为学生提供与问题解决有关的各种信息资源(包括文本、图形、声音、视频和动画等),并教会学生利用各种途径和方法获取不同类型的有关资源。学生自主学习、意义建构是在掌握大量信息的基础上进行的,所以必须在学习情境中嵌入大量的信息资源。这些资源需要教师进行筛选,要求能够有助于学生解决问题、建构意义,而不是一些无用信息的集合。

根据教育部颁布的《教育资源建设技术规范(征求意见稿)》,常用的信息化资源主要包括以下几类:媒体素材(包括文本、图形、图像、音频、视频和动画)、试题、试卷、课件与网络课件、案例、文献资料、常见问题解答、资源目录索引和网络课程。另外,还可根据实际需求,增加其他类型的资源,如电子图书、工具软件和影片等。按照上述规范所界定的教育资源建设的范围,信息化学习资源可以概括成三大类型:

一是素材类学习资源,主要包括:媒体素材(文本、图形/图像、音频、视频和动画)、试题、试卷、文献资料、常见问题解答和资源目录索引等。

二是集成型学习资源,这些资源一般是根据特定的学习目的和应用目的,将多媒体素材和资源进行有效的组织,形成的一种"复合型"资源。

三是网络课程,指通过网络表现的某门学科的学习内容及实施的学习活动的总和。它包括两个组成部分:按一定的学习目标、学习策略组织起来的学习内容和网络学习支撑环境。其中网络学习支撑环境特指支持网络学习的软件工具、课程资源以及在网络学习平台上实施的学习活动。

除了上述信息化学习资源,还可以设计利用常规的学习资源,如挂图、故事书、博物馆、实物仪器等。

学习资源设计的关键问题之一是从大量信息中找寻有用信息,避免信息污染。因此建立系统的信息资源库,引导学生正确使用搜索引擎,是教师所要做的重要工作。

六、自主学习设计

基于建构主义的信息化学习设计,需要根据所选择的不同学习方法,对学生的自主学习做不同的设计:

1. 如果是支架式学习,则围绕所设计的学习任务建立一个相关的概念框架。框架的建立应遵循维果斯基的"最邻近发展区"理论,且要因人而异,以便通过概念框架把学生的智力发展从一个水平引导到另一个更高的水平,就像沿着脚手架那样一步步向上攀升。

2. 如果是抛锚式学习,则依据所设计的学习任务在相关的实际情境中确定某个真实事件或真实问题(即"抛锚"),然后围绕该事件或问题展开进一步的学习,对给定问题进行假设,通过查询各种信息资料和逻辑推理对假设进行论证,根据论证的结果制定解决问题的行动规划,最后实施该计划并根据实施过程中的反馈,补充和完善原有认识。

3. 如果是随机进入学习,则需进一步创设能从不同侧面、不同角度表现上述主题的多种情境,以便供学生在自主探索过程中随意进入任一情境中学习。

不管是用何种学习方法,在"自主学习设计"中均应充分体现以学生为中心的三个要素:发挥学生的首创精神、将知识外化和实现自我反馈。

七、协作学习设计

"协作"是建构主义学习的四大要素之一,对于学习者知识的意义建构极其重要。协作主要是通过协商与会话的形式,使学习者与周围环境相互交流,促进此学习群体对当前所学知识深刻而全面的理解,从而完成真正的意义建构。协作学习是在个人自主学习的基础上开展小组讨论、协商,以进一步完善

和深化对主题的意义建构。通常,在设计协作学习策略以及协作学习过程中,要注意以下几个方面:

1. 建立合适的协作小组。协作学习是学习者组成一个群体,互相帮助,共同学习,通过协商和辩论,加深对问题的认识。因此形成一个适当规模的协作小组对于协作学习的成功与否非常重要。如果规模不合适或协作者之间搭配不协调,则可能形成不了协作或协作不充分,进而导致协作学习的失败。

2. 协作学习的问题应具有可挑战性,问题具有可争论性。协作学习的主题可以由教师指定,也可以由学生自行确定。学习者协作解决的问题可以是围绕主题的、能引起争议的初始问题,也可以是深化主题的问题。教师要考虑如何站在稍稍超前于学生智力发展的边界上(即最近发展区)提出问题,这些问题是否具有可争论性则关系到是否有必要组织协作学习。

3. 重视教师的主导作用的发挥。协作学习的设计和学习过程都需要教师的组织和引导,教师要设计有争议的问题以及合适的评价方式等。在协作过程中,教师还应关注每位学生的表现,对学生表现出的积极因素给予及时的反馈和鼓励;如果学生的讨论出现离题或开始纠缠于枝节问题,要及时加以正确引导,将其引回主题;对于学生讨论过程中暴露出来的对于某个概念或认识的模糊或不正确的理解,要用适当的方式进行引导。对于整个协作学习的过程,教师要做出恰当的评价。

八、学习策略设计

信息化学习设计中,学习策略是指为支持和促进学生有效学习而安排学习环境中各个元素的程式和方法,其核心是要发挥学生学习的主动性、积极性,充分体现学生的认知主体作用。学习策略有多种分类方法,在这里我们将学习策略分为三类(主动性策略、协作式策略和情境性策略)十六种(教练策略、建模策略、支架与淡出策略、反思策略、支架策略、启发式策略、自我反馈策略、探索式策略;讨论策略、角色扮演策略、竞争策略、协同策略、伙伴策略;抛锚策略、学徒策略、随机进入策略)。迄今为止,仍然不断有新的学习策略出现。在学习策略的设计中主要考虑主、客观两方面因素。客观是指知识内容的特征,它决定学习策略的选择。如对于复杂的事物和带有多面性的问题,从不同的角度考虑可以得出不同的理解,为使学生对这些问题有较全面的认识,在学习中就要注意对同一学习内容,在不同的时间、不同的情境下依据不同的学习目的、用不同的方式加以呈现。这样,学习者可以随意通过不同途径、不同方式进入同一学习内容进行学习,从而获得对同一事物或同一问题的多方面的认识与理解。因此,对于此类问题我们采用随机进入学习策略。主观方面则指作为认知主体的学生所具有的认知能力、认知结构和学习风格。学生是认知的主体,所以学习者的智力因素(知识基础、认知能力和认知结构变量)和非智力因素(兴趣、动机、情感、意志和性格)对学习策略的选择至关重要。

九、管理与帮助设计

在传统的学习中,课堂学习管理包括合理安排课程内容、最大限度地发挥学习资源的作用、调动学生的积极性等。在信息化学习中,教师由舞台上的主角变为幕后导演,这一转变对教师提出了更高的要求。学习过程是一种发散式的创造思维过程,不同的学生采用的学习路径、遇到的学习困难是不同的,教师需针对不同情况做出适当的反馈。在学生自主学习过程中,面对丰富的信息资源易出现学习行为与学习目标相偏离的情况,教师要在学习实践中设置关键点,规范学生学习,这样也有利于学生反思、升华所学知识。为了使意义建构更有效,教师应在可能的条件下组织协作学习,并对协作学习过程进行引导,使之朝着有利于意义建构的方向发展。引导的方法包括:提出适当的问题以引起学生的思考和讨论;在讨论中设法把问题一步步引向深入以加深学生对所学内容的理解;启发诱导学生自己发现规律、纠正错误或完善片面的认识。

学习者是学习的主体,但并不等于要忽视教师的指导作用。在任何学习环境中,教师都具有管理、帮助和指导的职责。教师在学习环境中确定学习任务,组织学习活动,提供帮助和指导,引导学生正确使用认知工具。因此教师是学习过程的组织者、指导者,意义建构的帮助者、促进者。

十、学习评价设计

学习评价是指以学习目标为依据制定科学的标准,运用一切有效的技术手段对学习活动的过程及其结果进行测定、衡量,并给以价值判断。学习评价是学习设计中一个极其重要的环节。

学习评价的方式通常有诊断性评价、形成性评价和总结性评价。诊断性评价是为了使学习适合于学习者的需要和背景而在一门课程和一个学习单元开始之前,对学习者所具有的认知、情感和技能方面的条件进行的评估。形成性评价是在某项学习活动过程中,为了能更好地达到学习目标的要求,取得更佳的效果而不断进行的评价,它能及时了解阶段学习的结果和学生学习的进展情况、存在问题,因而可据此及时调整和改进学习工作。总结性评价又称"事后评价",一般是在学习活动告一段落后,为了解学习活动的最终效果而进行的评价。学期末或学年末进行的各科考试、考核都属于这种评价,其目的是检验学生的学业是否最终达到各科学习目标的要求。

从实施学习评价的主体来看,学习评价通常有学生自评、同伴互评、教师评价(含其他专家评价)等。

信息技术环境下的学习设计要改变以往单一评价主体、过分重视总结性评价的学习评价方法,应强调多元评价主体、形成性评价、面向学习过程的评价,由学生本人、同伴、教师对学生在学习过程中的态度、兴趣、参与程度、任务完成情况以及学习过程中所形成的作品等进行评价。实施评价的办法有课堂调查表、课堂打分表、作品打分表等。

第八节　信息化学习策略的设计

一、信息化学习策略综述

纵观信息化学习设计各环节,信息化学习设计无非是围绕学习的四个基本要素——教师、学生、学习内容、学习环境来展开的。因此,信息技术与课程的整合就是基于教师的整合,基于学生的整合,基于学习内容的整合,基于学习环境的整合。在此,我们分别就这四个基本要素在信息化学习过程中应采取的有效策略进行综述,以有利于优化信息技术与课程整合的空间结构。

1. 关于教师

在这方面,信息技术与课程整合的策略就是采取有效措施,提高教师的信息化素养。具体来说,就是分别通过各种培训和研究形式,使他们学习和掌握现代信息技术和课程的基本知识、基本理论,形成信息素养和课程素养,在此基础上形成并逐步提高开展信息技术与课程整合的能力,在各个层面上研制、开发和实施信息化课程。

2. 关于学生

对于学生来说,信息技术与课程整合的策略就是营造民主型的师生关系和氛围,建立有关制度以确立学生的主体地位,培养他们的课程整合的意识、行为和能力,组织他们参与信息技术与课程整合的设计、实施和评价的全过程,在整合实践中进行学习。

3. 关于学习内容

学习内容是学习的对象,来源于社会文化和社会需求。随着社会的发展,学习内容必然要通过选择而不断更新。对于学习内容的生成来说,信息技术与课程整合的策略,至少需要三方面的途径:一是确立和加强信息技术内容的地位;二是其他有价值的内容应以信息技术为载体;三是为那些无法用信息技术符号加以表达的内容保留必需的空间,比如"缄默"知识或"意会"知识。信息化只是当代的一种特殊条件,对于来源于"全时空"的课程内容来说,是有一定限度的。在信息技术与课程整合中,认识并处理好这样的限度,才是真正的信息化;反之让信息化泛化,就会走向反面。

4. 关于学习环境

当代的学习环境,实质上是影响人的学习生命存在及其活动的各种物质文化因素的总和,它包括各种空间里、各种时间进程中影响人学习的各种物质文化因素。从空间上看,环境是一种特殊的实体性存在,包括教室(实验室、学习场地)环境、宿舍环境、校园环境以及家庭环境和社区环境。而从人的学习生命存在及其活动的功能实现与持存状态来看,学习环境还包含着生理文化环境、心理文化环境、物质文化环境、交往文化环境、符号文化环境和活动文化环境等。在目前的信息技术与课程整合的认识和实践中,基于环境整合的策略是经常被忽视的,信息技术的建设还仅仅被看成是教育学习设备的添置。正因为如此,在信息技术与课程整合中,环境具有比较大的开发空间。对环境来说,信息技术与课程整合的策略,就是从促进功能性的生理文化、心理文化、物质文化、交往文化、符号文化以及活动文化等环境信息化出发,统一地组织开展实体性的教室(如实验室,学习场地)环境、宿舍环境、校园环境以及家庭环境和社区环境的建设,其中以信息化校园环境建设为核心。

二、信息技术环境下自主学习策略的设计

1. 自主学习概念

建构主义学习理论强调学生是学习的主体,是学习的主动参与者,在对知识的探索过程中,自主实现知识的意义建构。因此,基于建构主义的信息化学

习设计的全过程都应充分体现学生的主体地位,尤其应做好自主学习的设计。

自主学习是学生在学习活动中自我决定、自我选择、自我调控、自我评价反思,发展自身主体性的过程。可见,通过自主学习,学生可以自由地开展学习,并在学习活动中充分地发挥主体性。由多媒体技术和计算机网络通信技术等构成的信息技术环境,为自主学习提供了丰富的信息资源以及有效的认知工具,为自主学习的开展提供了强有力的支持。

2. 自主学习的设计原则

进行自主学习的设计,应遵循以下三个原则:

充分发挥学生的主动性,体现学生的首创精神。

21 世纪是一个知识经济时代,对知识与信息的拥有,依赖于对具有创新精神的人才的拥有。人是知识的创造主体,在知识经济社会里,教育以培养创新型人才为目标。自主学习设计的首要原则,就是要充分发挥学生在学习中的主动性,培养学生的首创精神。

通过学生自我反馈,形成对客观事物的认识和解决实际问题的方案。

在自主学习中,虽离不开教师的指导,但最重要的还是学生自主探索、建构知识。因此,学生在学习过程中一定要借助自我反馈信息,形成对客观事实的认识及解决实际问题的能力。只有借助不断的自我反馈,学生才能适时调整自己的学习方向,以掌握正确的知识和方法,完善自身的认知结构。

知识外化,使学生在不同情境中应用所学的知识。俗话说"学以致用",在自主学习的过程中,一定要让他们感到所学知识能有所作用。这样既能提高他们主动探索知识的兴趣,又能提高他们的实际应用能力,避免"死读书、读死书"。学生学习科学知识,可以让他们主动观察周围的事物并将所学知识与之相联系:如暖水瓶的保暖与热传导知识,蓝色天空与光学知识,水力发电与核能发电中功、能之间的转换等。这种在不同情境下应用所学知识的自主学习范例,在实际学习中数不胜数。

3. 自主学习的开展方式

抛锚式学习、支架式学习和随机进入式学习是适用于建构主义理论的三种常用的模式,在进行自主学习设计时应依据所采用的模式对自主学习做不同的设计。

抛锚式学习中的自主学习设计

在抛锚式学习中,首先要根据事先的学习主题在相关的实际情境中选定某个典型的真实事件或真实问题(即抛锚),然后围绕该问题展开进一步的学习:对给定问题进行假设,通过查询各种信息资料和逻辑推理对假设进行论证,根据论证的结果制订解决问题的计划,实施该计划并根据实施过程中的反馈,补充和完善原有认识。

下面是一个抛锚式学习的案例。有30名六年级学生,教师当前要进行的学习主题是奥林匹克运动会。首先,教师鼓励学生围绕这一学习内容拟定若干题目,如奥运会的历史等(确定与主题密切相关的真实事件或问题作为学习的中心内容——抛锚),并要求学生用多媒体直观形象地把自己选定的问题表现出来。经过一段时间在图书馆和互联网上查阅资料以后,两位同学制作了一个关于奥运会历史的多媒体演示软件。软件播放前,教师提醒大家注意观察和分析,播放后立即进行讨论。学生发现奥运会是每隔四年召开一次,但是有同学发现1916、1940和1944年几个年份没有举办奥运会。这时候教师提出问题:"为什么这些年份没有举办奥运会?"有学生回答发生了战争,有的则更确切地指出1916年停办是由于第一次世界大战,1940和1944年停办是由于第二次世界大战。这样,以奥运会历史为"锚",激发学生的学习兴趣和主动探索精神,再通过展开讨论,把对有关学习内容的理解逐步引向深入。在这个课例中,学生始终处于主动探索、主动思考、主动建构意义的认知主体位置,同时又离不开教师的精心设计,是一个比较成功的试验。

支架式学习中的自主学习设计

支架式学习中的自主学习设计首先需要围绕事先确定的学习主题建立一个概念框架。框架的建立应遵循维果斯基的"最邻近发展区"理论,且要因人而异,以便通过概念框架把学生的智力发展从一个水平引到一个更高水平,就像沿着脚手架那样一步步向上攀升。

如教师为建立起学生有关中国地理及风土人情的概念框架,让学生自己用多媒体计算机设计一个关于中国各省名山大川及风土人情的导游图,再把学生按兴趣分成若干组,每组负责制作某一省的多媒体演示材料。学生们都围绕自己的任务努力去搜集资料,大大促进了他们的自觉性,也充分体现了学生的认知主体作用。

随机进入学习中的自主学习设计

建构主义认为由于事物的复杂性和问题的多面性,要做到对事物内在性质和事物之间相互联系的全面了解和掌握,真正达到对所学知识的全面而深刻的意义建构是很困难的。为克服这方面的弊端,在学习中就要注意对于同一学习内容,要在不同的时间、不同的情境下,为不同的学习目的,用不同的方式加以呈现,使学习者获得对同一事物或同一问题的多方面的认识和理解,从而提高学习者的理解能力和他们的知识迁移能力。随机进入学习就是基于这一要求而形成的学习方法。

以上三种学习方式都较适合于开展信息技术环境下的自主学习,实际学习中,只要能体现自主学习的设计原则,有效地促进学习者进行知识的意义建构,我们就可以灵活运用,而不应只局限于上述三种方式。

4.自主学习设计中应注意的问题

重视人的设计。要在学习过程中充分发挥学生的主动性,体现学生的首创精神。环境是促进学习者主动建构知识意义的"外因",理想的学习环境是必要的,但学习者是学习的"内因",缺乏人的自主学习,意义建构无从谈起。因此,自主学习设计要重视人的设计。

目标明确。在自主学习中,学生对知识的意义建构是整个学习过程的最终目的。在学习过程中强调对知识的意义建构无疑是正确的,但如果不分析学习目标,对当前所学内容不加区分,一概完成"意义建构"也是不适当的。正确做法应该是在进行学习目标分析的基础上,选出当前所学知识中的基本概念、基本原理、基本方法和基本过程作为当前所学知识的"主题"(或称"基本内容"),然后再围绕这个主题进行意义建构。另外,应为学生提供多种机会在不同情境下应用他们所学的知识,即将知识外化。

实现自我反馈。让学习者能根据自身行动的反馈信息来形成对客观事物的认识和解决实际问题的方案,即实现自我反馈。

重视教师的指导。教师是学习过程的组织者、指导者,教师要对学生的意义建构起促进和帮助作用。信息化学习设计中,在充分考虑如何体现学生的主体作用,用各种手段促进学生主动建构知识意义的同时,也不能忽视教师的指导作用。

三、信息技术环境下协作学习策略的设计

1.协作学习的基本概念

协作学习是学习者以小组形式参与,在一定的激励机制下,为达到共同的学习目标和获得个人与小组最大化的习得成果而合作互助的一切相关行为。

协作学习是信息化学习中一种十分重要的学习策略,也是基于建构主义学习理论的学习设计中不可缺少的一个环节,它对于培养学生的创造能力、批判思维、求异思维、探索发现精神、与学习伙伴的合作共处能力起到极大的促进作用。

2. 协作学习的基本要素

在信息技术与课程整合中,采用协作学习的组织形式,能够促进学生对知识的理解和掌握。协作学习通常由四个基本要素组成,即协作小组、成员、辅导教师和协作学习环境。

协作小组。协作小组是协作学习的基本组成部分,小组划分方式的不同,将直接影响到协作学习的效果。通常情况下,协作小组中的人数不宜太多,一般以 2~4 人为宜。

学习者。学习者的小组分派依据许多因素,如学习者的学习成绩、知识结构、认知能力、认知风格等,一般采用互补的形式,有利于提高协作学习的效果。如学习成绩好的学生和成绩差的学生搭配,可有利于差生的转化,并促进优生在辅导差生的过程中实现对知识的融会贯通;认知方式不同的学生互相搭配,有利于发挥不同认知类型学生的优势,从而促进学生认知风格的相互强化。信息技术环境下,协作学习成员不限于学生,也可以由计算机来扮演学习的伙伴。

辅导教师。有辅导教师的存在,协作学习的组织、学习目标的实现效率、协作学习的效果等都可以得到有效控制和保证。信息技术背景下,协作学习对辅导教师提出了更高的要求,即要求辅导教师具有新型的教育思想和教育观念,由传统的以“教”为中心转到以“学”为中心,同时还要实现二者的最优结合。

协作学习环境。协作学习是在一定环境中进行的,主要包括协作学习的组织环境、空间环境、硬件环境和资源环境。组织环境是指协作学习成员的组织结构,包括小组的划分、小组成员职能的分配等。空间环境是指协作学习的场所,如班级课堂、虚拟学习环境等。硬件环境指协作学习所使用的硬件条件,如计算机、互联网等。资源环境是指协作学习所利用的资源,如虚拟图书馆、互联网等。建设好协作学习环境是协作学习顺利开展的基本保证。

在协作学习的策略设计中,主要针对以上四个要素的设计来促进协作学习的有效开展。

3. 协作学习的策略设计

协作学习的开展方式

信息技术环境下,协作学习作为学习过程的一个基本环节,学习者可采用以下几种协作方式开展协作学习:竞争、合作、伙伴、角色扮演。

竞争。两个或更多的协作者参与学习过程,并有辅导教师参加。辅导教师根据学习目标与学习内容,对学习任务进行分解,由不同的竞争者"单独"完成不同的学习任务,看谁完成得最快最好,各自任务的完成,就意味着总任务的完成。因此,学习者要明确各自任务,以确保总目标的实现。辅导教师对学习者完成任务的过程及结果进行评价,其他学习者也对其发表意见。竞争性模式中,学习者在竞争与协作中完成学习任务,有利于激发学生的学习积极性与主动性,但易因竞争而导致协作难以进行。竞争可在小组内进行,也可以在小组间进行。

合作。多个协作者共同完成某个学习任务,在任务完成过程中,协作者之间相互配合、相互帮助、相互促进,或者根据学习任务的性质进行分工协作。不同协作者对任务的理解是不一样的,各种观点之间互相补充,从而圆满地完成学习任务。

伙伴。指协作者之间为了完成某项学习任务而结成的伙伴关系。伙伴之间可以对共同关心的问题展开讨论与协商,并从对方那里获得解决问题的思路与灵感。学习伙伴之间的关系一般比较融洽,但也可能会对某个问题的解决产生争论,最后在争论中达成共识,进而促进问题解决。

角色扮演。该种模式是让不同学生分别扮演不同的角色,学生针对角色当前面临的问题,进行问题解决。如果学生在解答问题过程中遇到困难,则由指导者对学习者的解答进行判别、分析和帮助,从而使问题得到解决。在学习过程中,学生所扮演的角色是可以互相转换的。通过角色扮演,学习者对问题的理解将会有新的体会。角色扮演的成功将会增加学习者的成就感和责任感,并可以激发学习者掌握知识的兴趣与积极性。

协作学习的设计方法

设计协作学习的目的是为了使学生在个人学习的基础上,通过小组讨论协商,以进一步完善和深化对主题的意义建构。其设计通常有两种不同情况,一是学习主题已知;二是学习主题未知。

在进行学习主题已知的协作学习设计时,首先围绕已确定的主题设计能引起争议的初始问题,然后设计能将讨论一步步引向深入的问题。教师要考虑如何站在稍稍超前于学生智力发展的边界上(即最邻近发展区),通过提问来引导讨论,切忌直接告诉学生应该做什么(即不能代替学生思维)。最后,对于学生在讨论过程中的表现,教师要适时做出恰如其分的评价。

进行学习主题未知的协作学习设计时,由于事先并不知道学习主题,协作学习环境没有固定的模式,教师可依据实际情况灵活处理。

协作学习的设计原则

协作学习设计应遵循以下三个原则:

要建立起协商群体。在协作学习过程中,学生们共同批判思考各种理论、观点、信仰和假说,进行协商和辩论,加深对问题的认识。因此,形成一个协商群体在协作学习中非常重要,如果协商者之间基础相差悬殊,则无法进行协商,协作学习自然失败。所以,一定要构建一个层次相当的协商群体,以达到互相启发、促进的作用。

教师提出的问题要具有可争论性。整个协作学习过程由教师组织引导,提出讨论的问题后,学生们围绕这个问题进行辩论、组织协商,最终对问题的看法达成共识,完成对知识的意义建构。由此可见,教师提出问题的可争论性十分重要。如果问题是一个已存在的真理或问题本身毫无意义,则根本无须讨论,亦不值协商,自然也就达不到对新知识进行意义建构的目的。

保证学习过程可控,讲究学习效率。协作学习在学习者共同讨论协商的基础上完成对知识的意义建构。在这个过程中,如果出现离题、诡辩等现象,应及时制止,引导其回到主题上来。在学习过程中还要讲究效率,如果讨论失控,可能发生吹牛皮侃大山的现象,也达不到协作学习的目的。

设计协作学习时教师应注意的问题

在讨论过程中教师应认真倾听每位学生的发言,注意每位学生的神态及反应,以便根据该生的反应及时对他提出问题或进行正确引导。

要善于发现每位学生发言中的积极因素,并及时给予肯定和鼓励。

要善于发现每位学生通过发言暴露出来的,关于某个知识点的模糊或不正确的认识,并及时用学生乐于接受的方式指出。

当讨论偏离学习内容或纠缠于枝节问题时,要及时加以正确引导。

在讨论末尾,教师(或学生自己)应对整个协作学习过程做出小结。

通过对自主学习和协作学习进行设计,努力营造出一种良好的学习氛围,让学生充分发挥学习主体作用,积极地进行知识的意义建构。

第九节　信息化学习的评估

随着研究的开展,信息技术与课程整合已经取得了大量成果,无论是一线教师还是教育专家都探索出许多信息技术与课堂学习整合的教与学的模式,课堂学习仍然是信息技术课堂整合研究的主要载体。那么,整合的质量该如何评定,已成为摆在我们面前的一个重要的问题。我们不能沿用传统的评价体系来解决这个问题,而应建立适合的评价指标,运用新的评价体系,对信息化课堂进行评估。

一、有效的信息化课堂学习

新一轮课程改革要求实现有效的信息化课堂学习,判断是否为有效的信息化课堂学习,主要有以下几个参照依据:

1. 以"教"为中心的学习结构转变为"主导—主体"的学习结构

判断一堂课是否是有效的信息化课堂学习,首先就要看是否从"教"为中心的学习结构转变为"主导—主体"的学习结构,看四要素在学习结构中的地位有没有发生变化:有没有强调学生的主体性,学生是否是学习的主人;有没有体现教师的主导作用,是否转变为学习过程的组织者、指导者、促进者和咨询者;信息技术仅仅是帮助老师灌输知识的手段,还是帮助学生建构意义的工具;教材是知识的唯一来源,还是能够有效地成为学生知识意义建构的对象。如果作为学习过程主体的学生在整个学习过程中始终处于比较被动的地位,肯定难以达到理想的学习效果,更不可能培养出创造性人才。

2. 积极的情感投入,成就感的获得

有效的信息化课堂学习中,学生不再是被动的知识接受者,而是信息加工的主体。在学习过程中,学生都需要有积极的情感投入,无论自主学习或是与人协作,都是一个主动建构知识意义并获得成就感的过程。

从这个角度分析判断有效的信息化课堂学习需要考察以下三点:一看课堂的参与度。课堂参与度包括参与学生的人数以及每个学生的参与程度,关注的是学生有没有积极参加、踊跃发言、相互协作,而不是指表面看似很热闹,实质是表面上、形式上的参与。二看学生有没有积极的情感投入。无论是在自主学习还是在协作学习过程中,都非常注重学生的情感投入,要求每一个学生发自内心地参与进来,而不是作为一个旁观者,只有这样每个学生才可能取得进步。三看有没有获得成就感。让学生在学习过程中获得成就感,进而转化为成就动机,这将有利于学生进一步的学习。

3. 广泛的认知范围

信息时代新事物层出不穷,要求人们视野开阔、思维活跃。丰富的网上资源为教师的教、学生的学都提供了重要的知识源泉。Internet 带来的不仅仅是计算机的联网,而是人类知识的联网,是古今中外以及全人类智慧的联网,为学生学习提供了多方位、多层次、多角度、图文并茂的文献资料。目前国内、国际上有许多优秀的科普网站,如中国科普、北京科普、中国科普博览、大百科全书等。这些网站提供了交通运输、环境保护、军事天地、历史文化、风土人情、文学艺术、天文、地理、海洋、生命等多种学科的知识,使学习的信息来源变得更加丰富。在信息化学习过程中要关注如何利用网络和多媒体有效地扩大学生的认知范围,让学生能够有机会方便快捷地接触到书本上学不到的知识。如果在现代化的教室里学生学到的仍然只是教材上的知识,那么就称不上有效的信息化课堂。

4. 深层次的认知体验

建构主义认为学习的过程是学习者自我意义建构的一个过程,学习需要依靠学生个人对学习内容进行深层次的加工,那么在这个过程中,学生的自我感悟、自我认知体验在学习过程中就起着关键性作用。

计算机网络技术为学生获得深层次的认知体验提供了一个广阔的平台,信息技术所提供的交流协作工具、认知加工工具、探究发现工具等为深层次的认知体验提供了技术支持。面对纷繁复杂的信息,如何将它转化为自己有用的知识,这得依靠学生自己动脑思考,对学习内容进行深层次的加工,否则信息非但无用,还会使学生淹没于浩瀚的信息海洋中,同时也影响正常的学科学习。所以有效的信息化课堂要看学生在学习过程中有没有深层次的认知体验。

5. 创新思维的培养

创新决定着一个国家和民族的综合实力与竞争力。培养创新能力的核心就是要培养创造思维,创造性思维是指对已有知识经验进行明显的改组,同时创造出新的思维成果的思维。中小学生的创造性思维主要指发散思维、直觉思维、形象思维、逻辑思维和辩证思维等五个方面。

传统学习不注重学生创造性思维的培养，甚至压抑、扼杀学生的创新思维和想象力。信息化学习要改变这种现象，要激发学生的创新热情，培养他们的创新意识，让他们始终处于研究、设计和创作的前沿，拥有较大的自主决策权，让他们自己去探索新知识。能否培养学生的创新思维也是判断有效的信息化课堂的一个重要依据。

6. 学科知识的有效运用

传统学习以学科知识的传授为终极目标，考试结束就算完成了学习任务。在信息化学习中，关注的是学生能否将课堂里所学的学科知识迁移到其他情境中，能否有效地运用学科知识解决实际问题。学生分析问题和对解决问题的能力和方法带有综合性，需要学生掌握学科内部以及不同学科知识之间的内在联系，多角度、多层面地对问题加以阐释。即使是考试或测试，也要根据事物及其发展的内在逻辑和规律，将知识重组、整合，形成一个有机整体，以期在知识的交融、各种思想方法相互碰撞的过程中，产生更为深刻的思想内涵。

7. 问题解决技能的训练

新课程改革注重培养学生分析问题和解决问题的能力。问题解决是指学生在教师的启发下，独立主动地寻求问题答案的学习过程。认知心理学从信息加工观点出发，将问题解决过程看作对问题空间（Problem Space）的搜索过程，问题空间是问题解决者对一个问题所达到的全部认识状态，由问题解决者利用问题所包含的信息和已存储的信息构成。教会学生解决问题的策略和方法是培养学生问题解决能力的重要手段。有效的信息化课堂要看其是否注重对解决问题技能的训练，而不是机械地反复做练习、考试。

二、信息化课堂评价指标体系构建

制定评价指标体系时会发现，无论从哪个角度划定一级评价指标，在详细描述评价标准时都会发现有重叠的部分，而且有一些评价标准很难明确将其分类。因此，我们在设计指标体系中只能根据我们的指导思想设计尽可能涵盖面广的指标体系，以起到抛砖引玉的作用。

我们在指标体系的设计中突出以人为本的特点，以课堂学习实施的线性流程为评价的线索，划分评价指标体系的二级指标。设计指标体系时我们考虑了以下几点：

1.适应社会不断发展的要求,结合时代的特点。对课堂的评价要能够体现社会发展对人才培养的要求,评价重点体现人本的特色,从人出发进行评价,最终也要回归到人的要求上。

2.明确师生角色的定位,信息化课堂上,教师不是舞台上的圣人,他只是学习的引导者。教师不能替代学生思考,对于学生的学习,教师主要的职责是提供给学生原有的知识经验和要解决问题之间的结合点,学习的过程是由学生自己完成的。因此在评价教师的课堂时,应该改变传统的师生角色的定位观念,明确教师的主导作用和学生的主体地位。

3.能力培养的实施情况是评价关注的主要内容,社会的发展,对人才的知识能力结构提出了新的要求,对于人才培养的目标也提出了新的要求,注重能力的培养已经成为一个关注的热点。因此在对教师的课堂进行评价时,教师对能力培养的关注与否是我们评价的一个主要内容。在对培养能力评价的关注中主要从这样几个方面出发:

(1)教师对于培养学生搜集、加工信息能力的关注:教师在课堂中不能够一味地灌输所谓的知识,应该通过课堂的引导培养学生自我学习的能力。学生应该学会承担起学习的责任,努力使自己获得成功;学会运用各种学习策略来提高自己的学习水平和学习效果;对自己的学习过程和学习结果进行反思。

(2)教师对于培养学生分析解决问题能力的关注:能够通过有限的课堂学习时间学会扩充并整合知识;能把不同学科的知识联系起来;运用已有的知识获得新知识,发展新技能,并加深对已有知识的理解;能运用多学科的知识和技能解决问题,完成任务。

(3)教师对于培养学生交流协作表达能力的关注:沟通技能培养的目标——能思路清晰地、有目的地与听众交流,并理解对方的思想;能综合地运用各种交流和沟通的方法达到交流的目的;能认识、分析和评价各种交流方式。协作技能培养的目标——在各种环境中,能与他人一起确立目标并实现目标;能把自己当作集体的一员,评价和管理自己的行为;能解决由于观念、信仰不同而造成的分歧和冲突。

(4)教师对于培养学生创新意识能力的关注:教师要有意识地培养学生;对已有的信息进行组织和归类,支持和论证适合某一环境或听众的推断和结论的能力;对解决问题的策略或方法加以有效的评价、改造和利用的能力;通过考虑各种环境中的不确定因素,产生富有创造性思想的能力。

4.关注信息技术的作用是特色所在,信息技术与课程的整合就是期望通过信息技术的介入,能够有效地改进现有的课堂学习;通过发挥计算机网络资源丰富、交互便捷的优势,发掘学生最大的学习潜能,最大限度地提高教育的质与量。

因此,信息技术的利用也是信息技术与课堂整合中评价开展的一个主要关注点。信息技术使用的形式、信息技术使用的效能将是我们评价信息技术使用的主要指标。

5.以基础教育课程改革中对课程评价提出的要求与具体目标为依据。建立促进学生全面发展的评价体系。评价不仅要关注学生的学习效果,而且要发现和发展学生多方面的潜能,了解学生发展中的需求,帮助学生认识自我,建立自信。促进学生在原有水平上的发展,发挥评价的教育功能。

在评价指标所涵盖的范围方面,主要包括信息化学习开展的过程以及在此过程中所涉及的教师、学生以及展开学习的信息化支持环境。

1.关于人的因素的评价

一堂成功的信息技术与学科学习的整合课离不开计算机和网络环境的支持,在这样的课堂中学生和教师的信息素养是否满足信息化课堂的要求是一个必要前提,尤其是学生的信息能力更是决定了信息技术和课堂整合的最终效果。即使再好的教师和学习的设计,如果学生的信息能力很差的话,信息技术与课堂整合就几乎是一句空话,更不要说发挥学生的主体性、积极性了。因此在对课堂学习进行考评时专门将学生和教师的信息素养这一个方面单独列出,作为考评的一项二级指标与学习过程的各个阶段的评价相并列,一方面是为了突显我们信息化课堂对信息素养的特别要求,另一方面也为了突出这方面的重要性。在这个层面主要从看待信息的观念、处理信息的能力和对计算机网络的操作能力几个方面进行评定。除此之外,对教师的评价我们还强调教师教育理论水平的高低、现代教育观念学习的能力。

2.针对学习过程的评价

针对学习过程的评价是整个评价指标体系的重点内容,这个学习过程不仅仅是指课堂实施一部分,还包括课前的准备和课后的反思。不仅仅关注学习信息的传授的情况,看最终的一个量化的学习结果,更多的是关注教师学习设计的能力,对整个学习进程的把握能力,对学习信息的领悟运用能力;学生的主体性发挥的水平,学生能力的提高水平的引导状况。强调评价者对评价情境的理解和关注,强调评价过程本身的价值。

学习准备阶段的评价主要关注对教师学习设计的评价。从学科目标、能力目标、学习策略、课堂问题几个方面的设计来评价教师的课前准备情况。

学习实施阶段是体现学生主体性是否得到关注的实践环节,在这一部分,从教师和学生分别的表现中获取评价的信息。教师方面考虑:教师对教学设计的实际应用情况,教师对课堂的把握能力,教师的应变能力等。学生方面考虑:学生学习的参与程度,学生的学习兴趣及学习动机的维持、学生的学习效果、课堂交互性积极性。

3.学习环境的评价

学习环境是学习的辅助因素,也是衡量一个信息化课堂的有效性的指标。主要从学习课件、学习资源、学习氛围和媒体使用的状况几个方面加以评价。

三、面向学习过程的档案袋评估方法

档案袋评估是在教育评价改革的大背景中出现的,其思想基础与我国新一轮课程改革的思想基础是一致的。

档案袋评估方法的产生是在批判20世纪初传统的学习方法基础上产生的。20世纪初产生的以标准化为特征的测验在传统评价中占有主导性地位。在这种理念下,课程与学习要求教师按教学目标把预先选定的知识教给学生,其效果如何则要由测验来确定。这样,在课程、学习与测验之间形成了一种由此及彼的线性关系:由课程计划开始,经过学习,最后以测验结束。而测验,由于受科学理性思潮的影响,追求的是试题的客观性和成绩的量化。正如人们经常批评的,这种测验完全脱离了知识应用的具体情境,学生的主体性、创造性由此被湮灭。始于20世纪80年代的这次评价改革就是针对这些弊端而兴起的。

改革者们首先从教育的目的入手,重新审视了"学校究竟要学生知道什么和学会做什么"这一根本问题,指出学校教育的任务是要让学生学会在具体的情境中解决具体问题,而不是向社会、家长提供一些抽象的数字成绩。由这一结果回溯到课程、学习计划,那么课程、学习、评估之间应该改变过去的线性关系,而代之以一种新的动态关系。

随着上述变化,还带来了由教师中心、内容驱动的课程向学生中心、探究驱动的课程的转变。这些变化,要求一种新的评定方式,这种评估的基础就是学生运用所学知识而获得的成就,这就是这次新课程评价改革,也是档案袋评

价的实质。对教师而言，一个主要的变化是，要把课程与学习同评估整合起来，贯彻到日常的课堂学习中去。这种评估被人们称为"嵌入课程"的评价，具体来说，就是学生在学校生活中进行某种范围的活动，其结果产品如作文、读书报告、问题设计或解决等，能够反映有关他们学习的情况，从而也就有了评价的意义。

档案袋评估的主要意义，在于它们为学生提供了一个学习机会，使学生能够学会自己判断自己的进步。在传统的评价中，测验或考试对学生而言具有相当的神秘性，从标准的制定、试题的选择直到分数的评判，学生完全被隔绝在外。这是传统测验对客观性的追求所决定的。档案袋评估与此迥然不同。由于要考查的是学生运用所学知识所取得的成就，学生就成为选择档案袋内容的一个决策者甚至主要决策者，从而他们也就拥有了判断自己学习质量和进步的机会。特别是在使用某些档案袋类型，如精选性档案袋或过程性档案袋时，学生成了所提交作品之质量和价值的最终仲裁者。因而，在考虑实施档案袋评估时，其中允许学生反省和自我评估的可能性，是最为重要的。当然，这一切都要基于一种评估观念的转变，即对学生成绩的评估，是对其进步的连续考查，而不是对学生掌握内容范围的阶段性考查。

1. 什么是档案袋

作为一种从实践中总结出的评估方法，尽管档案袋评估的出现已经有二十几年的历史了，但从教师们对档案袋评估的使用情况来看，很难给它一个确切的定义。正如对此有详细研究的美国课程评价专家约翰逊（Johnson, B.）所说："如果要求 5 个不同的教师给档案袋评估下定义，你很可能会收到 5 个不同的答案——其中每一个都没有错。"这是由档案袋评估的性质决定的。

从语义分析来看，档案袋，其英文单词 portfolio，有"代表作选辑"的意思。最初使用这种形式的是画家及后来的摄影家，他们把自己有代表性的作品汇集起来，向预期的委托人展示。它所选择或提交的东西，是由出示档案袋的人自己创作的。把这种做法应用到教育上，就发展成为今天的档案袋评估方法。虽然不能有一个非常确切的定义，但是对于档案袋，教育人士有一个比较广泛认可的共识：档案袋评估中的档案袋是根据评价的目的和内容对学生作品的样本汇集，其主要目的是为了展示学生的学习和进步状况。

2. 档案袋评估的类型和构成

档案袋评估依据使用目的、提交对象以及对学生的帮助等的不同，可以有各种不同的种类。对档案袋评估的分类,从不同的角度入手也可以有不同的分类方法。

（1）功能型分类

美国南卡罗来纳大学教育学院教育心理学教授格莱德勒（Gredler, M. E.）以档案袋的不同功能为标准,把档案袋评估分为:理想型（ideal）、展示型（showcase）、文件型（documentation）、评价型（evaluation）以及课堂型（class）,其中最有代表性的是理想型。

理想型档案袋之所以被这样命名,一是因为这种档案袋设计的意图在于帮助学习者成为对自己的学习历史具有思考能力和进行非正式评价能力的人。因而,它常常被作为提高学习质量的工具而使用。二是它的构成内容在档案袋评估中也具有典型意义。

理想型档案袋主要由三个部分构成,分别是作品产生过程的说明、系列作品,以及学生的反思。

作品产生过程的说明,是主要学习计划产生和编制的文件记录。通过这部分档案袋内容,学生选择计划时的理想就能展现出来。它的形式可以有不同类型。如既可以是伴有说明的一系列略图,也可以是进行特别困难的选择时录下的几盒录音带。

系列作品是学生在完成某一学习计划的过程中创作的各种类型的作品集。如果说。对一项作品产生过程的记录表明了学生在某一学科领域中成就的深度,那么档案袋的第二个组成部分即学生的系列作品,则表明了学生取得成就的广度和范围。例如,在语言艺术中,一个档案袋也许包含了被杂志录用的文章、论文、诗歌,以及课堂表现录音等。

第三部分是学生的反思记录,它对于学生在学习上的成长尤其重要。在学期的不同时间里,教师要求学生充当专门批评家或传记作家的角色,让学生描述自己作品的特征、自己在成长过程中所发生的进步、已经实现的目标等,这些都可作为反思记录的内容。通过这种反思,一方面为学生的成长提供了重要契机;另一方面也培养了学生自我反思和自我教育的习惯。

从档案袋的上述组成可以看出,在班级里,理想型档案袋可以作为不断发展的信息来源为教师和学生双方提供服务。让他们及时准确地掌握学习进展的实际情况,以便调整下一步的学习。此外,档案袋的建立,促使教师和学生经常讨论关于创造有价值的作品的过程、有效批评的组成,以及对尚在发展的作品进行评论的方式等。这一切的重要性在于,它们可以帮助学生把讨论评估作为学习的机会,评估由此实现了与课程、学习的整合。当学年终结时,作品产生的过程记录、反思,以及完成的作品,就成为学生成长过程永久记录的一个部分。

(2)内容型分类

约翰逊则把档案袋评估分为最佳成果型、精选型和过程型。以最佳成果型为例,各学科选入档案袋的内容可以包括以下内容:

语言艺术:一系列写作类型的最佳作品。如说明的、创作的(诗歌、戏剧、短篇故事)、报刊的(报告、专栏作品、评估)、广告副本、讽刺作品或幽默作品等等。

科学:学生做的最佳实验室成果;开发的最佳原创假设;对教师提出的科学问题的最佳解决;对科学问题阐明自己主张的最佳论文(用那些能在科学家的讨论会上展示的风格写成);对科学杂志或期刊上的文章做的最佳评论;在学生长时间的实验中所做的最佳记录或日记。

社会研究:学生写的最佳历史研究论文;学生参与的一定量的最佳争议和讨论;学生提出的最佳原创历史理论;关于历史问题的最佳议论短文;关于当前事件的最佳评论;对学生所读历史传记的最佳评论。

数学:对教师所提问题的最佳解答;学生开发出的最佳原创数学理论;对数学期刊的最佳评论或学生写的数学家传记;对问题解决的最佳描写(描写问题解决的过程);学生探究过的数学理念的一张照片、图解或概念图。

精选型档案袋要求了解更广泛的学生成果。它要求学生提交他们感到最困难的成果例证,其时间往往要持续一年以上,使之成为深刻反映学生成长的概要和高度揭示学生一般成绩的证据。

过程型档案袋则寻求发展性成果证据。它要求学生一步一步地检查他们在一定领域中取得进步的成果。同样地,提交内容的类目也许由教师确定,但学生仍负责收集必要的成果。更为重要的是,学生成为他们自己成果和进步的积极评估者。

由上可见,档案袋评估具有极大的灵活性。它的具体构成,可因不同的使用目的、档案袋要提交的对象以及学生的具体情况而不同。但无论如何,档案袋的使用都要有一定的目的和精心设计。最为重要的是,档案袋的使用要伴随着一系列课程和学习观念、评估观念,乃至学生观的变革。否则,仅仅是把学生的一些作业收集起来放在一起,哪怕这样做时经过了精心的设计,其结果也未必符合档案袋评估的精神实质。

3. 典型档案袋的数据基本结构

一个典型档案袋的基本结构主要包括三个部分,即:观察的信息资料群,作业实绩的标本群,考试信息群。

下面分别对这三个群体具体进行分析:

(1)信息资料群:由观察来收集学生每天的学习情况,一般由教师来收集。典型的档案袋中一般包括三个记录观察信息的文件,即:观察记录手册,调查表,师生交谈记录。

a. 观察记录手册:是教师用简短的文字将每天学生们最重要的事情和行为的要点记录下来的方法。记录的内容包括:学生的名字、日期、时间、观察者、观察的场所、观察的事件和行为。一般要对每个学生建立观察记录的手册,也可以说是日常学习中的轶闻记录法。

b. 调查表:教师事先根据所期待学习行为成果分别准备和设计好各种项目,然后按照表格观察学生行为所达到的状况的记录方法。可以按照两分法或三分法的标准对学生学习行为的结果进行简单判断,也可以制作比较复杂的观察表格体系,划分观察维度,确定时间或地点抽样的形式。用调查表进行观察和记录比较规范有序、有章可循,但也容易限制教师的观察的思维和形式,容易僵化。在观察过程中,调查表只起到帮助教师更容易发现和了解学习过程中遇到的问题及原因,并为改善学习提供依据的作用。因此,最好和其他观察方法联合使用。

c. 交谈记录:以上两个文件都是观察者对学习者直接观察得到的间接结果的记录。在档案袋中,还应该放入观察者与学习者通过谈话、讨论和交流,观察和发现学生的一些思想和行为结果。这样得到的记录目的性更强,获得的资料也更全面。每次的交流和讨论都是有针对性的,同时,观察者还可以通过有目的的对话和会见收集到有关学生以前的知识和经验、现在的理解、学习方式、兴趣、关心、学习欲望等多方面的信息。

由于档案袋评价也在不断完善中,可能会有更多的资料添加到观察信息群中。

(2)作业实绩的标本群

作业实绩的标本是能够实际获得的证明学生学习达成的作品,一个较典型的标本群如表所示。

表：文件夹可以积累的实绩资料

1. 作业实绩	15. 观察表格（个人和集体）
2. 教师自做的小问题和试题	16. 元认知活动
3. 学生伙伴间制作的课题	17. 自我评价
4. 小组作业	18. 教师和家长的信
5. 学习记录	19. 关于将来目标的陈述
6. 问题解决记录	20. 自由的照片（没有标准的）
7. 学习的反省日记	21. 演说、讨论、历史剧演出完成的描写
8. 著述活动	22. 由个人和集体设计的计划表格的照片
9. 草稿	23. 学生记录事项的理由和时间
10. 演说、阅读、唱歌等录音记录	24. 计算机的表格
11. 图示构成图	25. 在实验室的实验
12. 会议讨论的问题	26. 美术作品的样本
13. 关于态度、意见的问卷	27. 关于作业完成的录像
14. 和其他学生的谈话	

涉及的实绩标本很多，我们仅对部分项目做详细的解释：

作业实绩：是为了判断学生真正能够做什么而进行的评价。例如化学试验、问题解决的方法、音乐会的独唱、演说、阅读活动等的完成，以这些活动的作品作为评价的资料、信息。

问题解决记录：这是为了诊断学生的交流能力和问题解决技能等的发展情况而使用的评价方法。它具体表现在个人、小组、学校和家庭等范围内。例如，制作模型和地图、画图和制表、摄影、演电影、拍电视等诸种活动。

学生反省日记：是以主观的形式记述个人对客观事物的感想、意见、经验及方法而收集的资料。

图式构成图：它是表现孩子将事物和现象系统化、比较对照、分类的诸技能的评价方法，是学生描写的心意图。

元认知活动：学生的超认知活动是对于自己的学习过程和结果进行自我

反省的过程,以此来支配自己行为的活动。

(3)考试信息群

考试信息群包括三个方面,一是简单的评价课题,二是比较大的场面课题,三是长期的评价课题。

在档案袋中存放的考试信息不同于以往的考试评价,即使是简单的评价,也有一个较长的时间跨度和过程中对学生学习和效果的关注。

简单的评价课题的考试:

包括开放式课题、被改良的多选择的问题、制作概念图等。

开放式课题也称自由反映问题,它通过学生对"短小的记述文章等"问题的回答来判断学生学习发展的情况。

多项选择是对于问题的结果列有多项选择的答案,通过学生回答的结果来判断学生学习的情况。

制作概念图,是让学生将一个抽象的概念分解成多个具体的、相关的概念,从中判断学生分类、整理的能力。

较大场面课题的考试:

这主要是以评价学生文章的流畅度和问题解决技能方面的能力为目标。例如围绕一个综合性的研究课题,学生们通过两周左右的调查,最终形成调查研究报告。这个报告就是一个相对比较大的考试信息,通过这个报告可以判断学生综合学习的技能情况。

长期评价课题的考试:

多数的场合是在某一特定的学科领域内,通过让学生制订和完成一定的学习计划,来判断其综合发展的能力。它一般是一学年或者一学期学习的计划、过程和结果。这是从学生长期的各种表现活动中收集相关的评价资料、信息,从中判断学生学习的状况。

4.档案袋评估在学习中的实施

对学生评价的目的是全面考察学生的学习状况,激励学生学习的热情,促进学生的全面发展。评价也是教师反思和改进学习的有力手段。对学生学习的评价既要关注学生对知识与技能的理解和掌握,更要关注他们情感与态度的形成和发展;既要关注学生学习的结果,更要关注他们在学习过程中的变化和发展。

而档案袋评价正是一种基于过程的评价,注重学生技能与知识的理解与掌握,关注学生的情感与态度的发展。因此,在学校中,使用档案袋评价与其他评价方法的结合,更能达到对学生评价的目的。一般来说,使用档案袋进行评价是一个长期的工作。档案袋的形成通常要经过一个学期或一个学年的时间,因此档案袋评估的时间周期比较长,是一个注重过程的形成性评价。

那么在学校中,怎样实施和部署档案袋评价呢,下面简要地概括了档案袋评价的实施过程。

(1)目标的确定

目标的确定有三种方式:①由教师来确定目标,②由学生自己确定,③教师和学生共同确定目标。其中,学生加入对目标确定的行列,可以使学生对目标更清晰,更容易参加到档案袋评价活动中去。

(2)作品产生的过程

作品产生的过程表明了学生在某一学科领域中成就的深度,主要记录了学生学习计划的产生过程,编制文件的记录,学生在学习过程中遇到的问题,资料的收集,学生反思的记录(包括学生描述自己作品的特征、自己在成长过程中的进步、已经实现的目标等),判断作品质量的标准、入选作品的标准等。

(3)精选作品

精选不同时期同类作品,精选最佳作品。包含所有项目都必须有详细的注释,以向阅读者解释这些记载的重要性。

(4)展览

把精选出的作品,展现出来,以展示自己的学习成果,让教师、同学、家长以及公众进行评价,从而得到反馈信息,进一步调整学习。

(5)会议

是由教师、学生,甚至包括家长在内的一种活动。通过会议,促使教师和学生经常讨论关于创造有价值的作品的过程、有效批评的组成以及对尚在发展的作品进行评论的方式等。这一切的重要性在于,它们可以帮助学生把讨论评估作为学习的机会,评估由此实现了与课程和学习的整合。

5.档案袋评价方法与信息化课堂

信息化课堂注重充分发挥学生的主体性,倡导学生根据个体的差异自主学习、协作学习。这样的课堂关注的不仅仅是学生记住了多少简单的知识、考试的时候能把这些知识通过机械记忆的方法重现在纸上,更多的是关注学生通过学习能力提高了多少,关注应用课堂所学知识实际解决问题的能力有没有得到发展。因此,如果还依照原有的评价模式通过一次考试的成绩对学生进行评价已经远远不能满足需要,需要通过档案袋评估的方法将学生的成长经历逐一、如实地记录下来,作为过程性评价的信息,在一段时间后和相关的考试成绩共同作为评价学生的信息。只有这样,才能更全面地评价一个学生的学科知识和一般能力的发展水平。

同时一个学生档案袋的生成过程主要依赖学生自己的收集和制作,一个学生档案袋生成的过程本身就是一个能力提高的过程,而且学生在制作档案袋的过程中可以逐渐发现自我水平的提高,获得自我成就感。这种自主学习和自我感悟的过程也是其他评价方法无法比拟的。

6. 档案袋评估电子化的趋势

档案袋评价是一种基于过程的评价,注重学生技能与知识的理解与掌握,关注学生的情感与态度的发展,它不仅可以用于对能力的评价,同样对于学科学习的评价也适用。因此,在学校,档案袋评价方法与其他评价方法的结合,必将成为未来评价的一个大的趋势。与标准化考试相比,档案袋能包含更多的信息,常年的教师观察、学生访谈、学生作业的收集、学生自我分析和调查问卷等都是对学生成长进行更整体评定所采用的形式。但是档案袋评价方法的使用也存在一些操作性问题。比如说工作量太大,会加重学生,尤其是教师的负担;另外,对档案袋的编制质量进行评价时,标准很难确定,难以做到客观、公正。

如果能将档案袋评估的部分工作利用计算机的优势电子化,那么上面提到的一些问题就可能得到有效的解决。无论从时间或是经济效益来看,档案袋评估的电子化都将是档案袋评估的一个发展趋势。档案袋评估电子支持系统的研究和开发,旨在提高档案袋评价的自动化程度以减轻教师和学生的工作量,同时利用计算机的一些相关技术提高档案袋评价方法的信度和效度。这将为档案袋评价方法在教育学习改革中的推广创造更好的条件。

模式是开展学习活动的一套方法论体系,是基于一定学习理论而建立起来的较稳定的学习活动的框架和程序。模式是学习理论的具体化,同时又直接面向和指导学习实践,具有可操作性,它是学习理论与学习实践之间的桥梁。

第五章　信息技术与课程整合

第一节　信息技术与课程整合

　　随着信息技术的发展,作为教育改革突破口的教育信息化也得到了飞速发展。如今,教育教学正向着信息化、网络化和多媒体化方向迈进,教育与信息技术相融合已经成为未来教育的发展趋势,而信息技术与课程整合正是实现这一融合的最佳途径。

一、信息技术与课程整合的有关概念

　　有关信息技术与课程整合的概念很多,这里仅对教育信息技术、信息技术、信息技术教育以及课程的概念做简要的阐述。

　　1.教育信息技术

　　教育信息技术定义的四种表述:

　　教育信息技术是运用教育科学、信息科学的原理与方法获取、处理、传播、控制和利用教育信息的方法手段体系。

　　教育信息技术是人类在教育活动中所运用的一切信息技术手段和方法的总和。

　　应用教育科学、信息科学的原理和方法同教育信息打交道的技术,都叫作教育信息技术。

　　在教育系统和教育过程中凡是与教育信息密切关联、共同作用的技术都叫作教育信息技术。

　　教育信息技术定义的内涵:

　　教育信息技术是信息技术的一种类型,它具有信息技术的一切特征和教育的属性。在实践过程中,它遵循教育信息的运动规律,发挥其技术的功能。

教育信息技术的理论基础是教育科学、信息科学、教育信息论和系统科学理论（系统论、信息论和控制论），它的实践基础是信息资源、信息技术和人的智能。

教育信息技术实践以教育信息为核心，以充分开发、利用教育信息谋取最佳功能为目的，以恰当运用先进科学技术为关键，在实践中求发展，在发展中提高其地位和作用。

教育信息技术理论与实践强调教育信息及其技术的共同作用，强调教育信息化的实现。其技术是实现教育信息功能的方法手段，是解决教育中有关问题的系统方法。

教育信息技术跟广义的信息技术一样，是由多种技术组成的技术体系。

2. 信息技术

信息技术的定义有很多，不同的领域有不同的界定方式，如："信息技术就是获取、存贮、传递、处理分析以及使信息标准化的技术"。或是"信息技术是人类在生产斗争和科学实验以及认识自然和改造自然的过程中所积累起来的获取信息、传递信息、存储信息、处理信息以及使信息标准化的经验、知识、技能和体现这些经验、知识、技能的劳动资料有目的的结合过程"等等。

3. 信息技术教育

信息技术教育有两种含义：一是指学习与掌握信息技术的教育；二是指采用信息技术进行教育活动。前者从教育目标与教育内容方面来理解信息技术教育，后者则从教育的手段和方法来理解信息技术教育。由此，可以对"信息技术教育"定义如下：

信息技术教育是指学习、运用信息技术，培养信息素质，实现优化学与教的理论与实践。

对上述定义的理解应注意以下几个问题：

（1）信息技术教育包括理论与实践两个领域

理论领域是指信息技术教育是一门科学，是现代教育学研究的一个新的分支，并具有课程教学论的一些特征，具体包括概念体系、理论框架、原理、命题、模式、方法论等研究内容。实践领域是指信息技术教育是一种教学活动、一种工作实践、一项教育现代化事业，具体包括信息技术的软、硬件资源建设，课程教材的设计开发、师资培训，教学中各种信息技术的综合运用、学习指导、评价与管理等。

（2）信息技术教育的本质是利用信息技术培养信息素质

这里"利用信息技术"只是一种手段和工具，最终目的是培养学生的信息素质，以适应信息社会对人才培养的要求。

应明确信息技术教育的指导思想，不只是为了让学生掌握信息技术知识而开展信息技术教育，而是通过信息技术教育，全面提高学生的信息素质。也就是说，信息技术教育不等于软、硬件知识学习，而是使学生通过掌握包括计算机、网络在内的各种信息工具的综合运用方法，来培养信息意识、情感、伦理道德，提高信息获取、处理、创新的能力，为适应信息社会的工作、学习与生活打下良好的基础。

（3）信息技术教育的范畴包括学习信息技术和利用信息技术促进学习这两个方面

不但要通过开设专门的《信息技术》课程，培养学生运用计算机与网络等现代信息工具的知识和能力，而且要在其他课程的教学中，运用各种传统与现代信息工具促进学生的学习，渗透信息技术教育思想，培养学生对各学科信息的综合处理与创新能力。

（4）信息技术教育的途径与模式有多种

除采用课堂教学模式外，还可以采用课外活动模式、家庭教育模式、远程协作模式。其中，基于项目活动的教学模式能较好地解决理论知识与实践技能、学习竞争与协作的结合问题，能有效地培养学生的信息素质，是一种实用的学校信息技术教育模式。

4.课程

课程的定义归纳起来有以下几种：

（1）课程即教学科目

把课程等同于所教的科目，在历史上由来已久。我国古代的课程有礼、乐、射、御、书、数六艺。欧洲中世纪初的课程有文法、修辞、辩证法、算术、几何、音乐、天文学七艺。事实上，西方的学校是在此基础上增加其他学科，逐渐建立起各级学校的课程体系的。最早采用英文"课程"一词的斯宾塞，也是从指导人类活动方面的诸学科的角度来探讨其知识的价值和训练的价值的。目前，我国的《辞海》《中国大百科全书》，以及众多的《教育学》教材，也认为课程即学科，或者指学生学习的全部学科——广义的课程，或者指某一门学科——狭义的课程。这一定义在人们头脑之中根深蒂固。

然而,只关注教学科目,必然会忽视学生的心智发展、情感陶冶、创造性表现、个性培养以及师生互动等对学生成长有重大影响的这些维度。其实,学校为学生提供的学习,远远超出正式列入课程的学科范围。这种定义的实质,是强调学校向学生传授知识的作用。现在,我国一些省市在课程改革中,已把活动和社会实践正式列入课程,这说明把课程等同于学科是不周全的。

(2)课程即有计划的教学活动

这一定义把教学的范围、序列和进程,甚至教学方法和技术的设计等有计划的教学活动都看成了课程,即把所有有计划的教学活动都组合在一起,试图对课程有一种较全面的看法。

但是,对这一定义存在疑义。何谓"有计划"?人们的理解会有很大差别。例如,有人认为,课程是指有关学校教育计划的范围和安排的书面文件。诸如教学计划、教学大纲(现在有合称为课程标准的趋向)、教科书、教学参考书、练习册,甚至还包括教师备课的教案。但有人通过对教师教学活动做仔细观察后认为,许多教学活动是基于非书面计划的课程。

此外,把有计划的教学活动安排作为课程的主要特征,往往会把重点放在可观察到的教学活动上,而不是放在学生的心理体验上。例如,检查教师是否落实某些教学活动,容易导致把这些活动本身变成目的,忽视了这些活动为之服务的目的,即活动对学生学习过程和个性品质的影响。

(3)课程即预期的学习结果

这一定义在北美课程理论中有较大影响。一些学者认为,课程不应该是活动,而应该直接关注预期的学习结果或目标,把重点从手段转向目的。这就要求事先制定一套有结构、有序列的学习结果,所有教学活动都是为达到这些目标服务的。

然而,研究表明,预期应该发生的事情与实际发生的事情之间总是存在着差异。在课程实践中,预期的学习目标是由课程决策者制定的,教师作为课程实施者,尽可能按照这些目标组织课堂教学活动。在客观上,课程目标的制定过程与实施过程是分离的,两者不可能完全一致。因此,有人提出,制定目标与实施目标之间的差距,应该成为课程研究的基本焦点。

另外,把焦点放在预期的学习结果上,会忽略非预期的学习结果。研究表明,师生互动的性质、学校文化或隐性课程对学生的成长有很大的影响。所以,尽管表面上,所有学生都显示出已达到预期的学习结果,但这种结果对不同的学生来说是不相同的。

(4)课程即学习经验

美国教育家杜威(J. Dewey)根据实用主义的经验论,反对"课程是活动或预先决定的目的"这类观点。在他看来,手段与目的是一个连续体。由此推衍:手段与目的是同一过程的两个不可分割的部分。所谓课程,即学生的学习经验。

学生被认为是具有很大潜力、独特的学习者,因此学生的经验是最为重要的。虽说经验要通过活动来获得,但活动本身并不是关键之所在。

把课程定义为学习经验,是试图把握学生实际学到些什么。因为经验是在学生对所从事的学习活动的反思中形成的,课程是指学生体验到的意义,而不是要再现的事实或要演示的行为。

把课程作为个人的经验在实践中很难实行。因为在实际教学情境中,一个教师很难同时满足四五十个学生个人独特的生长要求,很难为每一个学生制订课程计划。此外,这一课程定义过于宽泛,把学生的个人经验都包含了进来,以致对其的研究无从入手。

(5)课程即文化再生产

在一些人看来,任何社会文化中的课程,事实上都是(也应该是)这种社会文化的反映。学校教育的职责是要再生对下一代有用的知识和价值;政府有关部门根据国家需要来规定所教的知识、技能等;专业教育者的任务是要考虑如何把它们转换成可以传递给学生的课程。

以为课程应该不加批判地再生产社会文化,实际上是假想现状已达到完满状态了,即认为社会和文化的改进已不再需要了。然而,现实的社会文化远非这些人所想象的那样合理,英美一些学者在指出了他们社会中存在的大量偏见、不公正的现象后认为,倘若教育者以为课程无须关注社会文化的变革,那就会使现存的偏见永久化。

(6)课程即社会改造的过程

一些激进的教育家认为,课程不是要使学生适应或顺从于社会文化,而是要帮助学生摆脱社会制度的束缚。有人认为,课程是一个"懒惰的巨人",它总是落后于社会上汹涌的变革浪潮。因此有人提出"学校敢于建立一种新的社会秩序"的口号。他们要求课程把重点放在当代社会问题、社会主要的弊端、学生关心的社会现象,以及改造社会和社会活动规划等方面。课程应该有助于学生在社会方面得到发展,帮助学生学会如何参与制定社会规划,这些都需要学生具有批判意识。

然而,在社会上,学校并不是一个特别有影响力的机构,它还不足以在政治上强大到能够促使社会发生重大变革的地步。

上述课程定义,都有某些积极的特征,但也都存在明显的缺陷。可以预料,关于课程定义的争辩还会继续下去。

二、信息技术与课程整合的内涵

对于信息技术与课程整合的内涵,有几种不同方式的界定:

1. 开好信息技术课程的同时,要努力推进信息技术与其他学科教学的整合,鼓励在其他学科的教学中广泛应用信息技术手段,并把信息技术教育融合在其他学科的学习中。各地要积极创造条件,逐步实现多媒体教学进入每一间教室,积极探索信息技术教育与其他学科教学的整合。技术与课程的整合就是通过课程把信息技术与学科教学有机地结合起来,从而根本改变传统教学的观念以及相应的学习目标、方法和评价手段。

2. 在课程教学过程中把信息技术、信息资源、信息方法、人力资源和课程内容有机结合,共同完成课程教学任务的一种新型的教学方式。它是我国面向 21 世纪基础教育教学改革的新视点,与传统的学科教学有着密切的联系和继承性,具有一定相对独立的特点的教学类型。对它的研究与实施将对发展学生主体性、创造性和培养学生创新精神和实践能力具有重要意义。

3. 信息技术与课程整合的本质与内涵是要求在先进的教育思想、理论的指导下,尤其是主导—主体教学理论的指导下,把以计算机及网络为核心的信息技术作为促进学生自主学习的认知工具与情感激励工具、丰富的教学环境的创设工具,并将这些工具全面应用到各学科教学过程中,使各种教学资源、各个教学要素和教学环节,经过整理、组合,相互融合,在整体优化的基础上产生聚集效应,从而促进传统教学方式的根本变革,也就是促进以教师为中心的教学结构与教学模式的变革,从而达到培养学生创新精神与实践能力的目标。

综观以上观点,可以将目前信息技术与课程整合的定义分为"大整合论"和"小整合论"。

"大整合论"主要是指课程是一个较大的概念。这种观点主要是指将信息技术融入到课程的整体中去,改变课程内容和结构,变革整个课程体系。

有学者认为,信息技术与课程整合是指通过基于信息技术的课程研制,创立信息化课程文化。它针对教育领域中信息技术与学科课程存在的割裂和对立问题,通过信息技术与课程的互动性双向整合,促进师生民主合作的课程与教学组织方式的实现和以人的学习为本的新型课程与教学活动方式的发展,建构起整合型的信息化课程结构、课程内容、课程资源以及课程实施等,从而对课程的各个层面和维度都产生变革作用,促进课程整体的变革。"大整合论"观点有助于从课程整体的角度去思考信息技术的地位和作用。

"小整合论"则将课程等同于教学。这种观点将信息技术与课程整合等同于信息技术与学科教学整合,信息技术主要作为一种工具、媒介和方法融入到教学的各个层面中,包括教学准备、课堂教学过程和教学评价等。这种观点是目前信息技术与课程整合实践中的主流观点。

由于看待问题的角度不尽相同,持"大整合论"的人一般都是专家学者,而一线教师和教研人员则认同"小整合论"。

三、信息技术与课程整合的目标

信息技术与课程的整合,是信息技术环境下进行教育改革、促进教育发展的切入点。它的宏观目标可以定义为:"建设数字化教育环境,推进教育的信息化进程,促进学校教学方式的根本性变革,培养学生的创新精神和实践能力,实现信息技术环境下的素质教育与创新教育。"具体可以阐述为:

1. 培养学生具有终身学习的态度和能力

建构主义学习理论认为:知识不是客观的东西,也不是主观的东西,而是个体在与环境交互作用的过程中逐渐建构的结果。据此,培养学生能够独立自主地学习,能够自我组织、制订并执行学习计划,并能控制整个学习过程的能力是信息技术与课程整合的具体目标之一。

2. 培养学生具有良好的信息素养

信息素养是指"能够清楚地意识到何时需要信息,并能确定、评价、有效地利用信息以及利用各种形式交流信息的能力"。(纽约州立大学图书馆馆长理事会,1997)学生只有具备良好的信息素养,才能在终身学习的过程中,对信息进行获取、分析、加工和利用。信息素养的内涵有以下三个方面:

(1)信息意识

信息意识是人们在信息活动中产生的认识、观念和需求的总和。它是人们获取知识的前提,决定着人们捕捉、判断和利用信息的敏锐程度。信息意识主要包括:能认识到信息在信息时代的重要作用,确定在信息时代的重要知识、终身学习、勇于创新的一些新的观念;对信息有积极的内在需求;对信息的敏感性和洞察力。

（2）信息技术的应用技能

信息技术的应用技能是指利用信息技术进行信息获取、加工处理、呈现交流的技能。它是通过对学习者进行信息技术操作技能与应用实践训练来培养的。

（3）信息伦理

信息伦理是信息活动过程中,调节信息加工者、传递者和使用者之间相互关系的行为规范的总和。它包括正确处理人与社会、人与人之间的关系,及个人的理想、情感、意志等方面的问题。

3. 培养学生掌握信息时代的学习方式

在信息化学习环境中,人们的学习方式发生了重大变化。学习者的学习主要不是依赖于教师的讲授与课本的学习,而是利用信息化平台和数字化资源,教师、学生之间开展协商讨论、合作学习,并通过对资源的收集利用、探究知识、发现知识、创造知识、展示知识的方式进行学习。因此,通过信息技术与课程的整合,要使学生掌握信息时代的学习方式。

4. 培养学生的适应能力、应变能力与解决实际问题的能力

在信息时代,知识量剧增,知识成为社会生产力、经济竞争力的关键因素,知识的更新率加快,陈旧率加大,有效期缩短。另外,由于知识的高度综合性和各学科间的相互渗透,出现了更多的新兴学科、交叉学科,由此带给人们难以想象的社会生活、经济生活、政治生活和人类在各个领域内深刻而广泛的冲击力和影响力。在这种科学技术、社会结构发生巨变的大背景下,人的适应能力、应变能力与解决实际问题的能力将变得至关重要。

四、信息技术与各学科课程的整合关键

信息技术与各学科课程的整合对于学习过程的深化改革具有重大意义,它的关键就是要在先进的教育思想、学习理论与学习理论的指导下,运用以计算机为核心的信息技术作为学生自主学习的认知工具与情感激励工具,改革传统的以教师为中心的学习结构,创建新型的既发挥教师主导作用又充分体

现学生主体作用的"主导—主体"学习结构,在此前提下实现学科学习内容、手段、方法的整体改革,从而达到培养创新人才的目的。

学习结构是指在一定的教育思想、学习理论指导下的,在某种环境中展开的学习活动进程的稳定结构形式。它将直接反映出教师按照什么样的教育思想、理论来组织自己的学习活动进程,是教育思想、学习理论、学习理论的集中体现。

我国传统的学习结构是以教师为中心的教授式学习,在学习过程中学生一直处于被动接受的状态,教师是课堂的主宰。这种模式对系统知识体系的传授具有比较好的效果,但因其忽视了学生是学习的主体,忽视了学生在学习过程中内在心理的发展和变化,因此在培养学生获取知识能力、创新能力等方面上有所缺陷。当前创建新型学习结构的核心(或者说,信息技术与课程整合的关键)在于,如何充分发挥学生在学习过程中的主动性、积极性与创造性,使学生在学习过程中真正成为信息加工的主体和知识意义的主动建构者,而不是外部刺激的被动接受者和知识灌输的对象;教师则应成为课堂学习的组织者、指导者,学生建构意义的帮助者、促进者,而不是知识的灌输者和课堂的主宰者。

信息技术整合到课程中,将对传统的课程产生结构性的影响,传统的稳定的课程结构将被破坏,取而代之以面向过程的课程框架。在这样的课程结构中,信息技术通过对学习资源的支撑、对学习过程的支持和对贯穿于整个学习过程的评价的支持,真正实现了与课程的整合。

由于学习结构的改革对于培养具有创新精神与创新能力的创造型人才具有至关重要的意义,因此真正实现信息技术与学科课程的"整合"是贯彻落实素质教育、实现基础教育跨越式发展的根本途径。

五、信息技术与课程整合的环境

信息技术与课程整合离不开能适应学生信息化学习需要的信息化学习环境。"信息化学习环境"目前尚无统一的定义,一般认为,具备教育信息存储、处理和传递功能的、能适应学生数字化学习需要的信息化学习环境,主要包括校园网、多媒体计算机演示教室、电子网络教室、电子阅览室、常规电教室、远程学习信息网络系统、用于教和学的各种支持系统及用于各种教育资源、教育设施管理的管理信息系统等。需要指出的是,这里所说的信息化学习环境,绝不仅指硬件系统,而是硬件、软件和潜件三者有机组合的综合系统。与传统的学习环境相比,其优势是显而易见的:增强了共享学习资源的通信功能;实现了学习设施的网络化;促进了多媒体学习环境的完善。

第二节　信息技术与课程整合的意义

一、我国目前基础教育的现状

1. 课程类型的结构单一与学科间的相互独立

课程结构是课程目标转化为教育成果的纽带,是课程实施活动顺利开展的依据。课程类型主要有:

从课程内容所固有的属性来区分可分为:学科课程与经验课程。其中,学科课程的主导价值在于传承人类文明,使学生掌握人类积累下来的文化遗产;经验课程的主导价值在于使学生获得关于现实世界的直接经验和真切体验。

从课程内容的组织方式来区分可分为:分科课程与综合课程。其中,分科课程的主导价值在于使学生获得逻辑严密和条理清晰的文化知识;综合课程的主导价值在于通过相关学科的整合,促进学生认识的整体性发展,并形成解决问题的全面的视野与方法。

从课程计划中对课程实施的要求来区分可分为:必修课程和选修课程。其中,必修课程的主导价值在于培养和发展学生的共性;选修课程的主导价值在于满足学生的兴趣、爱好,培养和发展学生的个性。

从课程设计、开发和管理主体来区分可分为:国家课程、地方课程与校本课程。其中,国家课程的主导价值在于通过课程体现国家的教育意志;地方课程的主导价值在于通过课程满足地方社会发展的现实需要;校本课程的主导价值在于通过课程展示学校的办学宗旨和特色。

各类课程所具有的特定价值以及每组课程类型所具有的价值互补性,意味着它们在学校课程结构中都占有着不可或缺的地位,即学校的课程结构应当是由各种课程类型共同构成的一个有机的统一体。

我国中、小学现行的课程结构,过分重视学科课程的主导地位,从小学到中学,语文、数学、外语都是雷打不动的"三大主科",而相对的经验课程不但得不到应有的课程比率,还经常为主科课程"让路"。

综合课程是近几年出现的新类型,但在具体实施阶段,由于受到诸多条件的限制,也只是流于形式、应付检查。选修课程与地方课程一样都得不到实质性的开发。课程类型的单一、学科间的比重失调,使学生过分追求学业高分,忽视综合能力的培养,势必会阻碍素质教育的进程。

针对课程类型结构单一的状况,在学校课程结构中应设计与学科课程相对应的经验课程,与分科课程相对应的综合课程,与必修课程相对应的选修课程,并为开发与国家课程相对应的地方课程和校本课程提供较大的空间。学校课程类型的多样化是全面实现课程价值的一种重要方式,多种课程类型的有机结合将有助于学生的全面发展,这将为从根本上改变我国学生过分追求学业高分、综合素养低、主动学习能力弱的状况提供有利条件。

信息化最显著的特点之一就是知识更新速度快,并且学科间的知识体系不再有明显的界限。学生在探究式学习的过程中,往往要涉及许多跨学科交叉的知识内容,而学校教学内容的分裂,不利于学生逻辑思维、创新思维的训练。学科间的相互独立,导致了学科知识的封闭,不利于信息化教育的普及和个性化教学的实施。

2. 传统教学模式——应试教育根深蒂固

从清朝的科举制度到近代的应试教育,教育者只重视学生对知识掌握的熟练程度,用一纸书卷来决定一个人的一生。原国家教委副主任柳彬是这样阐述应试教育的:"应试教育是一种偏重知识传授、偏重考试科目、偏重分数,片面追求升学率忽视学生全面发展的教育模式,与现代教育思想格格不入,已成为阻碍我国基础教育走向 21 世纪的最大障碍。"但由于其存在的年代久远、方式多变,根深于学校教育体制中。各所学校以学生考上重点中学、大学的学生数量来定位学校层次的高低。老师也根据此量值来评定奖金的级别。学生则以考分定优劣。学校的氛围被"分、分、分,学生的命根"所笼罩,老师、家长过分地追求高分,致使高分低能的学生屡见不鲜。"应试教育"在教育内容上忽视德育、体育、美育和生产劳动教育,只重知识传授,忽视能力与心理素质的培养,它所追求的是片面发展,而不是全面发展。为了考试而学,是违背人才培养规律的。

而另一方面,受应试教育的影响,老师在课堂教学中多采用讲授式的教学方式,对学生进行"填鸭式"的教学,这样一来,将信息技术引入课堂就成了天方夜谭。教育同信息化的脱节,违背了教育本身的发展规律,遏制了教育改革的前进步伐。

综上所述,目前我国基础教育存在种种弊端,这亦致使"课程整合"的教学模式成为我国面向 21 世纪基础教育教学改革的新视点,它与传统的学科教学有一定的交叉性、继承性、综合性,并具有相对独立特点的教学类型。它的研究与实施为学生主体性、创造性的发挥创设了良好的基础,使学校教育朝着自主的、有特色的课程教学方向发展。

二、信息技术与课程整合的功能

信息技术与课程整合,改变了传统的教学模式,在丰富学科知识、创设教学情境、优化学生认知、优化课堂教学结构等方面起到了积极的作用。

1. 丰富学科知识,激发探索热情

在各学科教学中,蕴含着大量的信息技术的因素,通过教师的开发和整合,不仅能够提高学生对信息技术的兴趣,增强学生的信息意识,而且能够大大拓宽学生的知识面,促进学生对学科知识的理解、记忆和应用。

2. 创设教学情境,营造良好氛围

在教学中,各学科都有大量形象的教学内容需要展示,以此来帮助学生更好地掌握学科知识,其中包括大量的图片、影音资料和影视资料。常规的教学媒体手段,只能按线性的方式组织各种媒体信息,教师难以控制,且交互性差。以计算机多媒体技术为核心的信息技术,能以超文本和超媒体的非线性方式组织媒体信息,教师容易控制,且交互性好,为各学科多媒体信息的呈现提供了极好的展示平台,使之成为班级教学或个别化教学必不可少的辅助手段。信息技术与课程整合,有利于创设良好的课堂教学情境、展现生动活泼的教学内容、进行丰富多彩的课堂演示、设置扣人心弦的跌宕悬念,营造良好的教与学的氛围,激发学生学习的积极性和主动性,提高教与学的有效性,使学生在愉悦的情境下,以丰富的想象、牢固的记忆和灵活的思维获得学习的成功。

3. 优化学生认知,掌握思维规律

传统教学只重视知识掌握的最终效果,不重视思维训练的过程,以教师向学生单向灌输代替学生的思维活动。信息技术与课程整合,改变了传统的教学观念和方法。现代信息技术环境下的课堂教学,不仅要在课堂上给学生提供展示聪明才智的机会,还要培养学生良好的思维方法,培养创新思维和创新能力。如,利用 Authorware、几何画板和 PowerPoint 等软件,能够针对学科实际,制作出一些动态课件,较好地表现了事物内在关系和变化规律。还可以通过多媒体技术从不同角度提出问题,引导学生通过总结、分析,掌握事物发展变化的规律,而且可以模拟事物变化的过程或展示自然界中的现象,引导学生学会观察、提出猜想、进行探索、合理论证、发现规律。

4. 优化课堂教学结构,启发学生主动参与

教学的真正目的在于授之以"渔",因此形成学生自我教育的动力机制和提高学生自主学习的能力,显得尤为重要。信息技术与课程整合,能够科学地设置学生活动情境,让学生最大限度地活跃起来,积极主动地参与学习。通过猜一猜、试一试、想一想、做一做等方法,采用指导自学、独立练习、协作学习、网上学习等各种形式,使课堂教学结构发生质的变化。

指导自学

教师指导学生通过多媒体教学软件自主开展学习。通过各种自学软件开展学习活动,既能有计划地、系统地安排学习过程,又能利用多媒体技术的超文本或超媒体功能有效地突破重点与难点问题,从而为学生自学起到导航、导方法、导疑、导思的作用。

独立练习

利用计算机帮助学生进行操作练习。这种练习方法一方面可以及时反馈、适时评价,有的软件还可以针对学生出现的问题给予提示。其次可以针对每个学生的能力和水平进行个别化的训练,并通过独立练习进行自我评价、自我把握学习的进度和难度。此外,还可以利用计算机模拟情境进行虚拟操作,及时反馈实验结果,提高技能的熟练程度。

协作学习

师生、生生之间利用计算机网络进行问题讨论、开展协作学习。利用电子邮件、在线讨论、电子公告栏、文件传输及语音电话等方式,使传统教学的单向交流扩展到双向交流以至于多向交流。通过协同、伙伴、竞争、角色扮演等基本的协作形式,使师生、学生之间的信息联系能够在多层面、多方位、多形式上展开,让学生通过友好的界面,获取教学内容,并发表自己的见解,交换意见,有助于更加广泛、深入地掌握所学的知识,提高分析、综合、评价和复杂应用等认知能力,并增进学生的团队意识和协作精神。

网上学习

学生通过校园网或互联网进行自主学习。校园网或计算机互联网具有信

息丰富、互动性强等特点,学生可以在网上查询到大量自己感兴趣的课外知识,开阔视野,丰富知识。通过网络还可以让学生根据自身的实际情况,以及兴趣、爱好等,接受名牌学校的同步教学,随时向名师咨询并得到教师指导。计算机网络不仅为学生提供更多自主学习的机会,也将大大提高学生收集、处理、传输和应用各种信息的能力。互联网是世界上最大的资源库,它拥有最丰富的信息资源,而且这些信息资源,都是按照符合人类联想思维特点的超文本结构组织起来的,特别适合学生"自主发现式"学习,并有利于发展学生批判性思维、创造性思维和培养学生的创新能力。

三、信息技术与课程整合的意义

继"三论"(系统论、信息论、控制论)为人类提供了科学的思维方法论之后,以计算机科学为代表的现代信息技术的产生和发展,又为提高人类实践活动的科学性、有序性、有效性提供了技术手段。科学的思维方法与有效的技术手段相结合,极大地提高了各行各业实践活动的效率和质量,使人类社会进入了迅猛发展的狂飙时代。所以,研究信息技术与课程教学整合的特点和规律、提高在信息技术背景下的教育实践水平,具有多方面的重大意义。

1. 以"整合"的研究与实践促进教育的改革与发展

人类社会进入 21 世纪之后,几乎所有人都清醒地意识到,人类社会在经历了工业革命 300 多年以后的今天,正在面临一场深刻的变革。支持当前这场变革的核心技术是信息技术。信息技术的广泛应用,不仅改变着人类的生产、生活方式,也改变着人类的思维、学习方式。更为明显的是,信息技术在教育中的应用,促进教育的改革向着网络化、虚拟化、国际化和个性化的方向发展,这对中世纪以来所实践的传统教育提出了严峻的挑战。

以班级授课制为标志的传统教育在 300 多年前的出现,在人类教育史上无疑是一个巨大的进步。它满足了工业化社会对智能劳动力的大量需求,承袭了人类文明,丰富了人类教育的理论宝库。然而,随着时代的变迁和社会的发展,传统教育存在的弊端越来越明显地显露出来:学习过程是个体的人的智慧和能力参与的过程,不同的人有不同的学习需求,运用的学习方法、策略也不尽相同。班级授课的"一齐化",使教学缺乏满足不同学习者的个体差异的针对性;以语言和文字为主体的教学媒介的抽象性无法满足学习者在学习中对直接经验和感性经验的需求,认知活动的优化受到阻滞;教师讲学生听的教学方式和教学资源的有限、封闭,使学习者失去了探求知识、个性发展的时空条件和必要的资源支撑;教学内容的陈旧、教学模式的单一、教学评价的偏颇与科学技术的飞速发展和社会对人才的需求形成了巨大的反差,使学校教育滞后于社会的需求。总之,进入 21 世纪,对传统教育存在的弊端进行改革,既是信息技术的广泛应用导致当前这场变革对教育提出的紧迫要求,也是教育自身在信息时代里发展的必然结果,改革势在必行。

信息技术的应用会给教育教学工作带来多方面的变化。课堂教学工作是学校教育中的核心工作,是促进学生学习与发展的主渠道。如何把信息技术与课程教学整合起来,以"整合"的研究和实践,带动、促进教育在信息技术背景中的改革与发展,成为人们普遍关注的焦点。中国教育信息化工程建设的启动,改善了中国教育科研网络系统,建设了现代远程教学系统,丰富了公共教育信息资源库,为学习和实践信息技术,促进教育改革提供了环境保障;"校校通工程"的实施和中小学校"信息技术教育"课的开设,为信息技术与课程教学的整合、探求在信息技术环境下的学与教的理论和实践创设了基础条件。

总之,进入 21 世纪,无论是国外还是国内,都选择信息技术在教育中的应用作为促进深化教育改革的基本途径,而踏上这一途径的第一步则是探索和实践信息技术与课程的整合。

2. 以"整合"的研究与实践进一步推进素质教育的发展

推进素质教育是我国的教育国策。在素质教育的推进中,使受教育者全体发展、全面发展、个性发展,培养他们的创新精神和实践能力,使之成为创造型人才。然而在教育实践中,素质教育的推进状况却不令人满意,正如有人所说的那样——"素质教育喊得震天动地,应试教育抓得扎扎实实"。造成这种状况固然有认识上的、机制上的、条件上的原因,但传统教育的旧有模式无法承担推进素质教育的重任也是不争的事实。一个时代的教育只能满足这个时代对教育的需求。建立在工业化时代的传统教育,只能满足工业化时代对知识和经验的需求。要推进素质教育,就必须把信息技术融合到教育教学过程中,以信息技术与课程整合为切入点,促进教育的改革与发展。

信息技术在教育中的应用,给教学活动增添了许多传统教学活动中所不具备的新功能和特点:

教学内容的多媒体化——实现了教学内容的结构化、动态化、形声化表达,并且可以以链接的技术和图片、动画、声音、文字说明等多种形态的知识载体对教学内容进行多层次、多角度的论证和说明,这对优化学习者的认知活动起到十分重要的作用。

教学传播的多样化——与传统教学中的教师讲、学生听的单一传播方式不同,运用信息技术的教学活动增添了许多新的沟通机制和人与人相互作用的方式,例如计算机网络、多媒体、专业网站、信息搜索、电子图书馆、网上课程和远程学习等。

教学资源的共享化——网上教学资源是对广域范围内的教学资源的集合,可以满足各类学习者在各种学习形态(一齐化教学、个别化学习)下的学习需求,实现真正意义上的资源共享。

教学形态的多样化——班级形态的一齐化教学、个别形态的自主学习、校际和国际间的协作学习等,都可以得到信息技术的支持。

教学时空的扩大化——学校和课堂不再是教学活动的唯一场所,信息技术的应用使教学活动在时间和空间上获得很大的灵活性。

教学环境的虚拟化——根据教学需求创设虚拟的教学情境和训练条件,为认知活动的优化和技能训练水平的提高提供支持。

教学效果反馈的及时化——信息技术支持下的教学活动,克服了以往教学延时反馈的弊端,既可以在教与学的过程中提供诊断性反馈,也可以在教学结束后提供总结性反馈,为教学过程的调控和教学结果的评价及时提供依据。

显然,信息技术在教育中应用的这些技术、功能、特点,可以改变教学的功能结构、丰富教学的形式内容、优化教与学的方式方法,使教学活动的价值功能得以改善,充分促使学生全体发展、全面发展、个性发展,培养学生具有创新精神和实践能力,最终成为创造型人才。

以"整合"的研究与实践丰富发展教学基本理论。

信息时代,由于信息技术的广泛应用,人类社会的许多方面都发生了重大变化。就社会的发展来说,21世纪是"后工业社会";就经济发展来说,21世纪是"知识经济"时代;就人类的生存来说,21世纪是人类面临着的"第三次浪潮"。时代、社会和经济的这些变化,必然促使教育产生以培养具有21世纪能力素质的创造型人才为核心的一系列变化。

以书本、课堂和教师为中心的、以培养知识型人才为目标的传统教育,或以经验、活动和学生为中心的、以培养经验型人才为目标的现代教育,都无法承担起培养具有21世纪能力素质的创造型人才的重任。只有具有"三结合"——书本知识与直接经验相结合、课堂教学与实践活动相结合、教师主导与学生主体相结合,才能有效地培养创造型人才。特别是信息技术在教育中应用所具有的技术、功能、特点,也进一步证明了"三结合"作为教学指导思想在理论上的科学性,也为在教学活动中更好地践行"三结合"提供了广阔的途径和有效的方法、策略。信息技术与课程整合的研究和实践,是探讨和发现以信息技术实施"三结合"教学活动、提高学生能力素质的特点和规律的过程。显然,在这个过程中所获得的理性认识结果,不仅能够丰富和发展已有的教学基本理论,而且能够促进信息技术背景下更科学、更完善、更具有普遍指导作用的教学理论的发展。

第三节　信息技术与课程整合的发展进程

一、信息技术与课程整合的发展情况

1. 国外信息技术与课程整合的发展

近年来,许多发达国家与地区为了增强本国或本地区的综合能力和国际竞争力,迎接新世纪的挑战,都在积极采取相应措施,进一步加强教育信息化建设,以培养符合信息化时代要求的人才。

美国1998年不惜重金,为学校添置了最尖端的电脑设备,经费超过了50亿美元。现在几乎所有的大学都建立了校园网,联上了Internet。

英国1998年以立法形式规定所有中小学中信息技术课程由原来的选修课全部改为必修课,并拟定中学信息技术课评价的九项标准。

法国于1985年在小学新设"科学与技术课",规定从第四学年开始在"科学技术"学科中设"计算机入门"必修课。到2000年,从幼儿园到大学的每个学生都要加入多媒体学习活动。

德国政府已在2000年使近万所学校实现计算机入网。

日本在小学阶段开设"综合性学习时间",目的是使儿童在较宽松的环境中,通过跨学科、综合性的学习活动,培养自己发现问题、解决问题的能力,以及掌握信息收集方法、调查方法、综合归纳法、报告和讨论交流等方法;初中要把现行的"信息基础"选修课作为必修课;高中阶段开设"信息"课。

90年代以来,国外中小学课程改革的一个共同趋势,就是加强信息技术教

育,发达国家尤其加大了改革力度,具体的做法是:

首先,发达国家从小学就开始开设信息技术教育课程。

其次,发达国家提出,信息技术教育不能被理解为上信息技术理论知识课,也不能被理解为一种对有关电脑信息技术的各种软件产品"使用方式"的教育。

另外,在最近的中小学课程改革中,发达国家很注意让信息技术教育有计划地体现在各学科教学中,要求各科教师有意识地给学生提供这方面的训练机会,让学生在各学科教学中接触一些专门软件,学会利用新的手段、新的技术去获取知识,从因特网上发现有价值的资料,让信息技术真正成为学生学习的工具。他们认为,信息技术教育直接和学科有关,有的则具有普遍的价值,得到知识和处理实验数据的自动化,将会有助于引起学生在数据统计以及理论与实践的对话等方面更广泛的思考。

2. 国内信息技术与课程整合的情况

1994年,由原国家教委基础教育司立项、全国中小学计算机教育研究中心领导,国内知名专家、教授等牵头组织了"小学语文四结合"教学模式改革试验课题。

1996年,全国中小学计算机教育研究中心推广"几何画板"软件,以"几何画板"软件为教学平台,开始组织"CAI在数学课堂中的应用"研究课题。在我国,有关信息技术与课程整合的探索也在如火如荼地开展着。

1997年7月,在《中国教育报》《光明日报》等媒体上连续发表《对计算机辅助教学的再认识》系列文章,引发了对课件和计算机辅助教学的大讨论和大反思。

1997年,有学者提出了"积件"的概念。教学软件类型由"课件"走向"组件""积件""学件",向具有开放性的资源素材型、工具型、平台型的教学平台以及学生电子作品集等方向发展。同年,国内专家、学者撰文,系统地介绍了建构主义的由来和发展,阐述了在建构主义理论指导下基于网络和多媒体环境的教学改革模式,提出了计算机辅助教学新发展方向的理论基础。

1998年,全国中小学计算机教育研究中心的有关研究人员借鉴西方发达国家的提法,第一次提出了"课程整合"的概念,并于1998年6月设立了"计算机与各学科课程整合"课题组,将其列入"九五"重点课题的子课题进行立项。同年12月,全国中小学计算机教育研究中心向教育部基础教育司提出报告,汇报"计算机与各学科课程整合"项目的理念、进展情况,获得有关领导的认可。

1999年1月,全国中小学计算机教育研究中心在北京师范大学组织召开了有数十所学校参加的"计算机与各学科课程整合"项目开题会,"课程整合"项目开始走向有组织的研究阶段。

2000年10月,教育部部长陈至立在"全国中小学信息技术教育工作会议"上发表讲话,提出:"在开好信息技术课程的同时,要努力推进信息技术与其他学科教学的整合,鼓励在其他学科的教学中广泛应用信息技术手段,并把信息技术教育融合在其他学科的学习中。各地要积极创造条件,逐步实现多媒体教学进入每一间教室,积极探索信息技术教育与其他学科教学的整合。技术与课程的整合就是通过课程把信息技术与学科教学有机地结合起来,从根本上改变传统教和学的观念以及相应的学习目标、方法和评价手段。"这是第一次从政府的角度提出"课程整合"的概念,由此引发了从政府到民间全国性的"课程整合热"。课程整合与校校通、信息技术必修课、网络教育一样,成为当前中小学信息技术教育的热点和焦点。2000年,教育部在《关于在中小学普及信息技术教育的通知》中进一步指出:"信息技术与其他学科教学的整合,要求广大教师在其他学科的教学中广泛应用信息技术手段并把信息技术教育融合在其他学科的学习中。各地要积极创造条件,逐步实现多媒体教学进入每一间教室,积极探索信息技术教育与其他学科教学的整合,努力培养学生的创新精神和实践能力,促进中小学教学方式的根本性变革。"目前,很多地方都在大力开展信息技术与课程整合的实践和实验,力图从自身实际出发,将信息技术融入课程内容、课程结构、课程教学中去。在全国教育科学"十五"规划课题中,也开展了多项相应的课题研究。

二、我国信息技术与课程整合的进程

根据我国信息技术与课程整合的具体情况和要求,可以将整合的进程分为三个阶段:封闭式的、以知识为中心的课程整合阶段;开放式的、以资源为中心的课程整合阶段;全方位的课程整合阶段。

封闭式的、以知识为中心的课程整合阶段:

该阶段所有的教学都严格按照教学大纲要求,把学生封闭在教材或简单的课件中,学生和丰富的资源、现实完全隔离,教学以"知识"为中心、以教师的讲授为主,学生仍然是被动的接受者、知识被灌输的对象。信息技术的引入,只是在减轻教师教学工作量方面有很大帮助,而对学生思维与能力的发展,作用有限。

按照教学对技术的依赖程度和学生的投入程度,此阶段可细化为以下三个层次:

1. 信息技术作为演示工具

这是信息技术用于学科教学的最初表现形式,是信息技术和课程整合的最低层次,目前大多数基础教育和高等教育的学校教学都处于这一层次。

教师根据教学内容使用计算机辅助教学软件或多媒体素材库,综合利用各种教学素材,制成自己的教学课件,说明教学内容的结构、层次,形象地演示其中难以理解的内容,或用图表、动画等展示动态变化过程和理论模型等,将抽象内容变得直观、生动,有易于学生的理解。通过合理的设计与选择,计算机部分代替了幻灯、投影、粉笔、黑板等媒体,实现了它们难以实现的教育功能。如果信息技术的使用达不到投影、幻灯、录像的教学效果,或者只是简单地代替了投影、幻灯、录像等媒体,成为教学的一种装饰或点缀,使用就毫无意义。因此,该层次的教学对信息技术的依赖程度较小,学生也只有听、看,没有实际操作的机会,因此,仍是被动式的学习。

2. 信息技术作为交流工具

信息技术作为交流工具应用于课堂教学,主要的教学方式仍然是讲授式教学,学生以个体作业形式完成学习任务,教师的角色和学生的角色没有变化。但是,教师多了一项工作:对交流的组织和管理。

课堂教学中教师与学生的交流是教学的重要环节,也是教学成败的重要因素之一。师生间的交流能够提高学生的学习兴趣和积极性,促进师生感情的培养。实现基于信息技术环境下师生间的交流并不复杂,如网络课程中利用简单的 BBS、聊天室等工具就可实现。教师可以根据学生在学习过程中出现的问题,及时设置一些讨论区域,建立不同的 BBS,随时了解学生的反馈内容,并且利用互联网的强大功能让学生自己寻找解决问题的办法。这种交流方式突破了时间、空间的限制,有利于培养学生自主学习的能力。

课堂教学中,把信息技术作为交流工具使用,对信息技术提出了互联网和局域网使用的新要求。

3. 信息技术作为个别辅导工具

随着计算机软件技术的飞速发展,出现了大量的练习型软件和计算机辅助测验软件。学生使用这些软件在练习和测验中巩固、熟练所学的知识,并决定下一步学习的方向,实现了个别辅导式教学。在这一层次,计算机软件实现了教师职能的部分代替,如出题、评定等,因此,教学的发生对技术有较强的依赖性。此外,教学还能在一定程度上注意学生的个别差异,加大了学生学习的投入。主要应用技术有个别辅导软件以及教师与学生之间的交流工具。

根据不同的学习内容和学习目标,个别辅导软件提供的交互方式也有所不同,体现了不同的教与学的方法,从而形成了不同的个别辅导软件,反映了利用计算机进行学习时的各种交互方式:操练和练习、对话、游戏、模拟、测试、问题解答等。

这一层次主要采取的教学策略有个别辅导式教学和个别化学习等。虽然仍是封闭的、以"知识"为中心的教学,但是,学生有和高质量、丰富的教学软件相接触的机会,学习积极性较高,当遇到问题时可以向教师或其他学生请教。

4. 开放式的、以资源为中心的课程整合阶段

信息技术与课程整合的第一阶段,教学基本上是封闭的,以个别化学习和讲授为主。在第二阶段,教学观念、教学设计的指导思想、教师的角色和学生的角色等都会发生较大的变化。教育者日益重视所学知识的意义建构,教学设计从以知识为中心转变为以资源为中心、以学为中心,教学资源是开放的,学生在学习某一学科知识的同时可以获得许多其他学科的知识,学生在占有丰富资源的基础上完成各种知识、技能的学习,学生成为学习的主体,教师成为学生学习的指导者、帮助者、组织者。按照对学生能力由低到高的培养顺序,可以将此阶段细化为四个层次,每层着重培养学生的能力,分别是:信息获取和分析能力、信息分析和加工能力、协作能力、探索和创新能力。

5. 信息技术提供资源环境

在信息技术用于学科教学之前,学生的信息来源很闭塞,主要集中于教师的讲授和有限的书籍,限制了学生思维的发展。信息技术支持下的网络平台,学生只要在知识搜索窗(搜索引擎)内输入所要查找信息的关键词,就能及时准确地得到大量的相关信息,形成的资源环境可以说是广阔无边,信息量浩如烟海,丰富了课堂教学内容,拓展了学生的视角。

这一层次的教学,主要培养学生获取信息、分析信息的能力,让学生在对大量信息进行筛选的过程中,实现对事物的多层面了解。该层次是其他后续层次教学的基础。

6. 信息技术作为信息加工工具

学生在信息技术所提供的资源环境下，获得了大量的相关信息，在对有用信息进行提取时，相配套的信息处理软件成为信息加工的工具，如 Photoshop 图形处理软件等。随着信息技术的不断发展进步，信息加工工具的功能也越加完善。

在该层次的教学中，重点培养学生的信息加工能力和思维的流畅表达能力，达到对大量知识的内化。该层次可采用任务式教学策略，而且适合于从小学高年级以上学生的教学。在教学过程中，教师要密切注意学生整个的信息加工处理过程，在其遇到困难的时候给予及时的辅导和帮助。

7. 信息技术作为协作工具

随着人们对教育和学习内涵的深入了解，协作学习越来越受到重视。学会协作已经成为 21 世纪教育的四大支柱之一。在信息技术迅速发展的今天，计算机及网络技术在教育中的应用特别受到人们的广泛关注。信息技术作为协作工具，为实现协作式学习提供了良好的技术基础和支持环境。在基于 Internet 网络的协作学习过程中，基本的协作模式有四种：竞争、协同、伙伴和角色扮演，不同类型的协作模式对信息技术应用的要求程度也不同。

竞争是指两个或多个学习者针对同一学习内容或学习情景，通过 Internet 进行竞争性学习，看谁首先达到教学目标的要求，在培养学生技巧和能力的同时，培养学生的竞争意识和能力。

协同是指多个学习者共同完成某个学习任务，在共同完成任务的过程中，学习者发挥各自的认知特点，相互争论、相互帮助、相互提示以及进行分工合作，学习者对学习内容的深刻理解和领悟在这种和同伴紧密沟通与协调合作的过程中逐渐形成。协同需要多种网络技术的支持，如：视频会议系统、聊天室、留言板等。

伙伴就是在网络环境下找到与现实环境中的伙伴相类似的同学，相互协作、共同进步的过程。另一种伙伴形式是由智能计算机扮演伙伴角色，和学生共同学习、共同玩耍，在必要时给予忠告等。

角色扮演是指在用网络技术创设的与现实或历史相类似的情境中，学生扮演其中的某一角色，在角色中互相学习的过程。实现角色扮演一般采用实时交互的网络工具，如：net-meeting、视频会议、多功能聊天室等。

在以上四类协作模式中，学习和教学基本上是在网络技术的支持下发生的,而且学生绝大部分时间处于一种学习投入状态。

8. 信息技术作为研发工具

信息的加工、处理,以及协作能力的培养固然重要,但最重要的是要培养学生的探索能力、自己发现问题和解决问题的能力,以及创造性思维能力,这是教育的最终目标。在实现这些目标的教学中,信息技术承担着"研发工具"的作用。

9. 探索式教学和问题解决式

教学都是将信息技术作为研发工具应用的教学模式,这一教学模式基于布鲁纳的"发现学习"理论。在"发现学习"中,学生的学习是积极主动的,学生在不断自我发现过程中,对知识进行建构,综合知识、综合能力得到提高,实践能力和创新能力得到培养。在信息技术提供的虚拟环境下,学生随时可以进行实验研究,并且在各种真实、复杂条件下做出决策和选择,提高他们对真实问题的解决能力,弥补了传统教学只重视知识传授、忽略能力培养的缺陷。但是,如何更好地发挥信息技术的作用,设计能更好地培养学生创造性思维能力的教学模式,仍是国内外教育工作者关注的问题。

10. 全方位的课程整合阶段

前两个阶段的七个层次虽然彼此之间有很大的差异,但是,他们都没有从教学内容、教学目标,以及教学组织架构等方面进行全面的改革和信息化。当前,信息技术在教育中的广泛应用,已经取得了很大成功。理论研究和信息技术在教育中的应用实践表明,信息技术在教学中的应用仍将继续推动教育发生变革,促进教育内容、教学目标、教学组织架构的改革,从而使信息技术无缝融合到教育的每一个环节,达到信息技术和课程整合的更高目标。

11. 教育内容改革

信息技术在教学中的应用,使传统的教学内容结构发生了巨大的变化。首先,那些脱离实际、简单的知识传授和技术培训的教学内容成为一种冗余和障碍,强调知识内在联系、基本理论、与真实世界相关的教学内容变得越来越重要。其次,教学内容的表现形式将由原来的文本性、线性结构形式变为多媒体化、超链接结构形式。

可以预料,教育内容的发展趋势将是:教材的难度增加,重视基本理论,强调知识内在的联系。为此,要依据高难度、高速度和理论化原则重新编写教材,在课程设计上要重在学科结构合理,教学内容少而精,着重使学生掌握一般的基本原理以发展学生的认识能力。

12.教学目标改革

教育内容的改革会对现有的以知识为中心的教学目标产生强烈冲击,以能力为核心的教学目标将成为主体。能力主要有:信息处理(获取、组织、操作和评价)的技能;问题解决能力;批判性思维能力;学习能力;与他人合作和协作的能力。

这些目标在一定程度上已经受到人们的重视,一些教育工作者已经在实际教学中尝试了上述目标的教学。但是,这些尝试毕竟范围小、时间短,且缺乏统一的组织。随着信息技术和课程改革的不断深入,相信会有更多的教育工作者实践以能力为核心的教学目标的教学研究,并取得积极的成果。

13.教学组织架构改革

随着教育内容和教学目标的改革,教学组织架构和形式也会发生相应的变化。教学目标强调以真实性问题为学习的核心,这就要求教学必须打破传统的学生在教室里听课的时间和空间的限制,以项目和问题为单位,对学生学习的时间和空间进行重新设计和规划。在教学的组织形式上、分组活动的安排上,也要打破传统的按能力同质分组的方式,实行异质分组。

第四节 信息技术与课程整合模式设计的原则

信息技术在学习中运用的基本目的是如何真正地实现信息技术在学习实践中的合理运用,最大限度地提高学习效率和学习效果,以实现对学生的知识、技能与情感态度价值观的全面提升。因此,信息技术运用于学科学习中应遵循以下几个基本原则:

一、整合性原则

1.将信息技术的运用(如上机操作等)与学生的独立思考、主动建构和探究尤其是实验制作、调查访谈等多种需要动手或亲身参与和体验的活动方式结合起来,实现综合化、多层次的学习目的,促进学生多方面的协调发展。

2.注意结合学校的发展水平和特色、学科特点、具体学习主题和学生的特点,灵活、创新地开展信息技术整合的学习设计、学习实验和学习研究,持续提高师生的信息技术整合能力。

3. 新型学习方式是信息技术与学科学习的最主要结合点。有机组合各种 IT 手段和信息化资源,支持学生开展自主学习、主动探究、问题解决、交流协作等,积极探索和创造适于信息技术条件下的新型学习方式,实现信息技术应用与学习方式变革的内在契合和相互促进是实现信息技术与学科学习有机整合的关键。

二、实效性原则

1. 教师应通过学习设计,利用常用信息技术工具集成各种经济型的课程资源,创设综合化的、有利于引发学生思考或探究的学习环境。

2. 避免华丽的技术堆积与资源浪费,在对应用方式的优化和技术、资源的优化及技术与学习方式变革相结合等前提条件下,实现信息技术与学习理念、模式的优化组合,形成最佳实施方案,获取最佳学习实效。

三、协助性原则

1. 在学习过程中,教师一方面要明确"人是技术运用的主体",发挥主观能动适度控制技术的运用,趋利避害;另一方面,教师要把握学生的学习过程,充分利用其中的教育契机,启发学生的深层次思维甚至是思想的激烈碰撞,并注重对学生的学习方法进行有效的激发、引导,提供必要的协助,进行合理的学习调控。

2. "学习是为学生创设合适的学习环境和学习机会的过程。"因此,信息技术在学习中的作用不应止于教师在学习中运用信息技术,而应积极创造条件,协助学生逐步学会根据学习需要评价和选用合适的 IT 工具,有效地获取信息、加工和处理信息、表达和交流信息,并能利用信息解决学习问题,以此协助学生实现学习目标,获得全面发展。

四、自主性原则

1. 引导学生辩证看待信息技术的优势和不足,形成对信息技术辩证、理性的态度和价值判断,自主地、负责地、安全地、健康地应用信息技术。

2. "学习是学习者在已有知识技能的基础上主动建构新知识、形成新技能,获得体验的过程。"因此,在确定信息技术应用方式时,应认真分析学生的个别差异和不同生活、学习经验,注重充分利用信息技术的优势为不同认知水平、不同认知风格、不同发展需要的学生创设个别化的学习环境,提供个性化的学习工具(认知工具、思维工具)和切合学生需要的交流合作工具。

五、协作性原则

1. 创设"教师—学生—信息技术—学习资源有机融合的学习环境",在充分发挥 IT 作为效能工具、交流工具、研究工具、问题解决工具和决策工具帮助实现知识技能学习目标的同时,引导学生与学生、学生与教师及信息技术之间产生多种多样的良性互动,使学生获得丰富的体验和富有个性的全面发展。

2. 与此同时,还应将 IT 支持下的交流互动与面对面的人际交往活动有机结合,创设人际交往和人机互动良性互补的学习环境,使学生有充分的社会交往机会,在真正的人际环境中获得良好的社会发展,真正实现对学生协作精神的目的性和有效性的培养。

3. 强调学习者之间的协作学习,学习分组应采用"异质同组、强调协作"的基本原则。在信息技术(尤其是网络)的支持下开展无边界的合作学习和协同活动,使不同学习风格的学生获得更公平的合作和表现机会。这是实现对学生协作精神的目的性和有效性培养的关键。

第五节　整合中信息技术运用的基本方法

按照上述基本原则,对信息技术与学科学习整合进行思考。强调"合理融入"即合理使用信息技术有机地融入学科学习实践中,从而达到激发学生学习激情、提高学习效果、培养创新精神与实践能力的基本目的。并且应注意避免陷入"为技术而技术"的误区。信息技术与生物学科的有机整合绝不是简单的堆砌,更不是哗众取宠。现代教育改革的核心内容是充分调动学生的学习激情,通过师生互动,在学生主动参与学习并完成学习目标的同时,实现对学生的创新精神与实践能力的培养。而信息技术的运用则进一步推动着学习改革的深入开展,对学生的学习方法与学习策略乃至于模式的革新都有着举足轻重的影响。如何在学习中合理而有效地运用信息技术以提高学习效率与教育质量,这是关系信息技术能否真正实现与生物学科学习有机整合的关键,而信息技术在生物学科学习中运用的基本方法是实现有效整合的最基本途径。

一、讲授型方法

在我们传统的学习过程中，最经典的模式是以教师为主，教师讲、学生听的"讲授型"模式，它是一种单向沟通的模式。计算机支持讲授（Computer Supported Lecturing）包括计算机多媒体在课堂学习中的多种应用，例如：电子讲稿制作与演示；用网络化多媒体教室支持课堂演示、示范性练习、师生对话、小组讨论等。计算机在课堂学习中的应用使传统的学习形式得到新生，并且有助于教师在信息化时代的学习过程中继续发挥其应有的作用。互联网技术介入教育后，一方面对传统的课堂学习产生了很大的影响，极大地丰富了学习的资源，增强了教师与学生、学生与学生交流的广度与深度；另一方面突破了传统课堂中人数及地点的限制，在 Internet 上实施讲授，其学习人数可以无限多，而且世界各地的学生都可以参与学习，不必集中于同一地点。基于 Internet 讲授的最大缺点是缺乏在课堂上面对教师的那种氛围，学习情境的真实性不强。

1. 同步式讲授：在这种模式中，教师和学生虽然在空间上是分离的，即不在同一地点上课，但在时间上是一致的，教师在讲的同时，学生就在听，而且，师生之间可以有一些简单的交互，这与传统模式是一样的。这种模式需要采用基于 H. 323 协议的视频会议系统来实现。这种会议系统，可以在 Internet 中实时地传输视音频信息。在学习过程中，教师在配有摄像机、话筒、电子白板、投影仪的授课教室中讲课，学生在配有同样设备的远端教室中聆听教师的授课，教师讲课形式与传统课堂讲授形式一样，在电子白板上板书，通过投影系统观察远端教室中的学生表情，通过视频控制系统接收学生的反馈信息等等。目前，在 Internet 上的视频会议系统已经有成形产品，但由于互联网络是一种共享带宽的网络，视音频传输质量是不可控的，与网络负载的情况相关，而且，可传输的视频信号有限。要解决这些问题，必须采用基于专用线路的实时交互式视频会议系统，该系统基于电信的专用线路，通信带宽可以得到稳定的保障，可达到双方或多方实时交互，即要求能够实现实时传送音频和视频。但这种系统建立在专用通信线路基础之上，专线租用费用是一般单位难以承受的。

同步式讲授的优点在于可以延续传统模式，对教师学习要求比较低，而且课堂学习氛围较好，比较适合目前的学习习惯；缺点是缺乏实质性交互，由于课堂授课时间有限，一个教师同时要面对众多的学生，绝大多数学生是无法与教师进行交互的，总体的交互水平较低。另外，同步学习要求学生学习时间与学习同步,而参与远程学习的学习者群体大、地域范围分布广,结构复杂,很难集中在一个时间在一个地点进行学习。

2.异步式讲授:异步式讲授指教师和学生不仅在空间上分离,在时间上也是分离的,即教师在讲授的时候,远端不一定有学生在听,而学生可能是在教师讲完后,在其合适的时间里去学习。异步式讲授也可以很简单地实现,只要利用 Internet 的 WWW 服务及电子邮件服务就可以满足基本要求。教师将学习要求、学习内容以及学习评测等学习材料,编制成 HTML 文件,存放在 Web 服务器上,学生通过浏览这些页面来达到学习的目的。当学生遇到疑难问题时,便以 BBS 或电子邮件的方式询问教师,教师再通过 BBS 或电子邮件对学生的疑难问题给予解答。在此过程中,学生还可阅读一些教师提供的参考资料,就像我们在学校图书馆中查找资料一样。学生不仅可以通过 BBS 或电子邮件向教师请教,也可以通过 BBS 或电子邮件与其他学习者讨论交流。

这种模式的特点在于学习活动可以全天 24 小时进行,每个学生都可以根据自己的实际情况确定学习的时间、内容和进度,可随时在网上下载学习内容或向教师请教,其主要缺点是缺乏实时的交互性,对学生的学习自觉性和主动性要求较高。这种模式要取得比较好的学习效果,必须要有一套能充分体现学习者特点,并能适合网上信息表达与传输的图、文、声并茂的优秀电子教材;要为学生提供与该课程紧密配合的大量信息资料(最好能建立一个虚拟的图书馆);此外,还要建立一个专门负责解答学生疑难问题,并能对学生做形成性评价的应答与评测反馈系统。

从上面的介绍我们可以看到,讲授型模式是学习行为和学习行为相分离的远程教育模式中的一种,和正规的课堂模式有很大的不同。

二、个别辅导方法

个别辅导(Tutorial)是经典的信息化模式之一,此模式企图在一定程度上通过计算机来实现教师的指导性学习行为,对学生实施个别化学习,其基本学习过程为:计算机呈示与提问——学生应答——计算机判别应答并提供反馈。在多媒体方式下,个别辅导型学习软件的学习内容呈示可变得图文并茂、声色俱全,并可使交互形式更为生动活泼。如果进行个别辅导的学习软件具有一定的智能性的话,则称智能辅导,严格地讲,智能导师也是个别辅导的一种,因为它需要借助人工智能技术来实现,因此又称为智能导师系统。智能导师系统(Intelligent Tutoring System,简称ITS)是利用人工智能技术来模拟"家教"的行为,允许学生与计算机进行双向问答式对话。一个理想的智能导师系统不仅要具有学科领域知识,而且要知道学生的学习风格,还能理解学生用自然语言表达的提问。然而,世界上迄今所建立的此类系统能达到实用水平的屈指可数。

基于互联网的个别辅导模式指远程学习中的个别化学习,教师只是在学生遇到障碍或问题的时候,通过网络给予及时的辅导和帮助。这种模式可通过基于 Internet 的 CAI 软件以及教师与单个学生之间的密切通信来实现。

基于 Internet 的 CAI 软件主要有三种方式:第一种是各种 CAI 软件以软件资料库形式存放在 Internet 上,供学习者自由下载。学习者将 CAI 软件下载到本地计算机,然后再运行该软件进行个别化学习。第二种方式是直接在网上运行用 Java 语言编写的 CAI 软件。由于 Java 语言编制的程序可被目前的主流浏览器解释执行,故可实现软件的跨平台运行,这对基于 Internet 的学习应用具有重要意义。因此利用 Java 语言编写嵌在 Web 网页中的 CAI 软件是 Java 应用程序开发的主要内容之一,也是目前开发网络 CAI 软件的主流方向。内嵌在 Web 页面中的 Java CAI 软件大大增强了学习材料的交互性与实时性。由于它支持多媒体功能,因此可将多媒体信息引进 CAI 软件中并结合单机 CAI 软件工作模式(如操练、讲解、模拟、演示、游戏等等),从而真正营造一个基于 Internet 网络的个别化学习系统。这种模式的最大优点在于它有很高的性能价格比,一次编制 CAI 程序可以跨所有平台运行,成千上万的学习者几乎可以同时使用该软件。显然,这将极大地拓展 CAI 软件所涵盖的范围。第三种在 Internet 上应用 CAI 的方式是基于网络的协作学习系统。

学生和教师之间的个别指导和帮助可以通过电子邮件异步非实时地实现,也可以通过 Internet 上的在线交谈(IRC)方式实时实现。前者的优点在于学生可以随时向教师请教,但不能马上得到辅导;后者可以得到教师的即时讲解,就像面对面一样,但它要求学生和教师同时连入网络,对距离较远的教师和学生来说,这种时间同步性的要求往往难以满足。

应用实例:Watsatch 教育系统的科学模拟

美国从小学到高中的学生都可以在 Watsatch 教育系统有限公司开发的集成学习系统的帮助下学习关于地球、生命和物理科学领域中的概念和问题解决的技巧。在这个系统的三个科学领域中,每个领域都有六个学习单元。教室中的每台计算机都是联网的,因而所有的学习软件和学生执行软件时的数据都可以存入文件服务器上。这种配置减少了软件维护和分发的问题,便于产生各种诸如个人、班级和学校的进程报告。

在这个系统中,每个单元都是围绕着模拟科学现象来设计的。对于不同的单元,系统还为学生提供了不同的学习工具,如:用来记录观察结果的电子数据库、用于记笔记的电子笔记本、计算器、词汇表、作图工具等,此外,系统还提供了一个电子邮件工具,使教师和学生、学生和学生之间可以充分交流,使教师容易了解学生的学习进度及存在的问题,从而给出及时的、有针对性的辅导。这样,在这些模拟场景中,学生在系统工具和教师的辅导下,可以对这些科学现象进行研究:决定观察、测量、收集和记录哪些数据,并分析这些数据、得出结论、写出观察总结等。

例如:在天气这一单元,学生使用模拟的仪器测量美国主要八个城市的天气。有两个温度计用来测量温度,一个以摄氏度测量,一个以华氏度测量;风速计用来测量风速;风标用来测量风向;雨量器用来测量降水量;气压计用来测量气压。在基于计算机的课程中,学生将学到每种仪器的用途,以及怎样收集和读取数据。模拟环境提供了美国八个主要城市 3 月份的天气数据。在学习开始之前,教师指导模块已经提出了学生可以探索的各种各样的问题,如:查找天气数据属于哪个模式、比较暴雨前后的气压、风向改变怎样影响其他天气数据等,学生在学习过程中,可以选择一个或几个问题,然后选择一个城市的某天某时作为测量对象,在系统提供的工具(上面已经介绍过)和教师的帮助下,读取各个模拟仪器上的数据,对数据进行收集和分析,做出合理的总结和推测。

三、操练与练习

操练与练习是发展历史最长而且应用最广的信息化模式,此类学习软件不向学生教授新的内容,而是由计算机向学生逐个呈示问题,学生在机上作答,计算机给予适当的即时反馈。运用多媒体,可将许多可视化动态情景作为提问的背景。应当注意,从严格意义上说,操练(Drill)与练习(Practice)之间是有一定概念区别的:操练基本上涉及记忆和联想问题,主要采用选择题和配伍题之类的形式;练习的目的重在帮助学生形成和巩固问题求解技能,大多采用短答题之类的形式。

操练与练习型课件所提供的学习方式是逐个或一批批地向学生提出问题,当学生输入回答后,计算机判断其正确与否,并根据学生回答的情况给予相应反馈,以促进学生掌握某种知识与技能技巧。通常,当学生答对时,计算机予以适当鼓励,强化学生的理解与记忆;当学生答错时,计算机给予适当提示与帮助,或者让学生再试一遍。操练与练习的问题相当多,直到学生对该知识或技能的掌握达到要求为止。这种课件像教师提问一样,可帮助学生复习和巩固已学知识。

操练与练习之间是有区别的。操练是通过大量的术语与事实间的重复对比联系,帮助学生建立起有关事物之间联系的联想记忆和某些规律的快速回忆。练习则是为了获得一种过程性技能技巧。它通过一系列问题,让学生一方面建立知识间的联想联系,另一方面还要具有掌握在何时应用何种知识、做何种决定的能力,形成一种习惯性的过程性技能。操练与练习的学习方式都是通过大量的提问—回答—判断反馈,使学生建立起问题与回答之间的牢固联系,从而理解与掌握该项知识与技能的技巧。

应用操练与练习模式的主要方式是自我训练。自我训练是让每个学生个别使用课件的训练,这种训练方式缩短了刺激—反应的时间间隔,使学生的正确操作和联想得到及时的肯定,错误的联想和操作及时得到纠正,从而可较快地建立起联想知识结构并转化为长期记忆,防止了其他干扰(如抄袭作业、与周围同学比较时产生的心理干扰等);习题的不断变化和反馈用语与图形的变化可以增加学生学习的兴趣;附带的成绩与错误记录可以使学生了解自己的能力与不足。这种方式还可省教师选择习题和批改作业的大量劳动。

四、讨论学习方法

讨论学习指在教师的指导下,学生围绕某一主题或中心内容,积极主动地发表观点、互相争论,以掌握学习内容的学习方法。讨论模式可以激发学生的学习热情和创造思维,增加学生之间的协作和交流,同时,也能提高学生的思考能力、阅读能力和多种方式的表达能力。讨论模式在具体的学习实践中主要有四种表现形式:第一,问题式的讨论法。教师精心设计一些适合学生的问题,引导学生进行讨论。问题式讨论法可用于学习的开始、学习的结束等环节。这些问题一般都是教师已经设计好的。第二,随机式的讨论法。教师根据学生的情绪反应和认知反馈,随时调整学习进程,让学生去讨论。这是一种很有新意且适用性强的讨论法,在课堂讲授型学习中用得较多,如:当教师发现很多学生对学习的内容不感兴趣或产生疑惑时,可随机抽取时间,让学生进行讨论,来调节课堂气氛并帮助学生深入建构知识。第三,实验式讨论法。根据实验的内容提出问题或根据实验中遇到的问题展开讨论。此学习方法多用于化学实验、物理实验等,以使学生能深入思考实验中存在的问题。第四,习题式讨论法。在习题学习中,让学生发现问题或教师诱导出问题而引发讨论。这种讨论方法是学生主体作用发挥最充分的过程,是学生暴露知识缺陷、暴露思维的过程。

在 Internet 上实现讨论学习的方式有多种,最简单、最实用的是利用现有的电子布告牌系统(BBS)。这种系统具有用户管理、讨论管理、文章讨论、实时讨论、用户留言、电子信件等诸多功能,因而很容易实现讨论模式。这种模式一般是由专职教师监控,即由各个领域的专家或专业教师在站点上建立相应的学科主题讨论组,学生可以在自己学习的特定主题区内发言,并能针对别人的意见进行评论,每个人的发言或评论都即时地被所有参与讨论的学习者所看到。这种学习过程必须由具有特权的领域专家监控,以保证学生的讨论和发言符合学习目标的要求,避免讨论偏离当前学习的主题。

应用实例:第二语言的学习

第二语言的学习一直是一个很难、很复杂的问题。美国得克萨斯大学一位"英语能力培养"的教师在教授外国学生学习写作时便很好地运用了讨论式模式。她在得克萨斯大学的计算机辅助协作实验中心辅助学生学习各种写作,如短文、诗歌等。每当学生完成了一份作业,她就将其传送给其他学生,显示在屏幕上,然后组织所有的人对其进行讨论,所有学生的意见都输入到和该作业相关的主题下,使全班同学都能看到,大家共同找出作业的优缺点及改进意见。在讨论的过程中,也大大地提高了学生的书写表达能力。对这个系统中学生的交流进行分析表明:和学生的讨论相比,教师所说的话只占很小的比例,在整个课堂上,学生进行讨论的时间占 65% ~75%。以网络计算机等方式改变课堂环境后,极大地改善了教师与学生的交流模式。因为面对屏幕和键盘比在同伴和教师面前发表自己的见解的压力要小。通过与网络计算机的相互作用,学生更易交流,更能够在谈判和提高问题解决技能方面得到锻炼。

五、协作学习

计算机支持协作学习(Computer Supported Cooperative Learning 或 Computer Supported Collaborative Learning,CSCL)是与传统的个别化 CAI 截然不同的概念。个别化 CAI 注重人机交互活动对学习的影响,CSCL 强调利用计算机支持学生同伴之间的交互活动。在计算机网络通信工具的支持下,学生可突破地域和时间上的限制,进行同伴互教、小组讨论、小组练习、小组课题等协作性学习活动。

协作学习和个别化学习相比,有利于促进学生高级认知能力的发展,有利于学生健康情感的形成,因而受到广大教育工作者的普遍关注。基于网络的协作学习是指利用计算机网络以及多媒体等相关技术,由多个学习者针对同一学习内容彼此交互和协作,以达到对学习内容比较深刻理解与掌握的过程。在基于 Internet 网络的协作学习过程中,基本的协作模式有如下几种:

1. 竞争:竞争是指两个或多个学习者针对同一学习内容或学习情景,通过 Internet 进行竞争性学习,看谁能够首先达到学习目标的要求。由于学习者的竞争关系,学习者在学习过程中,会很自然地产生人类与生俱来的求胜本能,所以学习者在学习过程中会全神贯注,使学习效果比较显著。基于竞争模式的网络协作学习,一般是由学习系统先提出一个问题或目标,并提供学生解决问题或达到目标的相关信息。学习者在开始学习时,先从网上在线学习者名单中选择一位竞争对手(也可选择计算机作为竞争对手),并协商好竞争协议,然后开始各自独立地解决学习问题。在学习过程中,学习者可看到竞争对手所处的状态以及自己所处的状态,学习者可根据自己和对方的状态调整自己的学习策略。如果在学习过程中,一个学习者的行为能影响其他学习者的处境,那么竞争就会与学习目标结合得更加紧密。如:在学习游戏 Moptown Hotel 中,两个游戏者要把客人安排到 16 个旅馆房间里。但是必须要考虑到每位客人的不同性格,以便使同一房间中所有客人能和睦相处。游戏者的目标就是把尽可能多的客人都安排到房间里。但是,一个游戏者把一个客人安排到房间里就会给另一个游戏者的安排增加限制条件。在这个学习游戏中,学生在兴趣和竞争的驱动下,能对不同类型人的性格进行迅速分析和识别,促进知识的意义建构过程。

2. 协同:协同是指多个学习者共同完成某个学习任务,在共同完成任务的过程中,学习者发挥各自的认知特点,相互争论、相互帮助、相互提示或者是进行分工协作。学习者对学习内容的深刻理解和领悟就在这种和同伴紧密沟通与协调协作的过程中逐渐形成。基于 Internet 网络的协同学习系统,可让多个学习者通过网络来解答系统所呈现的同一问题。他们之间的交流和协作通过公共的工作区来实现,一般都要进行紧密的协作或分工才有可能解决问题。在开始之前,每个学习者都必须与其他学习者讨论,交流彼此的观点并共享集体的智慧,最终在学习者之间达到一致的行动方案。学习者可以选择他们自己认为最有效、最合适的协作方式。

3. 虚拟学伴:虚拟学伴系统(Virtual Learning Companion System,简称 VLCS)是利用人工智能技术,让计算机来模拟教师和同级学生的行为。关于人工智能在 CAI 中的作用,存在着一个认识不断发展的过程。20 世纪 80 年代初提出智能导师系统的概念,即企图用计算机模拟教师的行为;20 世纪 80 年代中期提出让计算机扮演学习者的角色,而不是当教师;20 世纪 80 年代末期更进一步提出了让计算机同时模拟教师和学生(多个或至少一个)的行为,从而形成一个虚拟的社会学习系统。

4. 虚拟学习社区:指利用网上群体虚拟现实工具 MUD/MOO 支持异步式学习交流的形式。MUD/MOO 是 20 世纪 90 年代中期才开始在 Internet 上流行起来的多用户异步通信系统,MUD 代表虚拟的多用户空间(Multi User Dimension)。MOO(Multi user dimension Object Oriented)是由 MUD 发展而来的,是一种面向对象的 MUD,它通过对由各种 MOO 对象构成的核心数据库的共享来向用户提供虚拟社会环境。每一个用户通过自己的客户机程序进入 MOO。MOO 提供实时的在线通信,它引入房屋空间隐喻的概念,使得在实际地理位置上处于分离状态的用户能够在一个共同机制中进行交互和协作。

MUD/MOO 本来是为支持网上虚拟社会中的交际活动而设计的,但近年来,MUD/MOO 越来越多地被应用于教育和研究工作中,它给网上协作学习提供了新颖而有效的手段。一个教育 MOO 有一个学术主题,它利用 MOO 提供的各种通信工具,如电子邮件、电子报纸、文档、电子白板、虚拟教室等,来支持各种学习活动和校园文化。

5. 协同实验室:网上协同实验室(Collaboratory 或简称 Collab)是对真实实验环境和虚拟实验平台的集成,它实现了基于网络问题的求解过程。在协同实验室中,学生可以同学习伙伴一起设计实验,并通过模拟软件观看到实验结果。直到他们认为方案成熟,就可以转移到真实的实验环境中完成实验,以验证真实的情形。学生的所有行为都会被系统记录,以供进一步研究找出最佳学习路径或分析实验中的交互行为。

网上协同实验室中的学生组成一个个学习小组,所有学习小组构成一个学习型社会。在实验过程中,只有组长能够控制实验器材,获取实验数据,其他成员只是向组长提供想法和观察实验结果。当然,组内的每一名成员都进行了明确的分工,他们各司其职。教师在整个实验过程中监控每一个成员的表现和实验结果。

6. 基于 Internet 的远程协商:为了达到某一学习目标,在不同国度、地区或城市,各自选择几所学校作为实验学校。在不同实验学校内,各自组成若干个协作学习小组,小组同学内部分工、协同,分别进行问题探索。环绕同一主题,不同学习小组的学生通过 Internet,寻找与主题相关的信息与资源。各个小组分别制作自己的学习成果,学习成果可以是竞争型的,从而在各小组中进行比较、评比;学习成果也可以是互补型的,如都是某一大课题下的子课题,从而各小组共同完成一个大的课题。一般来说,学习成果以网页表现为宜,这样使各个实验学校的学生都能方便地看到所有小组的学习成果。最后,所有的学生对所有的成果进行一定的讨论和分析,发表意见,互相交流。

7. 伙伴:在现实生活中,学生们常常与自己熟识的同学一起做作业。没有问题时,大家各做各的,当遇到问题时,便相互讨论,从别人的思想中得到启发和帮助。同伴学习系统与此类似,它可以使学生在学习过程中感觉到他并不是孤独的,而是有一位伙伴可以互相支持、互相帮助,当一方有问题时,他可以随时与另一方讨论。由于个人的思考范围有限,若在学习过程中,能和伙伴相互交流、相互鼓励将可达到事半功倍的效果。利用 Internet 网络,使学生可供选择的学习伙伴更多了,而且具有更多的便利条件。在这种系统中,学习者通常先选择自己要学习的内容,并通过网络查找正在学习同一内容的学习者,选择其中之一,经双方同意结为学习伙伴。当其中一方遇到问题时,双方便相互讨论,从不同角度交换对同一问题的看法,相互帮助和提醒,直至问题解决。当他们觉得疲倦的时候,还可以在聊天区闲聊一会儿,使得学习过程不再枯燥和孤单,而是充满乐趣和友谊。

8. 角色扮演:角色扮演通常有两种不同的形式——师生角色扮演和情境角色扮演。师生角色扮演就是让不同的学生分别扮演学习者和指导者的角色,学习者被要求解答问题,而指导者则检查学习者在解题过程中是否有错误。当学习者在解题过程中遇到困难时,指导者帮助学习者解决疑难。在学习过程中,他们所扮演的角色可以互换。让学生分别扮演指导者和学习者的前提是他们对所学习的问题有"知识上的差距",怎样衡量和认识这种知识上的差距是运用这种学习策略的难点之一。情境角色扮演是要求若干个学生,按照与当前学习主题密切相关的情境分别扮演其中不同的角色,以便营造一种身临其境的气氛,使学生能设身处地地去体验、去理解学习的内容和学习主题的要求,从而更好地实现意义建构的学习策略。相对来说,情境角色扮演的适应范围更广,对学生的要求也较低。

情境角色扮演模式适合于较复杂学科的学习。它既适应于同步学习,又适应于异步学习,具有很强的推广价值。同时,它的运用方式也非常灵活,可以是"派别式",也可以是"演员式"。"派别式"即学生选择加入持不同观点或有不同重点的派别,然后扮演该派别中举足轻重的人物,以其身份发言,阐述其思想和观点,从而在不同派别的交流中理解不同派别的思想,深化自己对问题的认识。这种学习形式很适合理论探讨、学术辩论。在学习中,我们发现,只要将上述模式稍加修改,就可以适应"演员式"(学生像电影中的演员角色一样,以唯一身份进入情境,进行角色扮演学习)的学习形式。在这种学习形式中,学生分别扮演某一事件或某一故事中的人物,大家按照事件或故事的原型对其进行发展,在身临其境中达到意义建构的目的。这种学习形式具有更灵活、更广阔的使用范围。"演员式"角色扮演在我们平时的学习中已经得到了广泛的应用,如:在高中生学习"鸿门宴"的语文课中,学生可以分别扮演刘邦、项羽、张良、范增、项庄、樊哙等历史人物,切身体会当时紧张激烈的斗争场面和复杂的人物关系;在本科生学习与法律有关的课程中,学生可以分别扮演法官、陪审员、原告、被告、证人等不同角色,从各个角度来分析案件、学习法律知识。

六、头脑风暴学习

头脑风暴指在规定的时间内,众多人围绕一个主题或问题,在不对别人的见解有任何批评和指责的前提下,尽量展开自己的想象思维,随意发表自己的见解,从而寻求问题解决策略的模式。这种模式多用于发现式学习、问题解决式学习和抛锚式学习,它有利于培养学生自由发挥和想象的能力,培养学生的发散思维和创新思维。如,在高中化学学习如何在实验室中制取氧气的课程中,我们采用头脑风暴的学习策略,其整个学习过程如下:

1.教师公布头脑风暴学习开始的时间。

2. 学生登录到头脑风暴演讲厅。

3. 教师宣布题目(如何在实验室中制取氧气)、开始时间、结束时间。

4. 学生针对题目自由发言。

5. 时间到,学习结束,教师做总结发言,综述主要的观点,帮助学生进行归纳和总结,总结发言过程中存在的问题与不足,对学生的表现做适当的评价。

要实现如上所述的头脑风暴式学习,系统应提供的支持工具有:

信息提交工具。允许教师提交学习开始的时间及相关规则。

演讲工具。为教师和学生提供丰富的演讲功能。

计时工具。当教师宣布开始时,以教师提交的时间为基础立即开始计时,当时间到时,将不再允许任何学生发言。

由此可见,头脑风暴模式简单易行,只要将一个有登录功能的聊天室或BBS加上计时功能,并为教师提供一个可以组织学习的设计模板(只需能提交开始时间、学习规则等简单信息)即可。而且,教师和学生也不需要掌握复杂的规则和计算机功能、技巧等。此外,头脑风暴还可以促进学生之间的感情交流,起到加强协作和沟通的目的。由此可见,头脑风暴必然能吸引学生的兴趣,将其应用在一门课程的学习过程中,必然会提高学习的效率和效果。不过,在应用中,我们还应注意以下几个问题:

1. 题目和问题的选择

题目和问题的选取非常重要。教师只有选择那些让学生有很大发挥空间,并且又在其最邻近发展区(学生无法立即解决,可通过思考和讨论能够解决)的题目和问题,才能激发学生的学习兴趣和内在的思考潜力,才能让他们有创造和想象的空间,培养他们的创新能力。

2. 随便发表见解

这是头脑风暴的核心所在。所有的人都不允许对别人的观点和见解有丝毫的批评和指责,否则,将会抑制一个人的思考能力,打断他的后续思想,破坏他的整个思维模式,这和我们的目的是严格相反的。在没有任何人打扰的情况下,大家会从各个角度、各个层次来分析、探讨问题。每个人的发言对他人来说也许没有用处,也许提供了一个独特的思索角度、方法和空间,从而成为寻求问题解决策略的突破口。在不断的探讨中,大家会从一开始观点的杂乱无章中汇总出一个或几个可行的方案,提供解决问题的多种方法。此外,在此过程中,学生在深化自己思想的同时,还能吸收别人的思索方法和技能,不断地培养自己的问题解决技能体系。

3. 时间限制

头脑风暴成功的另一个关键因素在于时间的限制。时间范围不宜过长，也不能过短，这和问题的难度、学生的人数和学生的水平有很大关系，需要教师在实践中逐渐把握。只有恰当的时间限制，才能使学生既有紧迫感、促进他们积极思索的过程，又能使学生有一定的成就感、不打击他们的学习兴趣和积极性。

七、协作调查学习

调查学习法与协作学习本来是两种不同的信息化模式。调查学习本来是一种个别化 CAI 模式，但经过精心设计也可赋予协作的意义。我们所选的范例是由调查学习法与协作学习法相结合而成的，是让学生通过对事实的调查，来探索知识，获得知识的学习方法。一般包括说明、任务、资源、调查、评价、结论六个部分。说明部分用于提出要学生解决的问题，任务部分罗列出学习任务，资源部分给出有关的文章、参考书和网上的资源。在调查过程中学生被分成几个小组，每个小组承担一定的调查任务，从不同的角度进行调查，得出分组的调查报告。在评价部分对学生的调查结果进行评定，在结论部分给出令人信服的结论，并将调查结果编制成网页供大家浏览。

八、基于资源的学习

基于资源的学习（Resources Based Learning）由来已久，不是信息化教育特有的，基于资源的学习就是要求学生利用各类资源进行自学。在信息化教育的范围内，基于资源的学习从量与质两方面来说都不可同日而语。现代信息技术，特别是多媒体与计算机网络技术的应用，为学习者提供了极为丰富的电子化学习资源，包括数字化图书馆、电子阅览室、网上报刊和数据库、多媒体电子书等。Internet 上蕴藏着无穷无尽的信息。学习者只要掌握了一定的网络通信操作技能，就可以通过各种网上检索机制，方便快捷地获取自己所需要的知识从而进行高效的学习。

除了信息资源外，人力资源也是极有价值的学习资源。这里所谓的人力资源，就是指可能有助于学生学习和使学生感兴趣的人。通过计算机网络，学习者可以不受时间与空间限制，接触到世界各地的人，他们在不施加任何压力的情况下给学习者以帮助,向学习者介绍自己所拥有的知识、经验、特定的技能和能力。

基于资源学习的主要目标是为学生提供各种机会,使他们在获得基本知识的同时,形成独立的学习技能,而只有具备了这些独立的学习技能才能使学生成为终身学习者。要完全实现这一目标就需要在课堂学习中实施基于资源的学习。

基于资源的学习具有以下几个特征:

学生积极地参与学习;根据学习目标设计学习经验(活动);在相关的有具体意义的学习单元的情境中确定和教授学习策略与技能;广泛利用各种资源;学习场所根据具体情况而有所不同;教师可以运用多种学习技术;教师作为学习的促进者,引导、监控和评价学生的学习进程;许多教师协作,实施跨年级和跨学科的基于资源的学习。

国外教育专家总结了基于资源的独立模式,将它概括为七个步骤,并用每个步骤的英文首字母拼成为 SUCCEED,恰好意味着"成功"。该模式指出了使学生成为终身学习者的必要策略,其基础是基于学校的学习技能设计。

S:选择和确定主题和信息需求。

U:去发现潜在的学习资源,学会如何得到它们。

C:收集、检查和选择合适的资源。

C:从选定的资源中找出相关信息并加以整理。

E:对信息进行评价、解释、分析和综合。

E:以恰当的形式来呈现信息。

D:确定整个过程的效果如何。

不管是短期的活动还是长期的项目,活动前精心的设计安排是基于资源学习成功的基本因素。为了便于系统地对活动进行设计,基于资源学习的设计模式来源于当代的学习开发模式。设计基于资源学习的 EFFECTIVE 模式:

E:根据课程指南形成总目标和具体的目标。

F:注重学习者对他们以前的知识技能的测定。

F:简洁地表述基于资源学习活动的具体目标。

E:确定学习策略、技术和学习活动。

C:选择学习资源和场所。

T:制定出使用资源、设备和人员的时间表。

I：实施计划。

V：验证学习是否的确在进行。

E：评价学生的成绩和学习过程。

九、支架式学习

根据欧共体"远距离教育与训练项目"（DGXⅢ）的有关文件，支架式学习被定义为："支架式学习应当为学习者建构对知识的理解提供一种概念框架（Conceptual Framework）。这种框架中的概念是为发展学习者对问题的进一步理解所需要的，为此，事先要把复杂的学习任务加以分解，以便把学习者的理解逐步引向深入。"很显然，这种学习思想是来源于苏联著名心理学家维果斯基的"最邻近发展区"理论。维果斯基认为，在儿童智力活动中，对于所要解决的问题和原有能力之间可能存在差异，通过学习，儿童在教师帮助下可以消除这种差异，这个差异就是"最邻近发展区"。换句话说，最邻近发展区定义为，儿童独立解决问题时的实际发展水平（第一个发展水平）和教师指导下解决问题时的潜在发展水平（第二个发展水平）之间的距离。可见儿童的第一个发展水平与第二个发展水平之间的状态是由学习决定的，即学习可以创造最邻近发展区。因此学习绝不应消极地适应儿童智力发展的已有水平，而应当走在发展的前面，不停顿地把儿童的智力从一个水平引导到另一个新的更高的水平。

建构主义者正是从维果斯基的思想出发，借用建筑行业中使用的"脚手架"（Scaffolding）作为上述概念框架的形象化比喻，其实质是利用上述概念框架作为学习过程中的脚手架。如上所述，这种框架中的概念是为发展学生对问题的进一步理解所需要的，也就是说，该框架应按照学生智力的"最邻近发展区"来建立，因而可通过这种脚手架的支撑作用（或"支架作用"）不停顿地把学生的智力从一个水平提升到另一个新的更高水平，真正做到使学习走在发展的前面。

支架式学习由以下几个环节组成：

1. 搭脚手架——围绕当前学习主题，按"最邻近发展区"的要求建立概念框架。

2. 进入情境——将学生引入一定的问题情境（概念框架中的某个节点）。

3. 独立探索——让学生独立探索。探索内容包括：确定与给定概念有关的各种属性,并将各种属性按其重要性大小顺序排列。探索开始时要先由教师启发引导(例如演示或介绍理解类似概念的过程),然后让学生自己去分析;探索过程中教师要适时提示,帮助学生沿概念框架逐步攀升。起初的引导、帮助可以多一些,以后逐渐减少,愈来愈多地放手让学生自己探索,最后要争取做到无须教师引导,学生自己能在概念框架中继续攀升。

4. 协作学习——进行小组协商、讨论。讨论的结果有可能使原来确定的、与当前所学概念有关的属性增加或减少,各种属性的排列次序也可能有所调整,并使原来多种意见相互矛盾且态度纷呈的复杂局面逐渐变得明朗、一致起来。在共享集体思维成果的基础上达到对当前所学概念比较全面、正确的理解,即最终完成对所学知识的意义建构。

5. 效果评价——对学习效果的评价包括学生个人的自我评价和学习小组对个人的学习评价,评价内容包括:(1)自主学习能力;(2)对小组协作学习所做出的贡献;(3)是否完成对所学知识的意义建构。

应用实例:澳大利亚"伟治—柏克小学"所做的教改试验

试验班由三年级和四年级的学生混合组成,主持试验的教师叫玛莉,要进行的学习内容是自然课中的动物。玛莉为这一学习单元进行的学习设计主要是,让学生自己用多媒体计算机设计一个关于本地动物园的电子导游,从而建立起有利于建构"动物"概念框架的情境(如前所述,概念框架是实现支架式学习的基础,它是帮助学生智力向上发展的"脚手架")。玛莉认为这种情境对于学生非常有吸引力,因而能有效地激发起他们的学习兴趣。她把试验班分成若干小组,每个小组负责开发动物园中某一个展馆的多媒体演示。玛莉让孩子们自己选择:愿意开发哪一个展馆和选哪一种动物,是愿意收集有关的动物图片资料还是愿意为图片资料写出相应的文字说明,或是直接用多媒体工具去制作软件,都由孩子们自己选择。然后在此基础上组成不同的学习小组。这样,每个展馆就成为学生的研究对象,孩子们都围绕自己的任务努力去搜集材料。例如,他们到动物园的相应展馆去实地观察动物的习性、生态,到图书馆和 Internet 去查询有关资料,以获取动物图片和撰写说明(将学生引入一定的问题情境,使学生处于概念框架中的某个节点)。在各小组完成分配的任务后,玛莉对如何到图书馆和 Internet 上搜集素材适时给学生以必要的帮助,对所搜集的各种素材重要性大小的分析比较也给学生以适当的指导(帮助学生沿概念框架攀升)。然后玛莉组织全试验班进行交流和讨论。这种围绕一定情境进行自我探索的学习方式,不仅大大促进了学生学习的自觉性,充分体现了学生的认知主体作用,而且在此基础上开展的协作学习,只要教师引导得法将是加深学生对概念理解、帮助学生建构知识意义的有效途径。例如,在全班交流过程中演示到"袋鼠"这一动物时,玛莉向全班同学提出一个问题:"什么是有袋动物?除了袋鼠有无其他的有袋动物?"有些学生举出"袋熊"和"卷尾袋鼠"。于是玛莉又问这三种有袋动物有何异同点?并让学生们围绕这些异同点展开讨论,从而在相关背景下,锻炼与发展了儿童对事物的辨别、对比能力。玛莉在这里连续向学生提出的几个问题,可看作按照维果斯基的"最邻近发展区"理论、用支架式学习法将学生的概念理解从一个水平提高到另一个新水平的典型例证。

十、抛锚式学习

这种学习要求建立在有感染力的真实事件或真实问题的基础上。确定这类真实事件或问题被形象地比喻为"抛锚",因为一旦这类事件或问题被确定了,整个学习内容和学习进程也就被确定了(就像轮船被锚固定一样)。建构主义认为,学习者要想完成对所学知识的意义建构,即达到对该知识所反映事物的性质、规律以及该事物与其他事物之间联系的深刻理解,最好的办法是让学习者到现实世界的真实环境中去感受、去体验(即通过获取直接经验来学习),而不是仅仅聆听别人(例如教师)关于这种经验的介绍和讲解。由于抛锚式学习要以真实事例或问题为基础(作为"锚"),所以有时也被称为"实例式学习"或"基于问题的学习"。

抛锚式学习由这样几个环节组成:

1.创设情境——使学习能在和现实情况基本一致或相类似的情境中发生。

2.确定问题——在上述情境下,选择出与当前学习主题密切相关的真实性事件或问题作为学习的中心内容(让学生面临一个需要立即去解决的现实问题)。选出的事件或问题就是"锚",这一环节的作用就是"抛锚"。

3.自主学习——不是由教师直接告诉学生应当如何去解决面临的问题,而是由教师向学生提供解决该问题的有关线索(例如需要搜集哪一类资料、从何处获取有关的信息资料以及现实中专家解决类似问题的探索过程等),并要特别注意发展学生的"自主学习"能力。自主学习能力包括:(1)确定学习内容表的能力(学习内容表是指,为完成与给定问题有关的学习任务所需要的知识点清单);(2)获取有关信息与资料的能力(知道从何处获取以及如何去获取所需的信息与资料);(3)利用、评价有关信息与资料的能力。

4. 协作学习——讨论、交流,通过不同观点的交锋,补充、修正、加深每个学生对当前问题的理解。

5. 效果评价——由于抛锚式学习要求学生解决面临的现实问题,学习过程就是解决问题的过程,即由该过程可以直接反映出学生的学习效果。因此对这种学习效果的评价往往不需要进行独立于学习过程的专门测验,只需在学习过程中随时观察并记录学生的表现即可。

抛锚式模式(Anchored Learning)的实质是将学习"锚"接于(即安排在)有意义的问题求解环境中,这些有意义的问题求解环境被称作"大环境"(Macro Context),因为它包括复杂的环境要素,要求学生系统地解决一系列相关的问题。每个环境能够支持学生进行持续的探索,学生能够在几个星期甚至几个月时间内从多种角度对其中的问题进行持续的求解,而且各个"锚点"(及其伴随的学习事件)都能够提供多课程的延伸。

抛锚式学习环境"杰斯柏探险"系列就是一个典型的情景化学习环境的例子。它的故事主线是主人公及其朋友的一系列探险活动。探险活动覆盖复杂的旅行计划、统计和商务计划、地理和几何等领域。每个探险活动都提供非常丰富的环境,产生"解决问题、推理、交流的多种可能,并且产生与其他知识领域如自然科学、社会科学、文学和历史等学科的链接"。这个学习环境将电视与计算机两种媒体结合起来,由视频媒体叙述杰斯柏及其朋友的探险活动,从而提供故事情景,在此基础上,学生能够利用计算机介入并参与其中的探险,对其中产生的问题提出自己的解决方案,进行发现式学习和积极的问题求解。更可贵的是,故事的发展是由学生对问题的解决所决定的,不同的解决方法将产生不同的故事结果。

十一、随机进入学习

由于事物的复杂性和问题的多面性,要做到对事物内在性质和事物之间相互联系的全面了解和掌握,即真正达到对所学知识的全面而深刻的意义建构是很困难的。往往从不同的角度考虑可以得出不同的理解。为克服这方面的弊病,在学习中就要注意对同一学习内容,要在不同的时间、不同的情境下,为不同的学习目的、用不同的方式加以呈现。换句话说,学习者可以随意通过不同途径、不同方式进入同样学习内容的学习,从而获得对同一事物或同一问题的多方面的认识与理解,这就是所谓"随机进入学习"。显然,学习者通过多次"进入"同一学习内容将能达到对该知识内容比较全面而深入的掌握。这种多次进入,绝不是像传统学习中那样,只是为巩固一般的知识、技能而实施的简单重复。这里的每次进入都有不同的学习目的,都有不同的问题侧重点。因此多次进入的结果,绝不仅仅是对同一知识内容的简单重复和巩固,而是使学习者获得对事物全貌的理解与认识上的飞跃。

随机进入学习的基本思想源自建构主义学习理论的一个新分支——"认知灵活性理论"(cognitive flexibility theory)。这种理论的宗旨是要提高学习者的理解能力和他们的知识迁移能力(即灵活运用所学知识的能力)。不难看出,随机进入学习对同一学习内容,在不同时间、不同情境下,为不同的目的、用不同方式加以呈现的要求,正是针对发展和促进学习者的理解能力和知识迁移能力而提出的,也就是根据认知灵活性理论的要求而提出的。

进入学习主要包括以下几个环节:

1. 呈现基本情境:向学生呈现与当前学习主题的基本内容相关的情境。

2. 随机进入学习:取决于学生"随机进入"学习所选择的内容,而呈现与当前学习主题的不同侧面特性相关联的情境。在此过程中教师应注意发展学生的自主学习能力,使学生逐步学会自己学习。

3. 思维发展训练:由于随机进入学习的内容通常比较复杂,所研究的问题往往涉及许多方面,因此在这类学习中,教师还应特别注意发展学生的思维能力。

4. 小组协作学习:围绕呈现不同侧面的情境所获得的认识展开小组讨论。在讨论中,每个学生的观点在和其他学生以及教师一起建立的社会协商环境中受到考察、评论,同时每个学生也对别人的观点、看法进行思考并做出反应。

5. 学习效果评价:包括自我评价与小组评价,评价内容与支架式学习的相同。

十二、游戏化学习

学习游戏(Gaming)是寓学习于游戏之中。学习游戏提供和控制一种富有趣味性和竞争性的学习环境,激发学生的学习动机,使学生在富有学习意义而且学习目标明确的游戏活动中得到训练或是有所发现,取得积极的教育效果,学习游戏强调学习性,有着明确的学习目标和具体的学习内容,并且含有经过仔细考虑的学习策略。切不可将其等同于那些以娱乐为目标的电子游戏。电子游戏没有学习目标,没有学习内容,也不考虑学习策略,其目的是让使用者得到娱乐,最多是训练了使用者的手眼联动操作。

学习游戏应该具有如下一些要素:1. 一个竞争目标,即从初始状态出发,经过游戏参与者的决策和动作(输入),最后一定能够达到胜负(或平局)的状态;2.两方以上的游戏参与者,其中的一方可以由计算机扮演;3.游戏规则,即游戏参与者采取决策和动作时所必须遵守的规则约定,规则应包含所要达到的学习目标,所要学习的规律与知识,例如计算游戏应符合计算规则、语言游戏应符合语法或词法规则、化学实验游戏应符合化学实验操作规则,等等;4.结束时间,即游戏应在有限时间内到达目标状态,而不是无休止地一直继续下去。除此以外,大多数学习游戏还有着随机变化和形象生动的特点,使游戏型课件的学习活动更为活泼。

1. 学习游戏的特征

学习游戏与计算机模拟有密切关系,多数学习游戏本质上也是一种模拟程序,只不过在其中刻意加入趣味性、竞争性、参与性的因素,做到"寓教于乐"。例如,在学习游戏中,学生可以扮演某些角色,如作为探险家在蛮荒险地求生存,作为企业家在市场竞争中求发展等等,从而使学生在娱乐中形成相关的能力。学习游戏具备如下基本特征:

(1)游戏故事化:完整、生动的故事情节,其体例与孩子们爱玩的角色扮演游戏故事情节是一样的,趣味性与角色扮演游戏一样。

(2)学习纯粹化:没有游戏与学习之分,学习是学习,游戏也是学习,游戏与学习无缝连接,游戏学习一家亲。

(3)学习高效化:学生在精神高度投入时,对每一知识点的学习用时都最少,而效率最高,效果最好。

(4)学习效果可见性:具备科学、合理、行之有效的评估系统,能对学习效果进行即时准确的评估,并用数据的形式写入数据库,随时可进行查阅、分析研究。

(5)兼容跃迁性:能兼容现行多媒体中的一些优秀的表现形式和各种学习方法(如整合课,情景学习,尝试学习),并最终能使这些形式向上跃迁,获得质的升华。

2. 游戏原理及模型

（1）游戏目的：游戏目的及模型构成了游戏的核心部分。游戏之所以为游戏，不同于艺术形式或娱乐形式，必然有其自身内在的规律。游戏目的，顾名思义是有关游戏的目的。它应该能超越具体单个游戏的纷繁复杂的外部特性，对有关游戏最本质最共性的问题进行理性的思考，最终提炼出游戏的一般模型，确立游戏设计的多项原则，对游戏的设计开发工作起根本的指导作用。游戏目的涉及具体学科、艺术理论、心理学、计算机科学等诸多领域，从多角度探讨游戏与游戏设计者、游戏者之间的复杂关系。分层次研究游戏所包含的科学技术层、艺术审美层、心理情感层等问题。

建立游戏的目的，不仅在于针对那个被称为游戏的对象去考察和阐述有关其性质的永恒真理，更重要的是针对游戏设计者所设计的某些问题，通过思考找出某些解决办法来。

（2）游戏模型：游戏的交互层细分起来包括游戏的外部效果和操作性两部分。外部效果指展现在游戏者面前的画面、动画、音乐、音效和文字等。游戏者对外部效果是处在被动欣赏的位置，而操作性才是游戏所特有的使游戏者有一定主动性的关键内容。显然，游戏的操作性的重要性应引起设计者的重视。而更关键的则是游戏内核，因为游戏的操作性只是决定了如何进行输入、输出行为，而并不决定输入、输出什么，决定输入、输出集及输入、输出响应策略的是游戏内核，它才是游戏真正的核心，才是游戏最深层次的灵魂，才是吸引游戏者为之废寝忘食的魔力所在，应把盲目投入外部效果的努力投入到对游戏内核的严格设计审核上，拥有了优秀的游戏内核，才有发挥外部效果的可能性，否则游戏的外部效果将成为无源之水、无本之木。

由游戏分层模型引出的第一条游戏设计准则：决定游戏成功与否的永远都是游戏的内核而非游戏的外部效果。在游戏的设计中，特别是前期设计中，应给予游戏的内核足够重视，不要贪多求快、盲目地过早进入具体的外部效果设计。

（3）游戏的情感世界：倘若一部游戏不能使游戏者获得某种深层的情感，那么它所受到的欢迎程度将是有限的。对于一个游戏应有极其丰富的情感世界，尤其是和现实及史实结合起来，对于国内来说结合一些我国的具体情况，以及生活中的实际问题可以给特定游戏者群体提供广泛的情感世界。

一个游戏的情感世界可以大致分为：

第一，虚拟情境：RPG 是角色扮演类，它就是一件制造品的设计，意在激起一种情感，并且不想使这种情感释放在日常生活的事务之中，而要作为本身有价值的某种东西加以享受，那么，这种制造品的功能就在于娱乐，它给人一个想象的空间。

第二，焦虑及其释放：游戏是玩的，我们一直强调要寓教于乐，所以我们的目的就是要：唤起游戏者的某种情感；在那种情感的推动下完成某些动作，借助这些动作最终消除那种情感。这正是游戏的独特性。有一个很有趣的现象：在游戏中获得的愉悦和兴奋，其实是在一个高度负荷的情思释放过程中获得的，游戏也为这种释放过程提供了虚拟情境（场所）和游戏行为系统（手段），而产生这一高度负荷的情感及其所带来的焦虑、紧张等不适感的恰恰正是游戏本身。

第三，期待、悬念：游戏的一个重要组成部分是不可预见性，由此产生期待与悬念。一个游戏要有一定的曲折，不能够平铺直叙，同时也不能过分地强调各种悬念，国产游戏中，《仙剑》是一个非常优秀的作品，但在期待和悬念上，尤其是在迷宫的设置方面有很大的缺陷。

由游戏的情感世界可引出第二条游戏设计准则：在虚拟情境中要故意制造某种情感的负荷，使游戏者产生焦虑，然后巧妙地调动引导游戏者，最终使其解除焦虑状态，产生解脱感和兴奋感。同时要针对游戏者的期待，适度产生悬念对抗游戏者不断增长的经验，使其能感到游戏处于一种动态的变化中。

3. 类型与结构

（1）操练与练习方式的游戏：一部分学习游戏实质上是游戏式的操练与练习。例如《乘法小九九》游戏课件以游戏的方式练习乘法口诀。在练习的过程中，学生如果在规定的时间内不能将正确的计算结果输入，就会失去一分。最后，看谁得到的成绩最高。由于游戏的方式大大刺激了学生的学习积极性，在娱乐中学习知识，因此能取得较好的学习效果。

（2）模拟方式的游戏：另一种游戏型课件是把模拟与游戏结合起来，让学生在有竞争性的模拟环境中思索、探讨、尝试、发现错误和纠正认识，从而在掌握规律和事实的同时，学会寻找规律、做出决策的方法，培养学生适应现实和应变的能力。例如游戏型课件《Market》模拟两家公司销售同类商品时竞争的情况。游戏参加者扮演一家公司的销售经理，根据自己的存储量和计算机模拟的市场行情,做出各种销售决策;这些决策又影响了市场的变化,谁最后取得最大利润,谁就获得胜利。这样,学生可以通过 CAI 活动学习经济学和商品经济的一般规律,也学会了如何处理经济事务的能力。

应用游戏型课件进行学习活动时,教师必须注意引导作用,不能让它沦为普通的游戏,而应通过引导、启发、归纳等引导学生注意其教育内容,达到教育目标。应该注意对使用教师的培训工作。

(3)在线教育游戏:是指以教育为目的(非娱乐为目的而带有某种学习功能)基于互联网的游戏。与其他教育游戏一样,在线教育游戏有一定的竞争性和游戏性,游戏内容富于知识性和趣味性,给学习者提供一种虚拟的挑战情境,在游戏中,要求学生学会并应用各种知识来完成一个个任务,通过使他们产生对最后的结果获得胜利的期望、在虚拟环境中的拼搏、竞争从而实现教育的目的。除此之外,基于 Internet 的在线教育游戏可以不受时空的限制,学习者可以在任何可以上网的地方访问在线游戏网站进行学习。目前,常见的在线教育游戏有两类,即基于人机交互和人际交互的在线教育游戏。

基于人机交互的在线教育游戏有两种,一种是传统教育游戏的网络版,其游戏规则和交互方式都是面向人机的,这种游戏和传统的单机版教育游戏的区别仅仅体现在传播介质上,它们通过网络传播,获得方式更加便捷,学习者既可以在线学习也可以把游戏下载到本地学习;另一种是服务器—终端式的网络游戏,与前一种游戏的区别则在于它是由服务器端提供智能性游戏规则,游戏者是与服务器端的游戏程序进行交互,离开网络不能进行游戏。基于人机交互的在线教育游戏网站非常多,在语言学习、数学的四则运算、理化生学科的虚拟实验、地理科的在线地图、思维训练、医疗诊断、决策判断、各种个别化问题解决能力训练、各种益智类的学习以及在线情景模拟培训中应用非常广泛。

基于人际交互的在线教育游戏是指游戏的规则和交互面向人际的,计算机和网络只是提供规则和实现人际交互的载体,游戏必须在线进行。这类游戏同样不受时空限制,学习者的游戏过程和游戏结果的记录可以不受时间地点的限制,还可以实现与在线学习的无缝结合,从而实现远程学习以及对学习过程的跟踪。这类在线教育游戏不仅仅能实现人与机器的交互,还可以通过网络实现人与人之间的竞争、交流与协作,可以实现更广泛的基于现实情境和人际交互的模拟式学习,如问题解决式学习、角色扮演等协作式学习、任务驱动式学习、询问式学习等等。这类在线教育游戏具有广泛的应用前景,已引起学校教育和企业培训的广泛重视。在线教育游戏集知识性、趣味性、竞争性、协作性、虚拟现实性等多种功能于一体,非常适合用于低年龄段学习者解决实际问题能力以及协作意识与能力的培养,也非常适合激发学习者学习兴趣、维持学习者学习动机。

应放在那些具有广泛迁移价值的地方,使学生在生活中和走向社会后也能有所启示和适用的共同方面。如学生在探究过程中表现出来的对探究过程和探究方法的理解,对探究本质的把握。不能把是否探究出结论或结论是否正确作为唯一或最主要的评价指标。应是将各种评价综合、整理,形成一个相对的总结评价。

3. 由于对探究能力的评价强调的也是发展与引发学生的反思,所以,学生个体应该是评价的中心对象,是主要的评价者。而教师、协作者等其他的评价主要是为了评价"自我评价"正确与否。学生在探究学习中通过经常性自评,就能不断校准自己与目标之间的差距,从而更快、更好地实现目标。学生自评还能调动学生的积极性,提高学生参与评价的热情,增强学生的主体意识。另外,学生将接收到各方面的评价,特别容易接受同学或协作者的评价,引起其反思,起到促进作用,使学生能够更公正地看待自己。

4. 学生自我评价也有其相对片面性、不完善性,有的学生对自己评价过高,有的学生又过于低估自己,所以在具体操作时教师要把握好尺度。

5. 生物探究是一种多层面的活动,它的具体方法是多样的,本人设计的学生探究能力项目表,是针对本书的探究式模式而设计的。

6. 由于学生在探究课程中的收获体会很多时候无法在课程结果上反映出来,但却又十分重要,所以表中设立了个人在探究中收获和体会的书面说明这一项,作为对学生评价的一个重要方面。

第六节　信息技术与课程整合中的教师定位

要有效地使用信息技术来促进有效的学习,教师就必须采用正确的理念来进行信息技术与课程学习的整合。作者认为,教师要把握建构主义教育思想的要义,要把握学习技术与媒体的应用,更要对信息技术与课程教学的整合有正确的认识。信息技术与课程教学、教育理论与学习实践必须整合在一起。

教育要适应全球技术的革命,关键在教师。

　　从人类文明的发展看,知识和负载知识的媒体技术之间存在着无法分割的关系,技术的改变有时甚至能很大程度上决定知识生产和习得的方式。近年来,"应该如何更有效地使用信息技术来促进有效的学习?"越来越成为全世界教育界正在关心的一个问题。这个问题更直接的说法就是,学习理论、学习实践和信息技术到底应该如何整合?

　　在目前的教育环境中,所谓的技术中最有价值的部分是以信息技术为代表的,而信息技术的核心则是计算机技术;而对认知的研究则建立在哲学、心理学和脑科学的最新发展基础上。目前看来其中很有价值的是以建构主义为代表的一系列关于教与学的理论和实践。因此,笔者的答案是用建构主义教育思想进行技术与课程的整合。

一、教师要把握建构主义教育思想的要义

　　对建构主义教育思想的研究似乎正在成为教育界的显学。建构主义的核心观点认为,知识是由认知主体积极建构的,建构是通过新旧经验的互动实现的,认知的功能通过适应来帮助主体对经验世界加以组织。我们没有看见世界是什么样的,而是在大脑中建构世界的样子。一方面,我们的感知出自世界,而我们的表述则出自我们的感知,即"世界→感知→世界的表象"。而另一方面,我们大脑中已有的世界的表象会影响我们的感知,而感知通过行为又影响了世界,即"世界←感知←世界的表象"。因此,两者相叠加则是"世界·感知·世界的表象"。客观事物没有自在的含义,而在我们的意识中,事物被赋予了意义,有时这种意义十分重要,行为则受意图的驱使。我们对世界的表述建立在我们感知的基础上,从这个意义上,我们可以说,世界在大脑中的再现使我们获得了一个现实的含义。现实成为符合我们自以为应该是的结构紧密的思想。

　　对世界的再现或表述要结合大脑中已有的关于世界的信息,要改变对世界的再现不是平平淡淡的过程,是解构和重构的过程,有时甚至是很困难的过程。因为每当对世界的再现发生变化时,就意味着会威胁我们根据过去经验所得出的概念。两者的不一致会影响我们阐明世界的方式,而当人的经验随着年龄的增长而越来越丰富时,这种不协调也就越来越不易被人接受。人类的学习就是这样的,对认知的研究也是如此。而这种不一致很可能会突然产

生一种新的创见,学习隐喻的更替就是一个很好的例子。

因此,对于建构主义思想,中国教师在拿来的同时,要更注意用自己的大脑来建构建构主义。笔者认为,对建构主义既要避免一棍子打死,也要避免矫枉过正。学生主动建构知识,但如果有许多因素会影响建构成效时,我们的学习都应加以考虑。因此我们提倡的是与环境进行互动的情况下进行建构,而为学生提供(或是与学生共同创造)一个适合学习的环境则是现代教师的重要责任。

知识是学习者建构的,而不是从说教呈现中获得的。而且这一建构过程是根据新信息与学习者已有知识协调程度进行的。个体的知识是通过对知识的发现而由大脑建构起来的东西,不同的心智可以把同样的东西解释和建构成不同的东西。如果学生能建构自己的知识并且能用来对新情境进行应用和概括,那么就可以认为发生了学习行为。不同的学习策略可以用来完成知识的建构。

二、教师要把握学习技术与媒体的应用

在教育中,虽然面向学习者自我发展的媒体的独立使用变得越来越重要,文字和其他媒体的通信通常是整合在一起的。通信的目标是描述和解释世界,以及描述要做的任务。在通信中,师生之间的概念和符号系统库必须是共享的,否则他们就不能互相理解。没有媒体,教育是不可能的。"技术"媒体的使用取决于它是否适应于知识和技能的获得。媒体中呈现的信息是真实世界中信息的简化形式,呈现的方式有助于把重点放在与想要获得的知识和技能有关的信息上。有时需要特殊的努力来增加这种相关性,学生的学习活动应通过选择媒体而取得成功。在教育中没有最佳媒体存在,但似是而非的是,通常会假设针对特定知识和技能的获得,某些媒体会比其他的更合适。在任何情况下,媒体应该以最合适的方式来适应学习任务。因此,如果必须学习一项技能,学生就必须按任务步骤实践并必须接收相关反馈。而且,对象事物的内容和媒体对其的呈现形式应该在尽可能最佳的方式下获得协调。

用什么样的方法来展示对象物体的内容取决于内容所表示的实体的特性(物体、事件顺序、处理进程)和任务的特性。选择媒体和技术的理由首先取决于学生的学习行为中内容和表现方式之间的相关性,其次取决于所处的环境(距离、学生数等)。

信息技术为教育带来了大变革的历史机遇。而如何使教育适应技术带来的变革,各国各地区的回答可以说是既有共性又有个性,这是一个全球化的问题,也是一个本地化的问题。

目前世界范围内都存在教师缺乏电脑基本素养的问题,使电脑辅助学习仍未普及。大部分国家的教师使用电脑比率非常低,而应用于学习的更少。教师被视为成功结合电脑与学科学习的关键因素。教师需要负起最终的责任,决定使用电脑的时候、方法和成效。美国在20世纪90年代的调查显示,大部分老师对以电脑辅助学习仍感不安,亦未有充足准备使用电脑学习。至90年代中期,大部分电脑中心仍是资讯中心,而非学习中心,这与教师缺乏电脑的基本素养有直接的关系。信息化需要以先进的教育思想、教育理论为指导,掌握现代教育技术和方法,擅长现代学习设计的教师。

随着我国大中小学和社会办学对计算机课程的重视,计算机的操作能力将成为一个普通公民的基本素养。当全社会已经开始普及信息技术时,教师特别是信息技术课程教师就不应该单纯地把培养操作技能作为信息素养的主要学习目标。目前,我国基本已普遍开设信息技术应用课程。但是在中小学,信息技术教师与学科教师之间的互动还很不够,学生在校园中自由接触信息设备,进行信息的查询、评价、传递、创造等活动的机会还不多。中小学教师应该与媒体专家、管理者和其他人保持均衡的合作,以促进学生进入信息时代。

另外,电脑软件还不足以应付学生学习的需要。全世界极度缺乏这类的软件,部分学校已具备电脑及网络,各学校仍然要面对重要而困难的工作:如何把资讯科技有效地融入教与学,建立学校资讯科技学习文化。

技术与学习真正的整合,就是一旦把技术剥离出来,课的质量会受到损害。就是说教师要提供那些没有信息技术就不能出现的机会。从教师的观点看,技术的功能主要就是促进学习,因此能满足特定的学习和学习需求的策略才是好的策略。如果教育者看不到技术所能提供的解决问题的方式和时机,那么问题解决的设计就不能充分利用技术所能提供的可能性。而如果能够利用计算机支撑起更加复杂的学习过程,如抛锚式学习、情境认知等,就可以充分发挥信息技术作为知识的建构工具的作用。

可以说,在学习中开展信息技术教育,不是信息技术的教育,而是运用信息技术的"学习者的教育",信息技术是工具,问题不在信息技术,而在教育。

三、教师对信息技术与课程整合要有正确的认识

教师作为一个专业化的职业，是要求极高的心智活动，它要求教师拥有一套特殊的知识技能体系，它要求教师经过较长时间的专门职业训练，它要求教师不断地进修提高，它需要教师具有服务社会高于个人私利的精神。按照专业化要求，教师专业训练的职前与职后一体化也就成为必然的要求。而信息技术的发展既带来了教育方式的变革，也提出了新的教师专业发展内容：如何运用信息技术改善学习环境并推进学生心智发展，如何借助信息技术提高师生的信息素养以缩小与发达国家的"数字鸿沟"，将成为教师教育的重要课题。

在学校中，学生的学习并不应该是偶然发生的，而是教育者有目的、有计划地设计出适合学生的学习过程的直接结果。今天教育界所面临的最为迫切的要求，就是要能够设计出可以迎接当今技术挑战的学习，把技术整合为教育学习设计中的一部分。笔者认为，教师对技术与课程和学习的整合应该持以下观点：

1. 没有一种技术是解决教育问题的万灵药。不少教育者和家长都会把技术看作解决教育问题的灵丹妙药，但是当年对 LOGO 等的过高期望告诉我们，即使是最新、最好的技术资源也不可能提供又快又好的普适方法。基于计算机的教材和策略通常是一个较大系统的工具，必须与其他资源和教师的行为充分整合在一起，才能发挥作用。因此，如果我们对技术的期望是现实和客观的，我们才能让技术对教/学的影响更加成功。

2. 要重视信息素养背后的文化内涵。信息素养应该被看作一种新的自由的艺术，从如何使用计算机，到知道如何访问信息，到批判性地思考信息本身，到信息的技术构造，到其社会的、文化的甚至是哲学上的情境和影响力，这些对于现代信息社会受过教育的公民，是获取自由所必需的。技术的使用应该给学习增加人性和美学的成分，而不是让学生和学习变得更加机械。自我导向、情境认知、多元观点、批判反思等都更强调了人作为主体在学习中的感受和作用，在学习中技术的作用是丰富而不是削弱这种体验。

3. 计算机素养或技术素养是一个发展的概念。经验告诉我们，对计算机素养、技术素养等术语而言，没有一个被普遍接受的精确概念。对不同需求、不同年龄的学生而言，与这些术语对应的技能是不同的。而且未来学生所需要的技能的变化是十分迅速的，因为技术（特别是信息技术）的发展实在是太

快了。教师应该认识到,在加强各种教育产品的"信息素养"培养功能的同时,应高度关注与信息素养密切相关的"媒体素养""计算机素养""视觉素养""艺术素养""数字素养"等的研究,以全面开发知识经济与信息时代需要的人的整体素质。

4. 技术与课程与学习的整合是有限度的。许多教育者和家长会认为,一旦课堂学习涉及了技术,技术就是这堂课中最主要的东西。但是,技术必须适应学习的特定内容和方法,它在大多数情况下是手段,而不是目的,不能为了使用技术而使用技术,可能有些课程通过粉笔、黑板就能取得很好的效果。读写、计算、信息收集、问题解决等技能的培养可以通过不同的技术来实现。

5. 独立计算机与联网计算机各有利弊。独立计算机使学习者更多地处在独立学习的环境中,学习者自己可以控制学习进程,而联网计算机则有助于信息收集和讨论求助,学习者的行动会受到团队或通信对象的影响。比如,集思广益肯定无助于让贝多芬完成他的独一无二的音乐作品。另外,网络上信息庞杂且良莠不齐,有时反而会影响学生独立学习的成效。因此,独处和交往这两个方面都是学习所必需的,对学生的计算机联网与否,教师应该有所掌控。

6. 教师通常不会也不应开发关于技术的教材和课程。中小学教师由于承担着很重的学习任务,通常没有很多时间进行科研,而且由于知识结构的有限,让一线教师承担主要的软件开发任务是不现实的。比较可行的方法是研究机构、资金和一线教师结合在一起进行开发工作。

7. 技术也可能产生预料之外的影响。技术既可能带来我们预料的效果,也可能带来我们没有预料的结果。如远程教育使我们能在不见面的情况下进行学习,但学习者仍然会渴望与教师和同学进行面对面的交流,因此新技术又不断改进视听系统,但不管怎样,视听系统与真人面对面还是有区别的。技术力量被异化的可能性也已经被许多学者所论述。

8. 教师总是艰难地跟随社会的发展。随着技术的发展速度的加快,本来就压力较大的一线教师会面临更加严峻的挑战,大量的新技术、新资源、新方法都需要教师去学习、去接触。以前一名教师多年依靠一份讲义进行学习的日子已经很难维持下去。我们也很难预见未来的教育技术的发展,我们只知道它会与现在不同并且越来越先进。这样,一线教师在技术、资源方面面临的压力将持续存在。

9. 所谓的过时技术也可能是有用的。我们经常会听说某种新技术会导致教育的革命,但往往革命并没有发生,而是我们对新技术赋予了不切实际的期望。任何新技术应用与学习都会有一定的效果,但技术本身不会革命,技术与思想的结合才可能形成真正的教育变革。教育实践中有许多循环,许多所谓的新方法实际上是旧瓶装新酒。因此,必须认真分析一项技术对学习所产生的效果,才能引导我们做出正确的选择和预期。有些技术从科技含量的角度看可能已经过时,但对教育而言,只要对学习有利,任何技术、技能、方法都不存在过时与否的问题。

10. 教师的重要性始终存在,好的教师仍然稀缺。自从计算机问世以来,一直存在这样的问题,电脑是否会取代人脑,计算机是否会取代教师? 20 世纪 60 年代问世的第一种计算机学习系统就预言会取代教师的地位,现在的许多学习软件也使某些人产生类似的想法。但实际情况却是,我们比任何时候都需要好的老师。耐斯比早在 1984 年就在《大趋势》一书中指出,任何新的技术进入了社会,都会引起人类的回应,以形成新的平衡。技术的水平越高,人与技术接触的水平也就越高。我们也就需要更好的教师来理解和介绍技术在社会中的作用(其力量和局限),我们需要越来越多的对技术有悟性和掌握人的认知规律的好老师。因此,对好老师的需求不但不会减少,还会更加迫切。

现代教育技术的应用大大改变了教育活动中信息的呈现方式,使得我们有了把许多学习理念转化为实践的工具,这一切最终都需要教师去实现。但笔者发现,我国教育技术学方面的相关论著往往是以技术为中心的,而学习理论研究者则是以教育原理为中心的,学习实践的一线教师则往往是以自己的经验为中心,相互之间的脱节是十分明显的。信息技术的发展,使得人们获取知识和信息的方式发生了根本变化,近年来我国教改的尝试又一次形成了教育技术的发展高峰,这为技术与学习、理论与实践的整合提供了一个十分宝贵的机会,有望形成以学习为中心的新景象。教师的角色转换了,带有新的性质。这种新的角色仅仅称呼为辅导者或是学习的援助者是不充分的,倒是可以称之为联结已知世界与未知世界展开多样的探究的"触媒者"(catalyst),或是联结课堂内外世界之桥梁的"介人者"(mediator)。教师的合理定位是信息技术与课程整合的关键。

第七节　信息技术与课程整合的误区

信息技术与课程的整合,是实现培养学习者的创新能力和实践能力的有效途径。然而一些学校在实施信息技术与课程整合的实验过程中,存在着对信息技术与课程整合的理解及操作的误区。这些误区的存在某种程度上阻碍了教育信息化的进程,也容易使课程标准在实施过程中偏离正确的发展方向。

一、教育思想、教育观念转变不到位

在研究儿童认知发展基础上产生的建构主义,不仅是全新的学习理论,而且也是全新的教学理论。这种学习理论强调以学生为中心,不仅要求学生由外部刺激的被动接受者和知识的被灌输者转变为信息加工的主体、知识意义的主动建构者;而且要求教师要由知识的传授者、灌输者转变为学生主动建构意义的帮助者、促进者。这就意味着教师应当在教学过程中在先进的教育思想、教育理念的指导下采用全新的教学模式、全新的教学方法和全新的教学设计思想。教与学的本质没变,师生角色没变,教学模式、教学结构依然没变,学生的主体性、主动性、积极性仍然没有发挥出来。可见,在教育思想、观念不转变的条件下进行教育的改革,只能是一种浅层次的、表面的、盲目的事半功倍的教学改革。

二、师生主导、主体地位理解的误区

在建构主义的教学理论、学习理论的指导下,学生应成为学习的主体,但这并不等于将学生的学习放任自流或弃教师的主导作用于不顾。如:我听过一节英语的示范课,尽管这堂课是在多媒体网络教室上的,有真正的互联网络环境,但这一堂课教师上得还是很传统,大部分时间仍然是老师在讲,学生在听,计算机只在其中偶尔充当演示或做练习的工具,并没有让学生充分利用网络来自主探索或协作交流。教师并没有真正地将信息技术教学环境作为教学工具应用于英语学科的教学,并没有将信息技术作为学生学习的认知工具和情感激励工具,这种信息技术与英语学科整合后的学习效果也将不会太明显。在信息技术学习环境下,教师要定位为教学情境的创设者,促进学生运用信息技术进行学习的指导者、帮助者,协作学习的组织者,意义建构的促进者。尤其是中小学学生的认知水平较低,自制力有限,在以多媒体和网络资源为主的信息技术学习环境中,教师的主导地位就更加重要了。如果将教师比作牧羊者,学生比作羊,那么教师的主要任务就是:发现哪儿的草最多、哪儿的草营养最丰富、哪儿的草最适宜羊儿吃,然后将羊引向那儿,至于羊儿怎么吃,吃多少,那完全可以根据羊自己的需要来决定。

三、对学习资源认识的误区

学习资源的概念有广义与狭义之分。广义的学习资源是指有利于实现学习目标的各种有利因素,狭义的学习资源仅指形成学习的直接因素来源。在信息技术快速发展的今天,一些人对于学习资源的认识仅限于多媒体网络计算机,然而尽管多媒体计算机囊括或包容了许多信息,但从来就不存在一种万能媒体或唯一媒体,这种观点在教育技术领域里经过多年的争论后,早已有了这样一个定论。网络亦然,尽管它在教学中发挥着越来越重要的作用是因为它具有很多优点,但是从提供学习资源来讲,网络不是唯一的,生活中还有很多其他资源可以利用。如《语文课程标准》中界定语文课程资源时就有课堂教学资源和课外学习资源,教科书、教学挂图、其他图书报刊、影视广播、网络,报告会、辩论会、戏剧表演、图书馆、布告栏、标牌广告、自然风光、文物古迹、风俗民情,国内外的重要事件,学生的家庭生活,以及日常生活话题等也都可以作为语文课程的资源。因此,对于资源的调用不应只局限于网络资源的查询,不能认为信息技术就是网络技术,只有网络资源才是唯一的资源或最好的资源。

四、对课程整合的认识误区

信息技术与课程整合,不是把信息技术仅仅作为辅助教或辅助学的工具,而是强调要把信息技术作为促进学生自主学习的认知工具和情感激励工具,利用信息技术所能提供的自主探索、多重交互、合作学习、资源共享等条件,把学生的主动性、积极性充分调动起来,使学生的创新思维与实践能力在整合过程中得到有效的锻炼,这正是培养创新人才所需要的。然而,一些学校在进行信息技术与课程整合的过程中,却始终将信息技术看作辅助教或辅助学的工具。如一些学校的计算机辅助教学,不管是什么学科,不管要进行教学的内容是什么,计算机辅助教学言必"多媒体",一味地追求最新的"高科技",仿佛不用计算机教学就不是现代化教学,不用多媒体上课就不够档次似的。如果这样继续下去,那么我们所标榜的"多媒体教学"又有多大成效呢?看来,若不将信息技术真正作为促进学生自主学习的认知工具和情感激励工具以及利用信息技术的多种特点来培养学生的创新思维与实践能力,那么信息技术与课程整合将只能停留在浅层次的、表面的、流于形式的教学改革,将不会得到长足的发展。

第八节 信息技术与课程整合的建议

一、要以先进的学与教的理论为指导

将信息技术与学科课程相整合,是实现彻底改革传统教学结构与教学模式的重要途径,从而促进大批创新人才的成长,因此,信息技术与课程相整合的过程绝不仅仅是现代信息技术手段的运用过程,它必将促使教育、教学领域内发生一场深刻的变革。这样就必须要有先进的理论做指导,这里我们特别强调运用建构主义理论(这是当代一种较新的学习理论与教学理论)做指导,主要是因为它对于我国教育界的现状有针对性——它所强调的是"以学生为中心",对于多年来统治我国各级各类学校课堂的传统教学结构与教学模式有极大的改造力。南国农先生在《80 年代以来中国电化教育的发展》中在总结成功的电教时,其中有一条讲到成功的电教要从两方面出发:要从中国的国情出发,要从学生出发。建构主义的教学理论与学习理论是适合改造中国的传统课堂教学结构与教学模式的基础理论且它又是以学生为中心,让学生在一定的教学情境中自主建构知识结构,能够促进学生的创新精神与实践能力的发展。所以,建构主义理论能够对信息技术环境下的教学提供强有力的支持。

二、要用新的教学设计理论

教学设计作为一个系统的计划过程,主要应用系统的方法论观点对教学系统中的各个要素(教师、学生、教学内容、媒体等)进行本质的研究,并通过一套具体的操作程序使各个要素有机地结合,完成一定的教学功能。建构主义认为学习应以学生为中心,要求学生由外部刺激的被动接受者和知识的被灌输对象转变为信息加工的主体、知识意义的主动建构者;同时也要求教师要由知识的传授者、灌输者转变为学生主动建构意义的帮助者、促进者。这样看来建构主义学习环境下的教师和学生的地位、作用与传统教学相比已发生了很大的变化。这就意味着教师在教学过程中应当采用全新的教学模式。如此,教学模式要变了,我们的教学设计也应该采用全新的教学设计理念——以"学"为中心的教学设计(Instructional Design,简称 ID),以学习者为中心的教学设计彻底摒弃以教师为中心、单纯强调知识传授、把学生当作知识灌输对象

的传统教学模式,这种全新的教学方法和全新的教学设计思想应在教师与学生的学习过程中积极地通过不同的途径或方法来实现。

三、要重视资源建设

信息技术与课程整合的目标是实现培养具有创新精神和实践能力的创造型人才。要实现这一目标就必须重视信息环境的建设,提供给学习者实践的场所,为学习者创新精神的培养孕育契机,让环境蕴藏学习者灵感开启的信息。使学习者学习的主动性、积极性、交互性、协作性、探究性得到充足的发挥,让教师独霸讲台的教学结构成为历史。但是重视教学资源的建设,并非要求所有教师都去开发多媒体素材或课件,而是要求广大教师应当努力搜集、整理和充分利用因特网上的已有资源,只要是网站上有的,不管是国内的还是国外的都可以拿来使用。

四、重视评价

在实施信息技术与课程的整合过程中,我们所评价主体的个性化、层次化,学习环境多媒体化、网络化、智能化,学习内容多样化,学习策略自主化等,使我们对评价的重点、内容和方式等都与传统的发生了很大的变化。在传统的以教师讲授为中心的教学模式中,对学生学习的评价主要是由教师做出的,往往单凭考试成绩衡量学生的学习水平。而在以学生为中心的教学模式中,学习的主要目的是促进学习者的全面发展,培养具有创新精神和创新能力的创造型人才,学习水平的高低不再以学习成绩的高低来衡量。在以网络化为主的学习环境中建议采用以下几种评价方式:1. 用多元评价标准来综合评价学生的学习(要从学生对书面知识的掌握、技能的熟练程度、情感体验、探究能力、协作精神等方面综合来评价);2. 将自我评价、小组评价、班级评价和教师评价有机结合,进行多主体的综合评价;3. 开展动态评价,注重学习的教育性评价和发展性评价。

第九节　信息技术与课程整合的评价

随着课程和教学改革的不断深化,教育评价已成为提高教育管理效能,促进教育质量提高的重要手段,是教育科学的一项重要研究课题和教育领域的一项重要实践活动。

国务院在《基础教育课程改革纲要（试行）》中明确指出："大力推进信息技术在教学过程中的普遍应用，促进信息技术与学科课程的整合，逐步实现教学内容呈现方式、学生的学习方式、教师的教学方式和师生互动方式的变革，充分发挥信息技术的优势，为学生的学习和发展提供丰富多彩的教育环境和有力的学习工具。"在新课程实施中，信息技术与学科课程整合已成为教学改革的突破口。

整合的内涵是什么，怎么认识整合，怎样评价信息技术与学科课程的整合（整合的目标、途径、方式、效果）等一系列热点问题引起广大教师和教研工作者的关注。下面以信息化的视觉，围绕课程与教学评价问题，从理论与实践的层面上，对信息技术与学科课程整合的评价问题做了一些探索。

一、概说教育评价

国家基础教育课程改革特别倡导发展性评价新理念。在教育教学改革进程中，如何评价教育质量，如何使教育活动更好地满足社会经济进步和个人成长发展的需要，是一个世界性难题。教育评价的突破与创新是一个迫切需要解决的问题。信息技术与学科课程整合的评价，属于教育评价的范畴，同样需要突破与创新。

研究现代信息技术与学科课程整合的评价，首先要认识教育的评价。西方教育评价之父泰勒指出："评价在任何时候都必须包括一种以上的评估，因为要了解变化是否已经发生，必须在早期做出一种评估，再在后期做出几次评估，从而才有可能确定所发生的变化。"由此可以判断，教育评价是一个连续性的动态的过程，是指通过系统采集和分析信息，对教育活动满足预期需要的程度做出判断，以期达到教育评价增值的过程。

教育评价包括教育价值判断和教育事实判断，本质上是一种把握教育现象价值的判断活动。布卢姆认为：评价是确定目标达成度的过程，也是确保目标达成过程有效性的持续改进或及时变革过程。教育评价的目的性直接影响着教育活动的方向，对于教育价值的选择和实现具有重大意义。教育评价分为学生评价、教师评价、课程与教学评价、学校评价等。

现代信息技术与学科课程整合的评价，是课程与教学评价的重要内容。它是对整合的平台、整合的程度、整合的事实、整合的价值进行判断的动态过程。它要遵循教育评价的过程与规律,要从应用研究的角度,对信息技术的功能、特点,与课程整合的方式与途径、目标达成与效果等方面进行评价。

信息技术与学科课程整合的评价,既属于又有别于课程与教学评价,它既包括对信息平台、信息媒体的评价,又包括对学生在信息化环境下的学习情绪、态度的评价,还包括对教师教学行为的评价等。因此,研究信息技术与学科课程整合的评价的过程就是教育评价突破和创新的过程。

二、认识信息技术与学科课程整合的内涵

现代信息技术与学科课程的整合,不是一般事物的组合,而是信息技术平台、信息技术资源与课程与教学系统的有机融合,它的融合能改变原有的系统结构,生成新的课程系统,进而优化教学的过程结构。

信息技术与课程整合,为新型教学结构的创建提供了理想的教学环境,以图文并茂、丰富多彩的表现形式激发学习兴趣,将超文本特性与网络特性相结合,提供丰富的信息资源,构成自主学习的开放环境,有利于学生创新精神、实践能力的培养。人机交互的虚拟环境有利于学习的反馈评价。

信息技术与课程整合本质内涵是在先进的教育思想、理论指导下,把以计算机多媒体和网络为核心的信息技术作为促进学生自主学习的认知工具、情境激励工具、情境创设工具(丰富的教学环境创设工具),并将这些工具全面地应用到各学科教学中,使各教学资源、各教学要素和教学环节经过整理组合,相互融合,在整体优化的基础上产生聚集效应,促进教学过程结构的优化。过程结构与教学模式的变革,产生出 $1+1>2$ 的效果。

信息技术与课程整合的目标应该是培养学生具有终身学习的态度和能力,培养学生具有良好的信息素养,培养学生掌握信息时代的学习方式。其价值功能是创建自主、协作、开放的学习空间的需要,培养学生信息素养的需要,培养学生终身学习能力的需要,培养学生创新精神和实践能力的需要。信息技术与课程整合的学习是以学生为中心的,个性化的,能满足个体需要的。学习是以问题或主题为中心的,学习过程是进行通信交流的,学习者之间是协作的,学习是具有创造性和再生性的,学习是可以随时随地终身的。

认识和研究现代信息技术与学科课程整合的内涵,有利于我们建构科学合理的评价体系。帮助我们对信息技术与学科课程整合实施更加有效的评价。

三、信息技术与课程整合的评价体系

根据信息技术与学科课程整合的功能、特点、意义作用、目标任务,我们可以把对它的评价设计成一个切实可行的方案。这个方案必须是系统的,较为科学的,具有可操作性的评价体系。笔者认为,信息技术与学科课程整合的评价体系可以分为 18 个项目、三大板块、三级指标。

"平台与资源、目标与策划、学生与教师、过程与方法、诊断与反馈、效率与效果"等 18 个项目是整合评价的一大板块,与之相应的量标是一级指标;将每个项目一分为二,拆分后为 12 个具体的项目,这 12 个具体的项目是第二板块,与之相适应的量标是整合评价的二级指标;对 12 个具体项目的细化、条理、要点,是第三板块,与之相适应的细化量标是整合评价的三级指标。

1. 平台与资源

多媒体网络平台,要评价 Internet 站点的选择目标、WWW 服务器与 Internet 教育教学资源网站的链接、教育教学资源共享、专题学习网站的设计等,是否实现了与学科课程的有机结合,是否有利于学生个性化学习,是否改变了学生的学习方式,是否有鲜明的互动性;多媒体演示平台,要评价演示内容与学科课程的整合程度,演示平台是否为学生提供了创新思维、扩散思维的空间,演示的时机、演示的控制、演示的规范程度等。

多媒体网络平台与多媒体演示平台下的信息资源,要评价资源在学科教学中的价值,是否体现为学科教学服务,是否为学生的自主学习提供了丰富的社会文化背景,是否改变了学习内容的呈现方式,是否为学生的学习提供了意义建构保障,是否能引起学生的学习探究等。

2. 目标与策划

信息化的学习资源选择应用是否体现了课程目标,这个目标应该是新课程三维度的统一。每个环节的信息化学习资源应用的具体目的是否明确,为实现本课程的教学目标服务的程度及对平台资源的选择、与课程整合的策略等。

3. 学生与教师

信息技术与课程整合中的学生评价,要遵循发展性评价原则,以学生为主,以学生的发展为主。应从对学生的定位性评价、形成性评价、诊断性评价、总结性评价等方面出发,评价信息技术与课程整合后,学生在信息化环境下,

生生交流、生师交流、人机交互的程度,探究学习的兴奋度等,个性是否得到了张扬,是否有力调动了学生学习思维积极性。

信息技术与课程整合中的教师评价,要看教师在信息化环境下是否实现了角色转变,是否真正成为学生学习的伙伴,是否是学生学习中的首席,是否能熟练应用信息资源帮助学生自主协作学习,是否能营造生生互动、生师互动、人机互动的学习环境,是否把时间和空间最大限度地留给学生,是否凸显了劳动过程的创造性等。

4. 过程与方法

信息技术与学科课程整合的过程与方法评价,要看实施课程的课堂是否真正成为师生交流信息、共同发展的互动过程,在这一过程中信息技术是否促进了学生学习方式的转变,促进了教师教学方式的转变,信息技术与课程整合后,是否更有利于学生对知识形成发展过程的了解和探究,学习的方法是否更加多维,更加灵活,更加富有挑战性,更加利于个性的张扬。课程系统结构是否更加科学,更加倾向于学生的探究学习。

5. 诊断与反馈

信息技术与学科课程整合的诊断与反馈评价,要看信息技术、信息资源在课堂教学中的功能性作用,信息资源环境是否更有利于对学生学习情况、学习问题、学习疑难、学习效果的诊断,更有利于学生学习情况的即时反馈,以便教师及时调整教学策略或帮助指导学生及时调整学习策略。信息资源环境下学生学习的诊断与反馈是否更加方便快捷、灵活多样,是否更有利于学生学习的形成性诊断。

6. 效率与效果

信息技术与学科课程整合的效率与效果评价,要看信息技术切入学科课程后,学生在信息资源环境下是否能高效应用信息资源实现快速反应、进行快速学习,学习的方法是否科学,速率是否提高。在信息资源环境下,学生搜索、处理、交流、应用、创新学习信息的能力是否得到了培养,学习的效果是否明显。这种效果应该是知识向智慧的迅速转化,创新思维和实践能力的培养与提升,个性化学习效果的鲜明体现。

除上述 18 个项目、三大板块、三级指标外,信息技术与学科课程整合的评价还要有五个方面的综合评估标准:(1)是否有利于学生学习兴趣的激发和学习主体作用的体现。(2)是否有利于学生在学习活动中知识的获取与保持。

（3）是否发挥超文本特性，实现对教学信息最有效的组织与管理。（4）是否有效实现培养合作精神，并促进高级认知能力发展。（5）是否有利于实现培养创新精神和促进信息能力的发展。

　　根据上述描述，我们可设计编制信息技术与学科课程整合的 18 个项目、三大板块、三级指标的矩形评价量化表。这个评价表的量标可以用百分数体现，也可以等级体现。无论哪种体现方式都应遵循评价的"客观性、科学性、公正性"原则和发展性评价的原则，充分考虑评价的相对标准、绝对标准、差异标准等因素。我们的评价才能更有效地发挥"导向与激励、反馈与交流、检查与监控、鉴定与选拔"的作用，才能更有说服力。

第六章　教育技术应用

第一节　MOOC

一、慕课对高等教育模式的影响

慕课这一创新型教学模式的出现,对高校的教学模式产生了很大的冲击。它的出现是高等教育模式创新的具体体现。大学应该尝试各种创新性的教学模式,比如混合学习,或是翻转教师,抑或是在线学习等,并在慕课课程中总结相应的经验,将这些经验融进自身课堂教学以及人才培养中,促进自身教学质量的提升以及教学模式的创新。对于大学来讲,参与到慕课模式中在贡献自己力量的同时也会给自己带来一些新的发展机遇,不仅可以促进自己产出更多的优质资源,提升高校本身的教学质量,同时也可以通过慕课课程的实施推动其模式的改革。下面主要从几个方面来说:

1. 慕课冲击了传统的教学模式。慕课的创新之处是带来了大学教学模式的变革,强烈地撼动了以往的以教师教为主的教学模式的地位,学生只需要在网站上注册账号就能享受慕课教学,它改变了以往因时间、地点的不便导致学生无法学习到自己感兴趣的课程,名校老师的讲解更让学生的学习得到明显的提升。慕课中有多种课程可以选择,使得学生可以充分享受到学习的快乐,满足了学生可以享受多种资源的求知需求。此外,对传统教育模式最直接的冲击,直接表现为慕课最大限度地实现了学生能够进行自主学习。慕课把课程编制成十分钟的短视频,针对课程中的某一问题进行讲解,微视频可以保证学生听课的高效率,使学生充分地掌握所学知识。它打破了传统教学时间、教学地点、教学资源的限制,高程度地对深化传统教学模式的改革有着极大的促进作用。

2.高校领导者要意识到改变教学模式的重要性。高校领导者应该充分领会到"慕课"这一创新型教学模式的优势所在,加强对自身学校教育模式的转变,结合慕课的教学模式,了解其新颖所在,打造出适合学校自身的教学模式。管理者更应该重视对教学模式的转变和变革,结合自身教学情况开创思维,提高教师的综合素质,为学生提供一支高品质的师资队伍。其次,管理者通过对慕课这一现代教学模式的深入研究,明确认识到自身教学模式所出现的问题,易于加快高校改革的脚步。在慕课中聚集了各个高校中资质非常高的教师,这对高校的教师授课水平是一大挑战,管理者也可通过教师的意见,不断改革自己存在的问题,要把提高学生学习效率作为第一要素,逐步地进行教学模式的改革。

3.给师生关系带来革新。教师和学生是高校教育教学中的核心,课程则是联系教师和学生的纽带,慕课的出现对传统师生关系进行了重构。慕课给传统师生关系带来了一定的冲击,且不仅仅只限于课堂上的关系,它进一步地实现了关系的翻转。在慕课中,学生可以根据自己的兴趣爱好,选择学习自己感兴趣的课程,更大的可能是在这个平台上可以与教师交流发表自己的观点和看法,有些新颖的观点和看法会被教师采纳,这也让学生成为了教师的"教师"。更重要的是,教师不能只关注自己教学过程中的看法与建议,更要注重沟通和谈论的重要性,重视培养学生的启发性思维,激起学生的学习兴趣,让他们积极踊跃地加入到课堂探讨中,并发表自己的主张与看法。所以说,慕课的出现使传统的以教师为主体的师生关系发生了变革,学生不再作为被动的灌输者,而是主动地去学习、获取知识,使师生建立的平等公正的关系得以保证。此外,教师间的关系也得到缓和,慕课的加入增强了教师间的合作,因为现在的学科并不是单一的学科,各个学科之间都有交叉,并不只局限于单一的专业课程,学科之间的这种互相交叉的关系,需要教师与教师间的密切合作。

二、慕课对高等教育观念的影响

慕课与以往的教学观念相比有着巨大的创新之处。

1.传统课堂上,学生都是通过优胜劣汰一层层地选拔上来,聚集到同一专业、同一班级上,而慕课打破了这种局面,使得不同时间、不同地点、不同专业、不同年龄、不同背景的学生结合在一起组成面向全世界的大课堂,让他们在这个时空中满足自己的需求。在此平台上,学生随时可以发表见解与观点,与其他学生即时交换意见、即时交流,互相进步。这是传统课堂所不能做到的,另外这对教师来说也是未曾有过的挑战,要求教师对自己的课程进行更深入的探索与反思。同时需要教师间加强紧密合作,这种错综复杂的课堂教学,是教师独自一人不能完成和应付的,要求教师把个人劳动结果转化为集体结晶,逐步推进课堂进入数字化教学阶段。

2. 慕课较之以往的教学观念,开始逐渐由个体学校开办向多所高校联合创办主体转化。传统大学的教学模式是学校自己本身举办,随着慕课这一新型模式的到来,教学模式转变为由多所大学共同开拓和共享课程,显而易见,传统的教学观念也理所当然地要发生一定的改变,逐渐形成多个高校办学的新型教学理念。另外,加强学生学习能力的培养、提高学生的专业技能是以往教学主要的关注点,慕课平台的出现,更加关注学生的综合素质,通过慕课与他人共同学习,实现大规模的课堂教学模式,使得不同专业、不同背景的人聚集到一起接受"大"课堂教学。在这一过程中充分体现了学习者的个性化水平,并在此基础上,让整个教学过程中都贯穿着此类学习理念。

总之,学校要赶上慕课大潮,必须抓紧时间对慕课进行深入探索,寻找开拓慕课课程的新型方式;提高学校本身的优势课程,打造一流的课程体系,并相应地引入非优质课程,结合教学情况,做到扬长避短,成功实现多种课程体系并存的形式。

三、慕课对高等教育教学方法的影响

教学方法是高校教育中最活跃的因素,一定的条件下也被认为是大学适应社会发展、深化教育体制改革、提高人才质量的手段。教学方法的活跃程度,直接与人才质量的培养相挂钩,西方高校中教学方法不断改革,以便能与教学观念、人才培养目标、教学模式相适应。然而最近几年来,我国教学方法的变革不进则退,比较滞后,突出问题也由此显现出来,教师只重视演绎、推理,忽视了归纳、总结的重要性,"灌输式""填鸭式"的教学方法一直没有得到改善,对于启发式、引导式的教学方法的推广更是少之又少,教师的讲课方法过于笼统,对学习者的思考和见解缺乏关注。就观察到的情况来看,传统的教学方法缺乏变通,授课形式单一,对于人才的培养也由走精英路线变为了走大众路线,教学条件虽说增添了计算机辅助设备,但也只是由粉笔、黑板、课本转变为计算机、多媒体教室,对于国家号召培养创新型人才和教育战略转变于不

顾,照本宣科的教学方式仍没有得到改善。更为让人惊讶的是,教学方法由原来教师照着书本的灌输式教学变为了照着多媒体大屏幕的灌输教学,"同化"了多媒体教学原有的教学效果。诸如此类的现象比比皆是。

面对慕课的出现,传统的教学方法急需改变。要摆脱照本宣科的教学方式,那么应该如何转变呢?

1.要转变教学理念、教学观。教师要了解到自己的职责所在,做好教师育人的本职工作,随着慕课不断深入到教学中,教师不仅要加强自身教学能力、自身的文化知识素养,还要学会利用现代技术作为辅助,利用新技术提高学校本身的授课质量。此外,我们要站在整合教学思维观念的立场上。慕课对我们的影响不仅体现在新技术的支持上,更是教与学的一种变革,在充分学会利用技术的基础上,更要学会在理解新教学资源的前提下,了解全新的教学世界并深入其中。教师和学生都要对教学方法的转变树立坚定的思想观念,有了共同的目标才能使我们传统的教学方式得以改变,以适应慕课给我们带来的影响。同时学会创新,保持对新的教学观念的追求。

2.整合教学思维观念,理性看待慕课。在新的教学技术下有着丰富的教学资源,我们要整合传统的教学观念,突破现有的模式与方法,同时也要避免新技术的滥用,创造出更适合现代师生友好教学与互动的平台,真正实现冲破传统教学理念的樊笼。另外,我们也要理性看待慕课教学,它的教学资源固然丰富,但是在现阶段,慕课刚刚起步,繁杂而大规模的形式,使得慕课还尚未成熟,我们要从自身立场出发,分析慕课给我们带来的一系列影响,吸收其创新之处,剔除不适合高校发展的因素,利用科学技术,创造出适合高校自身发展的新技术。对于慕课庞大的资料库,要建立起适合高校自身利用的新资料库框架,保证及时更新,跟上网络时代的步伐,从而实现高等教育与信息的高效整合,使高校的发展更进一步。

总之,高校要学会利用慕课的优势,明确教学目标和人才培养目标,在新的教学条件下,改变传统教学理念,使传统课堂与线上学习更好地结合,发挥出最大的效果。教师也要学会走上网络教学,鼓励学生开展自主学习,以使师生共同走上改变以往教学方式的道路上去,真正实现教学方法的革新。

四、慕课对高等教育质量的影响

1.慕课课程的发展倒逼着大学教育要加强创新,提高授课质量。如今,清华大学、北京大学等多所高校纷纷加入慕课课程当中,这势必会影响当前的教育举措,而如此情境下提高教学质量是高校所要面对的一个重要课题。而无论在哪种教学模式之中,课程的质量都是重中之重,而课程质量的关键在于授课水平和辅导态度。这就对高校的师资素养有了一定的高要求,教师不能再像原来一样只专注于自己的课程研究。对教师也就提出了以下几个方面的要求,一是教师要建立起严格的教学知识体系框架;二是要有完善的专业知识技能;三是要有较好的语言表达能力。此外,课堂上幽默语言的运用更是给教学添色不少。同时,辅导态度的好坏也影响着教学质量,在慕课课程上,教师不仅在课上非常认真负责,在课下论坛讨论中对学习者也是不遗余力地进行辅导,使学习者的需求得到满足。那么,在传统高校中教师对学生的辅导也是尤为重要。传统高校教师不愿与学生在课上进行学术问题的探讨,在课下学生也不积极主动地和辅导教师进行交流沟通,这就导致了教师授课质量的低下,提高教师授课水平,增强授课质量,需要师生的共同努力。

2. 慕课对大学教师授课质量的影响还表现为教育方法多样化。慕课借助网络,学生可以根据自己的意向选择适合自己的时间、学科进行学习,这一点是课堂无法提供的。但是传统课堂上除了可以采用讲授法的方式外,适当地加入分组讨论法也是很好的选择。此外,在必要的情况下,还可以采用辩论式的方法来进行教学,根据课程中的某一难点或重点展开,使学生更好地掌握和理解,增强学生的学习效率,从而提高课堂质量。所以说,在课堂中采用多种教育方式,可以得到更好的反馈效果,更有助于教育质量的提高。

3. 慕课的发展虽然对高等教育有着重大的影响,但是我们可以将慕课为高校所用,进一步提高高校的教学质量。学生通过慕课,可以获取更多的学习资源,开阔自己的眼界,可以接触到更外沿的学术领域。另外,慕课的引入,可以改变原来学生学习不主动、缺乏自主学习能力的问题,这无疑会起到巨大的推动作用。课前学生了解了本次课程的学习内容后,可以利用慕课进行资源的搜集,对于不懂的地方可以进一步探究,这样就让学习者更容易融入到知识的学习当中,提高学习质量就指日可待了。

五、慕课对高等教育学分证书制度的影响

有不少专家学者们预测,慕课中大学课程类将得到资格认证,专业技能类将撼动线下培训。慕课沿袭了传统高校的考评制度和认证结业机制,如果学

习者在规定的时间内进行了注册选课,课程部分全程认真参与,完成了所有课时的学习,并通过了课程结束后的考试,那么慕课平台会颁发给学习者相应的结业证书,作为学习成果的证明。与传统高校颁发的毕业证书相比,慕课证书还未能得到社会的认可,不能与传统的学位对接,这也是慕课目前面对的一个最大问题。尽管如此,这一认证制度也使得慕课在众多在线教育模式之中鹤立鸡群。结业证书不仅是对学习者学习成果的认可,更是对学生学习的一种鼓励和支持,学习者更容易在漫长的学习过程中坚持下来,认真刻苦、尽心尽力地完成所有学习课程。

另一方面,如果只提供线上课程,慕课的发展空间可能十分有限,只能作为线下教育的补充,永远不能替代线下教育。慕课必须能够给完成课程的学生提供社会承认的资格证明,才能实现传统教育的关键价值,因而学位认证是未来慕课发展的方向之一。现在,有很多的慕课机构已经开始进行了对学位认证许可的申请,而且目前也由很多机构通过了学位认证,这一进展可谓给慕课教育增加了很多进步的空间。而且随着慕课的发展,相信慕课学位证书会得到更多的认可。

但是,慕课不可能从根本上改变每一个大学课堂。慕课是用来提供在线课程的一个工具,慕课要成为人们所担心或所希望的颠覆性创新的话,就必须为抵制把这种创新变成一个只有助于支持现有体系而进行持久创新的努力。如果慕课提供大学学分,那么更高程度的接受和尊重就会实现。

随着慕课的发展,慕课的学分证书制度逐渐会得到社会的认可,势必会给高校学分证书制度带来一定的冲击。那么,关于大学怎样解决当前证书授予的架构整合问题以及 MOOC 是否可以兑换学分的问题,目前还存在很多争议。对于证书的发放问题也是萦绕在大学头上的一个大问题,虽然目前 MOOC 模式还可以顺利运行,但是随着慕课课程的进一步深入,这些问题将是大学无法回避的问题,并且也将成为阻碍大学在 MOOC 模式上走得更远的绊脚石。

第二节　微课

本章分析微课的特点、类型,并对微课的应用情况和设计与制作流程等进行总结。“微课”是指以视频为主要载体,记录教师在课堂内外教育教学过程中围绕某个知识点(重点、难点、疑点)或教学环节而开展的精彩教与学活动全过程。可见,微课的核心组成内容是课堂教学视频,同时还包括与该教学视频相关的教学设计、素材课件、教学反思、练习测试等辅助性教学资源。这些资源以一定的组织关系和呈现方式共同构建了一个小环境,它是在传统课基础上继承和发展起来的一种新型教学资源。本文试分析微课的特点、类型,并对微课的应用情况和设计与制作流程等方面进行探究和总结,以期促进微课在教学中的广泛应用。

一、微课的特点

1.短小精悍

微课首先体现在"微"字上面,不管教学时间、教学内容还是资源容量上都体现"微"的特征。"微课"的时长一般为 5 ~ 8 分钟左右,最长不宜超过 10 分钟。因此,相对于传统的 40 分钟或 45 分钟一节课的教学课例来说,"微课"可以称为"课例片段"了。"微课"主要是为了突出课堂教学中某个学科知识点(如教学中的重点、难点、疑点内容)的教学,或是反映课堂中某个教学环节、教学主题的教与学活动,相对于传统一节课要完成的复杂众多的教学内容,"微课"的内容更加精练,主题更突出,因此又可以称为"微课堂"。从资源容量大小来说,"微课"视频及配套辅助资源的总容量一般在几十兆左右,视频格式须是支持网络在线播放的流媒体格式(如 rm,wmv,flv 等),师生可流畅地在线观摩课例,查看教案、课件等辅助资源;也可灵活方便地将其下载保存到终端设备(如笔记本电脑、手机、MP4 等)上实现移动学习、"泛在学习",非常适合教师的观摩、评课、反思和研究,有利于学生的零碎时间学习。

2.设计精致

因为时间短,所以微课中的每一分钟甚至每一秒钟都需要经过精心的设计安排,不能拖泥带水,否则就无法在较短时间内完成教学任务。传统的课堂视频,教师花较多时间导入学习内容,也有相对充裕的时间来组织教学活动,微课则不然,每一段教学活动都需要非常精致的设计,要非常紧凑。因此,设计微课就像拍一部短片一样,除了惯常的教学设计,还要有详细的脚本规划以及镜头的组织安排。

3.资源组成或结构"情景化"

"微课"选取的教学内容一般要求主题突出、指向明确、相对完整,而且在内容对应的情境中展现。它以教学视频片段为主线"统整"教学设计(包括教案或学案）、课堂教学时需使用的多媒体素材和课件、教师课后的教学反思、学生的反馈意见及学科专家的文字点评等相关教学资源,构成了一个主题鲜明、类型多样、结构紧凑的"主题单元资源包",营造了一个真实的"微教学资源环境"。这使得"微课"资源具有视频教学案例的特征。教师和学生在这种真实的、具体的、典型案例化的教与学情景中可以实现"隐性知识""默会知识"等高阶思维能力的学习,并实现教学观念、技能、风格的模仿、迁移和提升,从而迅速提升教师的课堂教学水平,促进教师的专业成长,提高学生的学业水平。

4.具有广泛性与互动性

微课学习对象不受学习时间地点的限制,只要打开多媒体终端设备连接网络就可以随时随地选择相应内容进行学习,并可以对课程内容发表及时的评价和反馈,做到简单高效。同时教师也可以通过与网络学习者的互动,来改进教学。还有,微课一般上传到网络,各类人群都可以共享,不管是在校学生,还是已工作的毕业生,或者企事业的老职员等,只要上网,都能利用微课学习。这样能为学习者提供更多更便捷的获取教学资源的机会,其动态生成性表明微课具有一定的生命力,可不断为教学补充给养。

二、微课的类型

微课按照制作形式可分为以下三种类型:

1. PPT 式微课。此课程方式比较简单,先制作 PPT,PPT 由文字、音乐、图片等构成,设计 PPT 自动播放功能,然后转换成视频,时间在 5 分钟左右。

2. 讲解式微课。由讲师按照微课程要求,按照模块化进行授课现场拍摄,经过后期剪辑转换,形成微课程,时间为 5 ~10 分钟。

3. 情景剧式微课。此课程借鉴好莱坞大片拍摄模式,企业组成微课研发团队,对课程内容进行情景剧设计策划,撰写脚本,选择导演、演员、场地进行拍摄,经过制片人后期视频剪辑制作,最终形成微课程。时间为 5 ~10 分钟。

不同教学内容适用于不同的微课模式,一般知识类课程,可采用 PPT 式或讲解式;而技能操作类课程,则采用情景剧式较好。

三、微课的应用

1. 在教师教学过程中的应用。根据美国的一份调查报告显示,在面对面教学、在线学习以及混合学习三种教学模式中,混合学习是最高效的,面对面教学是最低效的。对一些重难点和关键技术辅以视频进行教学是很有必要的。而以往的在线视频往往冗长,经常需要再加工之后才能为教师所使用。这不仅增加了教师的使用难度,而且浪费了教师宝贵的时间。微课视频因其本身就是围绕某一个知识点,或者一个例题,或者一个现象,或者一个案例来展开的,因此,它天然地为教师的课堂教学应用创造了便捷条件。一个完整的教学过程一般包括课前复习、新课引入、新课讲授、知识拓展、小结与练习等五个环节。课前复习环节可让学生在课前先看此微课视频,对旧课进行回顾;新课引入环节,根据新课的知识点设计相应的问题或情境的微视频,吸引学生注意力,为新课讲授做好铺垫;新课讲授环节,教师可以针对本节中的重难点和典型案例做详细解析的微课,在课堂讲解和讨论后再让学生观看相应的微视频,加深学生的理解;知识拓展环节,在微课视频学习中,教师可引入一些学科前沿性的、社会关注的课外知识,直接放给学生看;至于小结与练习环节,教师引导学生总结本次课的知识点,再设计出适量的习题用于学生对知识点的巩固,此微视频于本次课结束前播放。以上五个教学环节可单独或联合使用微课,在课堂教学尤其是高职课堂上加入微课元素,根据教学需求灵活选取适当的微课视频,既丰富了教学资源,使教学过程深入浅出、形象生动,又有利于提高学生学习积极性和增强教学效果。

2. 在学生自主学习中的应用。由于微课主要以网络视频形式存在,而且兼具"短、小、精、趣"的特征。现在的学生对于现代信息技术熟悉,而且对于网络兴趣大,学生可根据需要,随时随地点播学习。教师把课程中重难点问题和关键技术环节制作成短小精致的微课视频,上传到网络,学生一有学习需求,可随时随地和反复观看学习,非常方便,也迎合了学生的喜好。同时,对于较难掌握的内容,学生可反复播放观看学习,能使那些平时接受能力较弱且不好意思发问的学生自主反复学习,较好地解决了后进生的学习效果问题。

四、微课的设计与制作

微课设计与制作基本流程如下:

1,绘制微课地图。所谓微课地图,就是指把某一学科或课程中若干个微课,按照一定的逻辑顺序进行排列形成的学习路径图。微课制作前,运用Imindmap、Mindmanager、iMindMate等思维导图软件绘制微课地图,捋清思路,梳理内容主线,看哪些教学点需要制作微课及其顺序如何安排。绘制微课地图可以统筹学科知识、指导微课开发。

2.选择微课模式。根据教学内容,设计不同教学情境,进而选择不同微课模式。对于知识类课程,可选择 PPT 式或讲解式的微课模式;对于技能类课程,则适宜选择情景剧式微课,最好拍摄正、反案例情景剧;而情感类课程,就最好用 PPT 动态画面加配文字、声音的形式。

3.制作微课文件。具体如下:

(1)PPT 式微课制作。

首先,根据教学内容设计制作 PPT 课件,包含文字、图片、PPT 动画和音乐等内容。PPT 制作要精美、简洁、图文并茂。并将 PPT 设置为自动播放模式,设置好放映时间和播放速度。然后采用录屏软件 Camtasia Studio 或视频编辑软件 Ulead Video Studio 的录屏功能对自动播放的 PPT 文件进行录制。录制好后就进行后期编辑制作,如添加声音、音乐及片头片尾等。制作好后导出为 mp4.flv、wmv 等格式保存。此类微课程基于 PPT 技术,但是与目前普通的 PPT 要求有些不同。其模板与背景一般为纯白底黑字或黑底白字,特殊的也可用红色、黄色等,但不做主体色。图片尽量用整屏的。文字每版面最多 35 字,基本字号为 40 号 ±6,如果同页出现大小不同的字,反差控制在 ±20 以内,字体要醒目、粗一些。

(2)讲解式微课制作。

此课程方式也比较简单。根据教学设计,选择关键知识点进行授课现场拍摄,之后再后期编辑转换即可。首先选择适宜的授课场地,接下来准备好设备,主要是灯光、音响、麦克和摄像机等,再进行人物装扮、取景和试镜,然后开始进行讲课拍摄。拍摄完后,利用视频编辑软件进行后期编辑制作,可以进行一些必要的美化,加上片头片尾,最后导出为 mp4.flv、wmv 等格式保存。因为微课时间短,所以讲解时切入课题要迅速,讲授线索要明亮醒目,收尾要快捷;讲解人教态要自然。

(3)情景剧式微课制作。

这种类型的微课制作要复杂一些,需由演员表演出一定的剧情,达到说明一定问题的目的,与拍电影电视流程差不多。一般分三大步骤:第一步,进行编导设计,包括策划脚本、脚本编写和演员选择,剧本需要一场一场地写,镜头要一组一组地组织安排。第二步,视频拍摄,选择合适的场地,准备好相关道具,导演就按照脚本指导演员进行表演,并将整个表演过程拍摄下来。第三步,后期制片,对拍摄的视频进行编辑、剪接、合成、加入字幕等,再加上精彩的片头片尾。这样,情景剧式的微课就制作好了。情景剧式微课用故事情节和情景表现内容,更生动有趣、引人入胜。

总之,微课以其"短、小、精、趣"的特征,迎合了时代要求和大众心理,有着十分广阔的应用前景。当然,作为一种新兴的教学资源、模式,微课还有不完善和不成熟的地方,随着研究的深入和更多人的参与,相信微课这种教学模式会更加规范、系统和适用。

第三节　网络课程的设计与开发

在网络教学环境中,教师和学生在地理位置上的分离,使得教学无法以教师为中心来展开,而必须以学生为中心,学生已经成为教学过程中的主体,所有的教学资源都必须围绕学生学习来进行优化配置,教师不再是知识的唯一源泉,最大的知识源泉是网络,教师的任务是指导学生如何获取信息,帮助学生解决学习过程中的问题,并帮助学生形成一套有效的学习方法和解决问题的方法。学生的地位也应该由原来的被动接受者转变为主动参与者,学生应该成为知识的探究者和意义建构的主体。学生的头脑不再被看作一个需要填满的容器,而是一支需要点燃的火把。网络学习环境不再是教师讲解的辅助工具,而变为帮助学生探索、发现、学习的认知工具。网络教学应该围绕如何促进学生的自主学习、促进学生思维的深度与广度发展、组织学生的自主学习活动来展开。这些内容构成了支持网络教育教学观念的基石。

网络课程是通过网络表现的某门学科的教学内容及实施的教学活动的总和,它包括两个组成部分:按一定的教学目标、教学策略组织起来的教学内容和网络教学支撑环境,其中网络教学支撑环境特指支持网络教学的软件工具、教学资源以及在网络教学平台上实施的教学活动。

网络课程设计是教师在网上教学前的准备工作,教师需要把课程编写成网页的形式并进行一系列的备课。在网络教学中,所有教学活动都是以学生为中心,特别强调在学习过程中发挥学生的主动性、积极性,相应的课程与教学设计主要围绕"教学内容""自主学习策略"和"学习环境"三个方面进行。一是教学的前提与条件;二是整个教学设计的核心,通过各种学习策略激励学生去主动建构知识的意义(诱发学习的内因);三是为学生主动建构创造必要的环境和条件(提供学习的外因)。由于网上教学与传统教学有很大区别,教师的地位发生了明显的改变,教师由原来的知识传授者、灌输者转变成辅助学生主动建构意义的帮助者、促进者,因此教师的课程设计也发生很大变化。

一、网络课程开发的基本流程

1. 确定教学大纲。2. 确定教学内容。3. 总体设计。4. 实现课程软件原型。5. 教学设计。6. 脚本设计。7. 素材准备。8. 课程开发。9. 调试与试运行。10. 正式运行。

2. 设计网络课程教学时,要遵循如下教学设计原则:

(1)注重教学目标及教学内容分析;

(2)设计教学活动时注意情境创设,强调"情境"在学习中的重要作用,注意信息资源设计,强调利用各种信息资源来支持"学"(而非支持"教");

(3)强调以学生为中心、注重自主学习设计;

(4)强调"协作学习",要注重协作学习环境设计,注重基于网络教学的策略设计。

3. 网络课程的具体开发应满足如下基本要求:

(1)网络课程建设要充分体现远程教育的特点,能提高学习者学习兴趣与自觉性;

(2)网络课程必须满足在互联网上运行的基本条件,还应具备安全、稳定、可靠、下载快等特点;

(3)网络课程应有完整的文字与制作脚本(电子稿);

(4)网络课程文字说明中的有关名词、概念、符号、人名、定理、定律和重要知识点都要与相关的背景资料类相链接。

(5)对课程中的重要部分,可适当采用图片、配音或动画来强化学习效果,但要避免与教学内容无关的、纯表现式的图片或动画。

二、确定教学大纲

教学大纲是以纲要的形式规定出学科的内容、体系和范围,包括课程的教学目标和课程的实质性内容,是编写网络课程的依据,也是检查网络教学质量的标准,对网络教学工作具有直接的指导意义,对学生了解整个课程知识体系也有很大帮助。教学大纲一般由以下几个部分构成:

　　说明：简要介绍本学科的目的和任务，选材的主要依据，以及对教学与学习的原则性建议。

　　文本：列出按层次结构自制的知识点条目（一般是篇章节目），包括知识点的简要说明，知识点的教学要求、教学时数、教学活动及其所用时间。

　　实施要求：列出编写教材的参考书目、教学环境要求、教学仪器设备、辅助教学手段、说明等等。

　　教学大纲的编写应注意如下原则：科学性、思想性、主观联系实际、基础性、系统性等等。

　　如果开发的课程已有教学大纲，应尽可能选用现有大纲，如果没有，要编写一个，编写的大纲要经过学科专家审查。

三、确定教学内容

　　根据教学大纲，编写教材、配套的练习册、实验手册，如果已有优秀教材，尽可能选用。教材的内容应具有科学性、系统性和先进性，符合本门课程的内在逻辑体系和学生的认知规律，表达形式应符合国家的有关规范标准。

　　教材、配套的练习册：教材是教学内容的文字描述，教材是教学内容选择结果的体现。对教学内容选择时，要选择切合实际社会需要、反映本学科最新发展动态的教材，对于那些已经过时的内容要坚决删除；教材不是教学内容有简单堆砌，而是教学内容的有机组合，教材应能把一门学科的基本概念、基本原理和基本技能要求提炼出来，形成一个具有逻辑性、系统性的知识系统，使之有利于学生对知识的理解与迁移；练习册是选定教学内容后，诊断与巩固教学内容的测验试题的集合，它是教材的重要组成部分。

　　实验、实验环境与实验手册：对于一些含有技能培养目标的课程来说，实验是必不可少的。实验是教材中理论知识的实践认证、技能知识的具体体现。设计实验时，要注意实践性和可行性，实践性是指实验在理论指导下，通过具体的操作步骤，达到预期结果；可行性是指设计的实验要求的条件不能太高，要能在实际教学过程中得到实施，在网络教学环境下，尤其要注意实验的可行性。实验手册是对实验的说明，一般有实验目标、实验环境、预备知识、实验步骤、实验报告、思考与练习等几大部分。

四、总体设计与原型实现

　　选择一个相对完整的教学单元，设计出一个教学单元的网络课件原型，通过原型设计,确定网络课件的总体风格,包括界面、导航风格、素材的规格以及脚本编写的内容。

总体设计是设计过程中最重要的一环,它是形成网络课件设计总体思路的过程,决定了后续开发的方方面面,网络课件设计过程所要遵循的所有原则,都要在这一阶段得到充分体现。原型实现后,应在一定范围内征求意见,尤其是征求最终用户(学生)的意见,并根据征求的意见进行修订,以达到最优化的目的,减少后续开发过程中修订的工作量。在进行总体设计时,应注意:

1. 内容组织

课程内容采用模块化的组织方法,模块的划分应具有相对的独立性,基本以知识点或教学单元为依据。课程内容的组织要以有良好导航结构的 WEB 页面为主,链接有特色的网络或单机运行的教学课件,课件以知识点教学单元为单位。课程内容应根据具体的知识要求采用文本、声音、图像、动画等多种表现形式,比如文字说明、背景资料支持、配音阐述、重点过程动画表现以及与小画面教师讲授录像播放相结合等。自测部分可根据具体的知识单元设置。

每一个教学单元的内容都有如下几个部分:学习目标、教学内容、练习题、测试题(每一章)、参考的教学资源、课时安排、学习进度和学习方法说明等。

在疑难关键知识点上提供多种形式和多层次的学习内容。根据不同的学习层次设置不同的知识单元体系结构。

模块组织结构应具有开放性和可扩充性,课程结构应为动态层次结构,而且要建立起相关知识点间的关联,确保用户在学习或教学过程中可根据需要跳转。

2. 内容表现

在具体的开发过程中,注意描述性文字要精练、准确。中文字体尽量用宋体和黑体,字号不宜太小和变化太多,背景颜色应与字体前景颜色协调,以便减少在屏幕上阅读的疲劳。

在画质上,应要求构图合理、美观,画面清晰、稳定,色彩分明、色调悦目,动画、影像播放流畅、具有真实感。图形图像应有足够的清晰度。

色彩的选择应清晰、明快、简洁,颜色搭配要合理,主题与背景在色彩上要有鲜明的对比。网页色调要与内容相适应,背景颜色应与前景颜色协调,各页间也不宜变化太大。

构图是指画面的结构布局。构图的基本要求是设计好屏幕的空间关系,使画面新颖简洁、主体突出,具有艺术感染力,使教学内容形象地展示在学习者面前。

动画是课件的主要表现形式。动画的造型要合乎教学内容的要求,比喻和夸张要合理,动作应尽量逼真,动画要尽可能接近事实。

影像的目的是突出教学重点和难点,增加可信度。由于动态影像的信息量大,受网络带宽的限制,播放可能会出现停顿现象,这时应适当缩小影像的播放窗口,要尽可能采用流媒体技术。

在声音质量上,应要求解说准确无误、通俗生动、流畅清晰;音响时机恰当、效果逼真,配乐紧扣主题,有利于激发感情、增强记忆。在声音的处理上要慎重考虑,要考虑网络带宽的制约,应与影像结合起来综合平衡。

在内容结构上:同一网页中不宜同时出现过多动态区域。网页长度不宜太长,一般不要超过三屏,在 800×600 屏幕分辨率下不应横向滚屏。每门课程的网页应保持统一的风格和操作界面。控制功能、操作方法符合常规习惯。课程内容的设计应尽量加入交互方式,激励学生在学习过程中主动参与和积极思考。在疑难的知识点上充分发挥多媒体的功能,展现其内涵,使学生能够深刻体会,从而有利于培养学生获取知识的能力和创新能力。学习者对课程中的有关图片、资料、动画可选择浏览或不浏览,也可选择背景音乐开或关,以及配音阐述的开或关。网络课程每个知识点都应提供相关的参考文献资料链接,以拓宽学生知识面。

3. 内容导航

鉴于网络课程信息量巨大,内部信息之间的关系可能异常复杂。因此除了要求在信息结构上要合理设计外,对信息的导航策略要求也十分高,要求导航设计要清晰、明确、简单,符合学生认知心理,否则,学生容易迷失方向。网络课程可以提供的导航方法有:

列出课程结构说明:建立目录索引表,以表格的方式列出如下内容:教学单元、教学活动、学习时数、学习进度和学习方法,并指明学生所处的知识层次和位置,让学习者了解网络课程的信息结构,以便直接到达所需要的学习页面。

网络课程网站的文件结构:网站的文件结构要根据章节、通用网页、组件和媒体类型等适当地建立相应的子目录,单个子目录中文件数目不宜太多,以方便维护。

页面组织:网站的网页组织要反映课程的目录层次结构和网状结构。网页间的联系要便于学习者对知识结构的掌握。在网页中应有到课程起始页(Home)、前一页、后一页、上一层、相关内容的超链接,应提供利用关键词(基本概念)和目录树查找相关网页的快速跳转功能。对于描绘教学内容的重要媒体也要提供查询和直接显示功能。

直接导航:对一些重要的导航点,如当前学习单元、当前学习目标及学习单元的结束、前进、后退等,在主界面的导航中心提供直接的导航,只需用鼠标单击导航上的超链接,便可直接进入对应的界面之中。

浏览历史记录:记录学生在超媒体知识空间所经历的历史路径,学生可随时快速跳转到以前浏览过的页面。

线索:记录学习者浏览路径,可让学习者沿路返回,也可预先设计浏览的路径,减少学习者的探路时间。

检索表单:提供对整个课程全文检索功能,让用户检索 Web 的信息,帮助学习者迅速寻找所需要的学习内容。

帮助:对一些学习过程中容易遇到的问题,用帮助页面的方式给出指导,提供解决问题的方法和途径,以使学习者不至于迷航。

导航条:提供到顶级页面、上一级、下一级、同一级页面的导航。

演示控制:用于对动画、影像、声音的控制,让学生根据自己的学习需求控制影像/声音的播放进度。

书签:记录学习者标记的学习重点,便于对重点学习内容的快速定位。它是 Web 浏览器必备的功能。

框架结构:对结构比较复杂的课件设计可采用这种方法。主框架可以是学习区,副框架则可用作动态导游图,以显示当前的学习进度,并可以点击导游图直接到达某个进度。

导航策略用于网络课件,实际上是教学策略的体现。这是一种避免学习者偏离教学目标,引导学习者进行有效学习,提高学习效率的策略,它是决定网络课件质量的关键因素,因此需要精心设计。

五、脚本编写

脚本是教学人员与技术开发人员沟通的桥梁,脚本编写要根据计算机的特点,在一定的学习理论的指导下,对每个教学单元的内容及其安排以及各单元之间的逻辑关系进行教学设计,并写出相应的设计文本,网络课件的脚本编写要充分考虑原型设计阶段所确定的内容表现、导航、教学设计等课件的总体风格。脚本描述了学生将要在计算机上看到的细节。它在课件设计中占有非常重要的地位,它是设计阶段的总结,又是开发和实施阶段的依据。从其内容来看,它是网络课件中教学内容和教学方法的载体,而不是课本或教案的简单复制。

1. 脚本编写要求

人员组成:因为脚本不仅包含了将要在计算机上显示的大量的教学信息,更重要的是如何通过计算机为学生构建一个良好的学习环境,使学生在这样的环境互动中,促进学习的发生。这就要求脚本提供的教学信息以及这些教学信息的展示和交互过程应能较好地体现一定的学习理论,应能充分发挥计算机的优势。因此,参加脚本编写的人员应包括学科专家、教学设计人员、教育软件设计专家、教育心理学专家、计算机程序设计人员。脚本编写应遵循如下基本原则:

明确教学目的和各教学单元的教学目标。

根据教学目标,使用的教学内容应准确无误。

根据教学目标和教学内容,选择适当的教学方法(CAI 模式)和传递教学信息的媒体。

学习理论的应用。无论采用什么样的模式,都必须注意学习理论的应用,以提高软件的教学效果。

应考虑计算机的输出和显示能力。

使用的格式应该规范。脚本可以使用不同的格式,但必须规范,而且便于对脚本各项内容的表达,这些内容包括:

显示信息。指屏幕上将要显示的教学信息、反馈信息和操作信息。

注释信息。说明显示信息呈现的时间、位置和条件以及连接要求。

逻辑编号。显示信息常常是以屏幕为单位来表述的,为了说明它们之间的连接关系,每一个显示单位应有一个逻辑编号,以便说明连接时使用。

媒体、交互信息和"热字"的表示。为了清楚地表示教学信息中使用的不同媒体(文字、声音、图形或图像等)、教学信息中的"热字"以及交互过程中呈现的各种信息,脚本中常用不同的符号来表示它们。

对于编写好的脚本,应组织编写人员和更多的教师对其进行审查,修改其错误,补充其不足,然后,让未来的使用者对脚本进行"试运行",看是否能达到预期效果。这样得到的脚本作为编程或写作的蓝本,会明显地提高开发课件的速度和质量。

2.脚本类型

脚本包括文字脚本和制作脚本,文字脚本是按照教学过程的先后顺序,描述每一个环节教学内容及其呈现方式的一种形式,其主要目的是规划教学软件中知识内容的组织结构,帮助教学软件开发者将所要传授的知识清晰化,并对软件的总体框架有一个明确的认识。文字脚本与文本教材有较大的区别,它除了要表达清楚知识内容之外,还需要对教学目标、学习目标、教学活动、采用的教学策略、所采用的表现方式、教学软件的总体结构等做出明确要求。一般情况下,文字脚本包括以下内容:

(1)使用对象与使用方式的说明:阐明教学软件的教学对象、软件的教学功能与特点以及软件的适用范围与使用方式。

(2)教学内容与教学目标的描述:阐明教学软件的知识结构,以及组成知识结构的知识单元和知识点,并详细介绍教学的目标和要求。

(3)网络课件的总体结构:根据教学大纲和总体教学目标,确定网络课件的总体体系结构,划分软件的基本组成模块,并确定各模块间的联结与导航关系。

(4)知识单元的教学结构:表述一个知识单元的教学结构,它是文字脚本设计的主体,一般由多个文字卡片组成,每个卡片一般都有序号、具体的教学内容、教学媒体类型、教学模式、教学内容的呈现方式、教学方法、教学活动以及教学的组织结构等内容。

文字脚本可以说是对教学软件的总体构思的设计,它是学科教师按照教学过程的先后顺序,将知识内容的呈现方式描述出来的一种形式,但它还是一种概要设计,还不能作为多媒体教学软件制作的直接依据,因为教学软件的开发,还应考虑所要呈现的各种信息内容的位置、大小、显示特点(如颜色、闪烁、下划线、黑白翻转、箭头指示、背景色、前景色等)、交互方式,以及信息处理过程中的各种编程方法和技巧,还需要编写制作脚本。

制作脚本包含了学习者将要在计算机的屏幕上看到的细节,例如,用各种媒体展示的教学信息,计算机提出的问题,计算机对学习者各种回答(正确的或错误的)的反馈,在不同的情况下学生应进行的正确操作,等等。制作脚本一般采用卡片式格式,在卡体部分将这些信息的内容及显示的位置描述出来,同时用相应的符号标示出这些信息的类型。在卡体的注释部分,详细地说明卡体中各种信息显示的逻辑关系,即先显示什么内容,后显示什么内容;后来的内容显示时,先前的内容是否还保留;操作信息的作用,等等。

六、素材准备

素材准备。根据脚本的要求,准备所需要的素材,包括文字、图片、声音、动画、视频、案例等,通过课件原型的设计和脚本的编写,可明确素材的规格、数量、种类和具体内容,便于进行批量制作,可大大降低开发的时间与成本。

素材采集。通过扫描仪扫描图形,把准备好的音频和视频素材,通过声卡和视频采集卡,转换成计算机可识别的数据文件。

素材整理。制作好素材后,要根据《现代远程教育资源建设技术规范》对素材进行属性标注,并将其纳入网络课程的素材库中,供学生学习和教师在学习和教学中参考。

七、课件开发

根据脚本提供的要求和建议,参考开发的软件原型,利用课件开发工具(Frontpage、Dreamwave、Flash、Shokewave、Mediatools、Visual J + +等)集成课程内容,形成网络课件。

界面设计和制作。对屏幕上将要显示的信息的布局进行设计,包括主菜单、不同级别的操作按钮、教学信息的显示背景、翻页和清屏方式等。

编写文字材料。完成软件的制作以后,还要编写相应的文字材料,例如软件的内容适于何种程度的学生使用,软件的使用环境、使用的机型,软件的使用方法,以及其他配套使用的文字材料等。

八、运行维护与评价

网络课程与传统的课程内容不同,它是开放的,因为支持它的网络教学环境是动态的,是开放的,在网络课程的运行过程中,会产生很多很有价值的教学资源,这些教学资源通过相应的管理系统的管理,本身就可以纳入网络课程中并成为网络课程的重要组成部分。

另外,网络课程的设计也不可能一步到位,需要在网络课程的运行过程中,不断收集教师与学生的反馈意见,以及实际的教学数据,根据这些数据再对网络课程的设计做进一步修订。

第四节 网络教学环境设计

课程教学内容设计是实施网上教学的根本,但绝对不是网上课程内容设计的全部。在网上进行学习,强调以学为中心,强调学生的自主学习,在网络课程设计过程中应注意设计大量帮助学生进行自主学习的资源,促进学生的自主思维,促进学生的思维深度,促进学生学习的参与度。在一个典型的网络教学系统中,促进学生自主学习的课程资源有:讨论论题、疑问及解答、课程辅助资源、测验试题、自主学习活动等。这些资源,都应该在统一的网络教学环境下管理与使用,教学环境设计主要指在统一的教学支持平台下的自主学习资源设计,而不是网络教学软件的设计,教师只需关注如何在网络平台设计具体的学习支持资源,而无须关注具体的程序设计,比如与网络课程学习直接有关的课程大纲、练习题、常见问题、讨论论题等,所有内容直接在统一的网络教学平台界面中录入,或通过标准的 TXT 或 RTF 文件提供。自主学习资源、自主学习活动设计是网上课程设计与传统基于教科书的课程设计的基本区别之一。

一、讨论论题及内容设计

网络教学有良好的异步交互的优良特性,通过网络可以有效地对某一个论题进行深入的讨论,我们每个人都有过课堂讨论的体验,但课堂讨论由于时间有限、参与人数等讨论发言都很简要,一般都是几段话,这种时间有限的讨论往往浮于表面层次,感性成分居多而很难进行非常理性的思考,因为课堂讨论没有足够的时间进行充分的思考,难以深入。而 WEB 的 BBS(电子布告牌)系统,是以发表文章为基本的讨论交流形式,这种交流是不受时间限制的,参与讨论的学习者可以对讨论的问题进行充分的思考,通过不同观点和立场的碰撞与交流,学习者可以对一个复杂事物达到一个相对全面且深刻的理解。通过文章来表达自己的思想,可以大大提高学生的逻辑思考能力以及驾驭文字表达自己思想的能力。异步讨论可以大大促进学生对某些复杂事物的认识深度以及自主思维的深度,但前提是被讨论的问题要有一定深度和广度的讨论空间,也就是问题要有相当的复杂性和歧义性,要能够诱发不同的观点,要能够诱发不同层次的思维。这样讨论才能有效地展开,才会引起学习者的兴趣,激发学习者的参与度。这就要求教师在进行课程设计时要充分考虑教学内容的性质,深入理解课程的教学内容,提出一些有争鸣空间的问题。教师还应对这些问题进行多侧面多角度的考虑,准备一些讨论发言文章,以便在讨论过程中诱导讨论展开的方向,促进讨论展开的深度与广度。

二、设计课程疑问及解答

对于网上学习,学习者必须进行自主学习,没有了教师面对面的解释和演绎,就要求学习者从听众变成索求者,进行深入的思考。但到了百思不得其解时,及时的答疑和帮助则成了必不可少的内容。教师对课程内容理解得较为深刻,他应该知道初学者容易遇到哪些问题,学习过程中有哪些常见的疑问,教师在进行课程设计时,可将这些问题及其答案罗列出来,放在答疑系统中。这样,当学习者遇到类似的问题时可以从答疑系统中获得迅速的解答,消除学习过程中的许多障碍,也可以减轻教师在教学过程中答疑的工作量,缩短学生获得解答的时间。

在设计课程疑问及解答中应注重利用恰当的问题,引导学习者有意识的选择性注意。因为问题在吸引和保持学习者的注意,在使学习者对重要信息保持高度警觉和提高学习者心理上的参与方面是非常有效的一种注意策略。在学习新材料前有针对性地提出问题,让学生带着问题去学习,不仅有助于将学习者的注意力吸引到重要的信息上,忽略无关的或不重要的信息,而且问题还能提供一种"推敲"的功能,通过推敲使信息的含义更为明了,从而促进学习者对所学内容的记忆和理解,提高学习效率;此外,问题的类型也会影响学习者对学习材料的注意,若问题涉及材料的基本结构,学习者将注意材料的主要内容;若问题涉及材料的细节,则学习者注意材料中的细节。鉴于问题在吸引和保持学习者的注意方面的重要作用,在具体的设计中,应根据学习目标和学习内容的特点,精心设计问题的位置和问题的类型。一般对学习材料中的重点难点内容,可通过前置问题的设计,激发学习者的选择性注意,前置问题的设计可通过创设问题情境或提出与学习内容有关的一些问题来达到;为了促使学习者回忆已学过的学习材料,强化记忆,可通过后置问题的设计来达到目的。

三、计划在线交谈话题

同步讨论类似于面对面的讨论方式,学习者之间可以跨越地理位置进行实时的交流,实时讨论比较适合于激发碰撞新观念、新想法。教师可以进行实时答疑和辅导,也可以进行一些情感交流,教师在课程设计时应注意设计一些实时讨论的问题,引导学生参与讨论。问题设计应具有情感交流的情形。讨论话题应能启发新思路、新观点,讨论话题应有一定的密集性,不能过于分散。

四、设计课程资源

教师设计的主体教学内容信息容量是有限的,若没有丰富的相关教学资源支持,就不利于学生进行探索和发现,不利于促进多面性思考,不能满足众多学习者的个性化需求,因此,网络课程设计应该是一种基于资源型的课程设计,它有两个并列的主体,一是课程的主体教学内容,二是极大丰富的课程教学(学习)资源,网络教学资源的开放性与全球化为资源的课程设计提供了最适宜的土壤。

网络课程资源设计应遵循的一些基本原则:

(1)教学资源要与课程内容密切相关,避免与课程教学目标无关的资源分散学生学习的注意力与参与度。

(2)要以良好结构的方式来组织课程资源,以便学生能快速地定位自己所需的课程资源。

(3)课程资源应有丰富的消息量,提供给学生足够的探索发现的空间。

(4)课程资源应有丰富的表现形态,应具备良好的多样性。它应涵盖媒体素材(音频、视频、动画、文本、图形)、案例素材、文献资料、课件素材等,以满足学习多样性的需求。

(5)课程资源内容应具有良好的多样性。不同资源应有不同的阐述角度以及不同的阐述观点,在内容的深度上也应有不同的层次,以满足不同认知层次的学习者的需求。

(6)教学资源应有比较合理的"颗粒度",资源之间有相对的独立性,可重用性较强。

(7)课程资源应有一定的涵盖面,对课程的每一个教学知识点都应有一定数量的教学资源支持。

五、设计测验试题

无论是什么样的教学形式,测量与评价都是教学过程中一个重要的环节,是保证教学质量的重要手段之一。网络教学平台中的测评系统具有自动组卷、联机考试、自动(联机)阅卷、试题管理等一系列功能。它可以对网上教学中的考试与作业提供全面的支持。测评系统的核心是一个网络题库,它将试题按照经典测量理论进行严密的组织存储。它要求教师在课程设计时要设计一定量的测验试题,并按照经典测量理论的方式对试题进行属性标记,最后纳入试题库中。

设计试题时应遵循以下原则:

所有学科的网络题库,都应遵循经典测量理论的指导,要严格按照经典测量理论的数学模型开发题库管理系统、组织试题,每一道试题都要按照经典测量理论来进行属性标记。

试题组织:试题的组织与编写必须以学科的知识点结构为依据,建设题库之前,必须首先确定学科的知识点结构,在按学科知识点结构组织试题时,还需注意学科知识点结构的区别,例如语文、英语等学科,整个学科知识点之间逻辑性不强,每一个教学单元都包括很多的知识点;而物理、数学等学科则不同,知识点之间具有严密的逻辑性,而且一个知识点往往代表某章或某节的内容,不会被包含在其他章节中。在组织试题时,尤其是在设计题库管理系统时,要充分考虑并适应这种学科知识点结构的区别。

试题的分布结构:试题数量要足够多,在各指标属性区间内均衡分布,核心属性有知识点、难度与认知分类,以这三个属性为核心,形成三维立体交叉网络,网络上的每个交叉结点上都有合理的试题量,在保证这个核心结构的基础上,还应注意试题在题型和区分度上的合理分布,要处于基本的均衡状态。

试题质量要求:试题内容要科学,不能有任何错误;无歧义性,表述简单明确;无关联性,试题之间不能有相互提示,不能相互矛盾;试题参数标注要尽可能符合客观实际。要注意试题与课程相关,主要是针对课程的难点和疑点。

在设计测试和作业试题时,常用的问题类型有是非题、选择题、填充题、配对题、简答题、论述题等,它们中有些问题类型侧重于材料的细节,如填充题、配对题等,有些则侧重于材料的基本结构,如简答题、论述题等,以上这些问题类型较适于后置问题的设计。

第五节　网络教学活动设计

　　自主学习活动设计是网络课程开发的核心内容,它是对即将实施的网络教学具体活动的规划和设计,通过教学活动的设计,教师便可清晰地知道如何利用已设计好的网络课件与网络教学环境。自主学习活动设计的基本出发点在于促进学生与教师之间、学生与学生之间的交流,促进学生积极地投入到网络学习中来,充分发挥自己的积极主动性,提高网络学习的参与度。自主学习活动对学生个性的发展、社会参与能力、协作意识与协作能力、知识学习与实践均有重要的训练作用。从学生的全面发展和知识掌握两个角度出发,网上教学活动具有以下四种功能目标的统一:社会化与个性化的统一,知识学习与知识实践的统一。

　　社会化功能:社会化是"个人学习知识、技能和规范,取得社会生活的资格,发展自己社会性的过程",例如团结、服从。通过网上课外活动可促进个体的社会化,如用户注册、网络规则和礼仪是培养社会性的有效手段。以虚拟社区形式出现的网站能体现出更高的社会性。

　　个性化功能:个性作为心理学上的概念,即个人稳定的心理特征(如性格、兴趣、爱好、品性等)的总和。网上课外活动为学生的个性发展提供了广阔的天地。它为学生个人提供获取知识和实践技能的新途径,使学生的学习富于独立性和创造性。

　　知识化功能:创建一个有充分交互的多媒体资源和愉快的活动环境,提供各种网络支持工具使学生能容易地将信息转换为有用的知识。通过 Web 能获得课外"即时信息",对于扩大学生知识面,增加信息量,跟上时代潮流,培养学生主动获取信息、处理信息的能力都是十分重要的。

　　实践化功能:实践性是课外活动的重要特性。学生能力的培养,重要的一条在于必须独立观察、分析,在实践活动中锻炼。网络能充分提供发挥学生自我管理、自我教育的实践功能。通过网络可建设虚拟的实验平台,与他人合作或者个人进行充分安全的实践。

　　在规划各种形式的网络活动时,应综合按照这些目标进行设计并协调处理好这四种目标关系,否则网上教学活动很可能出现偏差,例如过分个性化则可能产生沉溺于网络,以自我为中心的负面效应。所以对参与基于 Web 的课外活动的成员资格应具有多重目标要求。

在一门完整的网络课程中，至少需要设计如下教学活动：实时讲座、实时答疑、分组讨论、布置作业、作业讲评、协作学习、探索式解决问题等。教学活动的安排，要根据课程内容来确定。

自主学习活动的核心是让学生真正地深度参与到学习中来，它对复杂的课程内容的学习以及学生独立思考能力的发展非常有帮助。比如，学生在学习"建构主义"这个知识内容时，我们可以采用角色扮演的学习活动来促进学生对"建构主义"的认识深度与广度，实施过程如下：

（1）首先收集国内论述"建构主义"的学术文章，通过搜集文献学生可以知道国内论述"建构主义"较多的学者有何克抗（北京师范大学）、高文（华东师范大学）、张建伟（北京师范大学），他们三者论述的重点不一样，有差别，也有共同点，可以分为三种不同的学术观点。

（2）将所有文献放在网上，限定一个时间段，要求学生阅读这些文章。

（3）根据学生个人兴趣（对哪一个学者的学术观点更加欣赏）选择扮演的学者，如高氏或何氏。

（4）要求学生到网上学术演讲厅中以扮演的学者身份演讲辩论，在演讲过程中必须阐述他所扮演学者的观点。

（5）教师做主持人维持演讲规则与秩序，并适当给予学生帮助与提示。

从上面的一个小案例中我们可以看到，若用普通的方法学习"建构主义"，学生看完几篇文章，做几个练习就完了，大多数学生的认知心理加工都在表面层次，而在上面的学习过程中学生看了文章内容后，还需要进行深层次的心理加工，消化文章所表达出的观点与思想，并用自己的语言去阐述学者的观点，看完文章后再通过语言来表达与仅仅看看文章的心理加工显然是不在一个层次。加大、加深学生的自主思维，这就是设计自主学习活动的精髓。

教师在进行网络课程设计时还需要注意的是，自主学习活动实施起来比较长，知识传递的效率没有课堂授课高，它主要是针对学生的学习能力与基本素质的培养，它应在课程内容中占一定比例，但不能过多，否则，实施起来比较困难。另外，自主学习活动往往要求学生做深入的思考，做广泛的调研，它针对复杂的教学内容比较有效，而对于简单的教学内容采用传统式的方式可能更加有效。因此，教师进行课程内容设计时要充分考虑教学内容的特色。

第六节　翻转课堂

一、翻转课堂及教学能力的概述

那么到底什么是翻转课堂呢？所谓翻转课堂就是老师创建视频,学生在家中或课外自己通过观看视频中教师的讲解学习,回到课堂上师生面对面交流和完成学习任务的一种教学形态。这是一种增加教师和学生之间互动和个性化接触时间的手段,更多的是让学生自主学习,而不是完全以教师为主导的灌输式学习。可以让学生得到个性化的教育,自我规划完善的发展,这样才能教育出社会真正需要的特色人才,而不是教育生产线上一个个相似的"学习机器"。

而何谓教学能力,顾名思义,教学能力是教师职业能力的重要方面,它体现了教师对整个教学过程的驾驭能力和能否有效完成教学工作的本领。教学能力包括很多方面,有教学认知的能力、教学设计的能力、教学调控的能力、教学评价的能力以及熟练运用教学媒介的能力等多个方面。文章也将从教学能力的这些方面来具体分析翻转课堂模式下,课堂及教学将会对教师的教学能力有哪些新的要求,我们要怎样将教师的角色与翻转课堂更好地配合起来,为学生打造一个优质的课堂,从而达到促进学生发展和进步的效果。

二、翻转课堂的发展背景及国内外研究现状

翻转课堂作为一个新兴的教学模式,它的应运而生并不是没有依据和生长土壤的。首先时代发展了,我们进入了信息化时代,信息的作用被不断地放大,毫不夸张地说,信息技术一旦抽离,我们的生活也会随之进入混沌,各种麻烦会相继到来,你会发现离开信息我们寸步难行。同样,信息技术也渗透到了我们的教育教学之中,就教师教学能力方面来说,关于教师运用教学媒介方面的内容就是对于信息技术来说的。信息作为一个学习的重要媒介,在教学及学习过程中扮演了重要的角色。所以翻转课堂随之产生,它将信息与教学完美结合,信息技术也在里面承担起了重要的任务。另一方面,社会对人才的需要也越来越多样化,我们真正需要的是具有个性和能力的高素质人才,而不是教师"灌输"出来的所谓高智商的"学霸"。这就需要课堂充分为学生的自我

发展让步,学生要学会自己去思考研究,教师在其中仅仅是扮演一个引导者的角色,教师为学生创建学习内容,之后与学生进行面对面交流互动,教师不再是说一不二的"决断者",而是引导学生良性思考、保证学生的思路正确延伸的"秩序监督者"。

而翻转课堂在我国的运用早在 2007 年就开始了。2007 年翻转课堂就开始在我国的一些学校流行,但在 2011 年以前很少有人关注翻转课堂,在 2013 年相关报道数量迅速增长,可见在信息技术的推动下,翻转课堂符合时代的要求,受到了人们的广泛关注。2014 年有 111 篇相关文献,对翻转课堂的研究层次也在不断加深。但是国内翻转课堂的真实案例还是太少,忽视了对翻转课堂实践方面的研究,方法较为单一,且涵盖的学科范围较小,研究发展上仍具有重重阻碍,总而言之我国对于这个课题的研究还处于一个起步阶段。

翻转课堂于 2007 年起源于美国,2009 年可汗建立"可汗学院"提供各学科的优质教学视频,推动了翻转课堂的普及,使翻转教学进入了全球教育工作者的视野,并引起高度关注。国外众学者对翻转课堂的各方面进行了深入研究,在翻转课堂的理论、设计、应用、评价等方面均取得了一些成果,且涵盖范围广泛,翻转课堂的发展较为成熟。

总体来说,在时代要求下,翻转课堂的发展势头还是十分迅猛的,我国的翻转课堂也会不断深入推进,目前我们欠缺的仍然是翻转课堂在我国的实践推行。由于传统教学课堂的根深蒂固和我们的传统教育思维,翻转课堂的发展仍然具有重重阻碍,我们在本章中首先就教师方面对翻转课堂的运用进行一下策略研究。

三、翻转课堂在我国教育体系中的应用

1. 翻转课堂对我国现有教育的益处

翻转课堂的产生应用,必然有其自身的优势,能够进一步推进课堂的发展,提高教学效果。翻转课堂的优势主要体现在以下几个方面:

(1)促进教师与学生之间的互动

首先,传统的教学模式总是教师将知识一股脑地传送,忽略了学生的主体地位和学生的主观感受。而翻转课堂是学生先通过视频等途径自学之后,与教师交流学习中遇到的问题,激发了学生的积极性。学生能够作为主体,了解自己的学习进度和问题所在,从而更好地跟上课堂进度;另外,翻转课堂更加

重视学生的个性化发展,教师在尊重学生的基础上,给予充分的指导,因材施教,更好地促进了学生的个性化发展,从而促进了师生之间的交流联系,更好地提高了课堂学习效果。通过翻转课堂的实施,给师生关系增加了一层更深层次的联系,促进了两者之间的互动,营造了一种和谐的课堂学习氛围,使学生能够充分发挥自身的潜能,投入到学习中去从而获得更好的学习效果。

(2)增强学生之间的交流合作

翻转课堂在将教师的传授功能削弱之后,对学生自学能力和学生之间交流合作能力有了更高的要求。学生之间的共同交流学习提高了学生学习的积极性和主动性,每个学生都要参与进来的意识也更加强烈。同时,学生之间的合作交流可以拓宽思维角度,"100 个人眼中有 100 个哈姆雷特",思想碰撞也是一个进步的过程。对比传统模式下让教师的标准答案禁锢住思维,翻转课堂更加灵活多样,也能使学生之间的关系更加融洽,并且培养了学生互帮互助和共同进步的品质。

(3)改变了传统课堂的评价方式

对比传统课堂仅仅用分数这一标准来评价学生的学习,翻转课堂将学习过程也延展开来,针对学习过程进行相应的评价,有利于调动学生的积极性,增强课堂的学习效果。首先,可以针对学生的表现进行评价,分数不理想的学生,或许课堂表现却是可圈可点;同时也能指出学生的学习过程存在哪些不足,方便学生改进。在这个评价过程中,学生也可以针对教师的教学提出建议,构建一个每个同学都能积极参与进去的高校课堂。另外,教师可以通过多个方面对学生进行评价,不仅仅是知识的掌握,还有交流能力、表达能力、团队合作能力等多个方面,这样才能全面综合地反映一个学生的学习能力,能够更好地促进学生的全面进步和发展及其能力的提高。

2.翻转课堂在我国教育中实施的阻碍

虽然翻转课堂是符合时代特点的新型教学模式,并且在运用中有传统教学模式无法达到的优势,但是在推进过程中依然是阻碍重重,主要体现在以下几个方面:

传统教学模式根深蒂固,无法撼动。传统的教学模式毕竟是我国一直使用的课堂模式,虽然存在弊端,但是既然它能一直使用到现在,说明它绝对是最契合我们的学习模式和思维方法。很多教师和学生甚至家长都是受传统模式的影响,他们对学校学习的认知就是传统教学,所以短时间内,翻转课堂是很难实施并发挥效用的。翻转课堂会给学生绝对的自由和发展空间,但是学生对此会是迷茫且没有头绪的,他们认知的课堂是完全由教师主导的学习,完全自主的学习是他们在以前的学习过程中没有接触过的,所以短时间内学生恐怕无法消化这种模式,并且难以取得好的学习效果。再有,教师的观点和角色也难以立刻转化,他们进行几次翻转课堂后,发现学生的接受程度及学习效果并不理想,教师基本也就否定了这种模式,不会再继续推进,而且教师自身的转化也不是一次就能实现的,他们会认为翻转课堂束缚了自己的能力发挥。所以说,由于传统模式的先入为主与根深蒂固,翻转课堂的前期推进是很困难的。

缺乏强有力的设备和技术保障。翻转课堂要求学生利用课下时间或在家的时间通过自主观看教师创建的视频来进行学习,但是并不是每一所学校都有这样的设备支持,在设备和技术上缺乏一定的保障。由于设备的局限,可能一个学期中只有很少的时间进行翻转课堂的教学,但是这样是体现不出翻转课堂的效果的。另外,翻转课堂要求教师创建学习视频提供给学生进行自主学习,但这一条对一部分教师是很有难度的,有些教师对计算机的使用掌握有限,翻转课堂的第一步就已经难以实现(缺乏技术保障),教师会把大量的时间和精力放在这上面,可能会导致课堂准备不充分,反而是本末倒置了。

没有监督,学生课下的学习无法保障,影响课堂进程。因为翻转课堂要求学生课下自主观看视频进行学习,这一点十分考验学生的自制力。如果说学生不能适应,并且不能在没有老师监督的情况下进行自学,那么课上老师与学生的交流以及往后的流程就都是无用功了,学生连课堂的内容都不了解,师生、同学相互间的交流也就没有意义了。这个过程就像盖房子,自学的过程就是打地基,你连地基都没有,怎么可能盖出高楼大厦,所以翻转课堂也就无法继续推进了。

3. 翻转课堂在我国的应用实例分析

由于翻转课堂在我国并没有真正地实行起来,更多的是关于理论方面的研究,所以国内的应用实例有限,我们今天选择了一个较有代表性的实例进行一下分析,这就是山东省昌乐二中的"271"课堂模式。

何谓"271"模式,就是学生首先根据老师提供的内容对课程进行自学,课堂上把时间主要划分成三块,20%的时间用于教师的讲课时间,70%的时间用于学生的自主讲解交流,而10%的时间是用于这一堂课的总结交流反思,这就是一种很典型的翻转课堂模式。一节课45分钟,前10分钟是让学生根据课下自学的内容小组内进行交流讨论,提出小组内部在预习过程中遇到的疑点难点;中间30分钟各小组展示自己预习中的重点难点,并派代表进行讲解,先让学生自己去解决问题,老师再对讲解内容进行总结评价和拓展;最后5分钟学生自己对整节课总结归纳,这就是整个翻转课堂的流程。

昌乐二中的"271"模式推行前期也是有重重阻碍,学生反映学不到内容,老师认为放不开手脚,就连外界也是一片唱衰声。但是真正地坚持下来后,它取得的惊喜成效也是令人意想不到的。而这一切首先要从教师开始转变,给学生全面的自主时间,绝不是放手不管,老师的引导作用是很重要的。翻转课堂中看似教师的主导地位被削弱,其实这更加考验教师对整个课堂的把握和掌控,教师永远是课堂成败的关键。而山东省昌乐二中的例子也告诉我们,翻转课堂并不是不适用于我国教育体系的,我们要总结规律和应对策略,坚持做下去,翻转课堂一定会给我国教育带来一股清流,收到令人满意的成效。下面的内容我们也会根据昌乐二中的实例就教师教学能力对翻转课堂的影响及提升策略进行详细的总结。

四、教学能力在翻转课堂中的作用

1.翻转课堂实施中的影响因素

翻转课堂教学的实施,不仅仅是一个层面的问题,它受到很多方面的影响,下面我们结合山东省昌乐二中的实例对翻转课堂实施中的影响因素进行分析:

(1)学生的自主性和自制力

我们知道翻转课堂的一个重要环节就是学生课下的自主学习,没有老师的监督和引导,学生必须有很强的自制力和目标意识。在这种绝对自由的时间里对学习内容进行预习掌握,要求学生具有自主性,知道自己应该学什么、怎么学,而不是离开老师的一步一步的说明就无从下手。

(2)教师的教学能力

这是课堂进行的一个很重要的内容,也是一节课成败的关键。首先,老师要对课前学生预习的内容难度及重点设置得当,保证这个难度学生通过自学可以进行,并且学生要能够从中了解本节课学习的重点,而不是学完之后仍然一头雾水,这样就没有效果了;同时,课堂的把握也很重要,教师要把控好课堂进度和时间分配,课堂的自主化更加考验教师的掌控能力,学生自己的讨论研究往往会出现忽略重点、时间把握不当、研究主次不明等,这就要求教师及时点明重点并对课堂进度加以整体控制。

(3)学校基础设备和技术的完善

我们知道翻转课堂对课前的学习是有一定的要求的,要求教师创建视频等提供给学生自学,所以学校要提供好设备支持,才能保证好翻转课堂的长时间坚持。并且学校对老师应用设备的能力,也应进行一定的培训指导,帮助教师做课前内容创建。

(4)教师和学生以及家长对翻转课堂的认知

我们知道传统教学模式是我们惯性认知的学校教学模式,很多人会对翻转课堂持质疑的眼光。都认为学生尚处于一个思想、心智包括能力都不成熟的时期,他们更需要的是教师的引导,他们不具备这种自制力和自我学习的能力,翻转课堂是浪费时间,并且学生根本不可能自己或者是与同伴学到什么深层次的东西。其实我们想想,光靠老师教,孩子就真的能学会怎样去学习了吗?他们仅仅是走着老师指出来的每一步路而已,老师给他们指出了捷径,于是他们顺着走,所以他们更快地到达了终点,效果也更明显。可是当他们脱离老师时,这些是不是应该由他们自己掌握呢?而这也正是翻转课堂一开始就在培养的。当他们自己学会了找路,视野才会更加开阔。所以教师、学生和家长首先要从思想上转变对翻转课堂的认知,不要总以否定的目光去看待它,真正地投入其中,才能获得自己想要的东西。

2.探究教师在翻转课堂中的角色

翻转课堂减少了教师讲解和指导的内容比重,将时间更多地应用于学生的自主学习交流,但并不是意味着教师角色的重要性降低了,而是对教师有了更高的要求,教师在课堂中扮演起了更多的角色。

首先,教师是翻转课堂的调控者。教师通过课前的视频创建等对课堂的环节进行构建和把握,维持课堂的正常有序进行,学生自学内容的难易程度、层次设计及重难点比例控制都需要教师清晰地把握,以保证学生的自学是有效并且可操作的;课堂上要对学生讨论及讲解的时间进行控制,保证一节课的内容正常传达完毕;学生交流掌握的内容,教师要保证主次得当,不在次要问题上浪费太多时间,也不能在重点问题上掌握不透。这一切都需要教师的良好操控。

其次，教师是翻转课堂的引导者。由于传统思维定式，学生可能更倾向于教师"灌输式"的教学模式，此时就需要教师起一个很好的引导作用，引导学生进行自主学习，并且使其在这种模式中发现乐趣及意义所在，真正地引领学生在其中学到知识。并且自主学习等方面也同样需要教师的引导，自学方法并不是一天就能掌握的东西，需要教师引导学生去发现学习的方法，而不是肤浅的把握，从而为整个翻转课堂打好基础。

3. 教学能力在翻转课堂各个方面的作用体现

我们批判传统教学的古板与老旧，认为灌输式的学习让学生的自主性退化，但是我们不得不承认，传统教学的成果是非常可观的，起码在分数这个标准下，它绝对是一个不错的教学模式，而这里面的"大功臣"就是教师。教师作为一个最有自制力和规范性的存在，制约了学生的学习过程，从而保障了学习效果。而翻转课堂是以突出学生主体地位为目的的，真正地贯彻落实了新课改以学生为中心的目标，从而削弱了教师教学过程中的直接管理，这并不意味着教师的地位降低了，对教学的作用减弱了，而是对教师教学能力有了更高的要求，对课堂的调控有了更高的要求。

首先，翻转课堂也是有它的适用年龄层的，不同的年龄层对教师的教学能力有着不同的要求，脱离了教师的翻转课堂可能适得其反。拿小学与高等中学的对比为例，高中学生的学习习惯与学习能力已经养成，对于教师的创设视频及课堂学生间的自主交流，他们有足够的自制力和约束能力引导自己去完成学习任务。但是小学生不同，此时的他们还是一张白纸，幼儿园的教育更多的是一些生活常识的初步学习引导，他们的天性还是"玩"。翻转课堂对于他们来说可能并不是最佳的教学模式，这里就体现出了教师教学能力的重要意义，教师首先要确保创设视频的趣味性，能让小学生去自觉观看，并且能从中学到知识。另外，课堂上小学生的自主研究价值可能不大，这就要求教师合理地调配课堂上的比重，加大对课堂的一步步引导，保证课程的有序进行。甚至于说要灵活运用一系列的方法，比如奖惩法，对课前学生的自主学习结果进行检查，做得好的进行一系列的奖励，不好的用适当的提醒来帮助学生进行自主学习能力的养成。另外，课堂的各个环节也可以用这种方法来辅助，什么环节需要做什么，利用奖惩给学生明确好，保证学生对翻转课堂模式的了解及遵守。

其次，翻转课堂并不是一个刻板的框架，它是由教师灵活调控的。不光是每个学生,每个班级水平都是不一样的,我们不能用一个大框架去一概而论,有时候并不是翻转课堂不适合我国当前教育水平,而是由于一味地遵守翻转课堂的规范,而忽视了教师教学的灵活处理。有的班级学习水平弱一些,教师就可以在课堂的各个方面进行调整,首先课前的视频创设可以适当降低一下难度,注重好对学生学习能力的培养;课堂上就需要教师优化学生自主讨论研究的内容,选取重点且难度不大的内容,而内容的深化就得由教师作为主导来进行。反之,学习水平较高的班级,教师在问题的设置及课堂构成上也需要进行灵活的调整,浅显的问题就不必再占用时间来做无谓的解读,而应更加注重问题的深入。只有教师能够灵活处理好这些问题,才能为学生提供最合适的翻转课堂。

最后,也是我们最容易忽视的,就是教师课前视频的创设,这是整个翻转课堂的重点所在。我们只意识到课堂中教师与学生的"地位"发生了变化,教师不再是绝对的主导,我们应该思考怎么去调控课堂,怎么去让学生在交流中学到内容而不是教师一味地灌输知识,甚至说怎么去摆好教师与学生的位置,却忽视了完全没有教师指导参与的课前自学,而这个其实是最重要的,没有课前的自学,课堂上的交流就无法进行,因为他不知道课堂的内容,更谈不上问题的深化。那么教师应该怎样去保证学生真的认真自学了视频呢?学生是不是真的能从视频内容提炼出课堂的重点内容?这些对教师的教学能力都是一个考验。视频的内容首先要具有吸引力,让学生能够自动自发地去进行自主学习。这就要求教师对课程引入、语言描述、知识排列等慎重规划,有足够的吸引力让学生进行自主学习;另外,视频内容要根据学生理解能力与年龄特点来进行难易度布置,让学生能够顺利地进行学习,并且在其中能获得自我认知的成就感。难度太高就会让学生形成挫败感,自学自然也就无法进行下去了。所以课前视频的创设是绝对不容忽视的,教师也要加大对视频的精力投入和相关的专业学习,教学能力在这个环节发挥了很重要的作用。

五、翻转课堂下提高教学能力的策略

1. 优化教师的翻转课堂教学思想

翻转课堂要想真正在中国的教育体制下建立并流行开来,首先要从思想上接受这种新型课堂模式,并且认识到它的优势和价值所在。而这一切首先是要从教师的翻转课堂思想的确立开始,教师在学生和家长眼中是一种"权威"的存在,只有教师优化了翻转课堂思想,建立起正确的认识,学生才能对课堂产生认同,家长才能产生对翻转课堂的信心。而要想优化教师的翻转课堂思想,需主要从以下几个方面进行:

组织教师进行翻转课堂培训学习。教师之所以对翻转课堂不能完全认同,就是因为对翻转课堂的认识不够深入,对待这种新型模式的看法可能是片面且带有偏见的。所以学校要组织教师进行全面系统的培训,首先让教师对翻转课堂有一个全面且准确的认识。

让教师参观学习优秀的翻转课堂教学。翻转课堂在山东省昌乐二中的成功应用让我们知道,这种教学模式是可以在我国的教育现状下大放异彩的。所以可以通过让教师旁听学习这种新型课堂,让教师了解整个课堂流程,看到翻转课堂模式下传统的课堂是怎么变得"生机勃勃"的,让教师建立起对课堂的信心和认同。

改变传统课堂的思想认知。因为传统课堂的先入为主且一直实行至今,所以传统教学模式思维在我国教育体系中根深蒂固。又由于思维惯性,对于这种新型模式,我们首先是持一种否定和质疑的态度的。当思想和心理上没有建立完全的信任和认同时,稍微有些挫折和退步,我们就会夸大它的负面方面并完全地否定它,所以翻转课堂的实行举步维艰。我们首先要改变教师的传统课堂认知,以一种开放和包容的眼光去看待这种新型的课堂模式,才能给翻转课堂提供适宜生长的温度和土壤。

2. 提高教师与翻转课堂相关的基础素质能力

所谓"翻转课堂"重点就在于"翻转"二字,从这两个字中我们也能浅显地知道,翻转课堂之于传统教学模式是一种完全的颠覆,它对于角色分工和整个课堂的时间分配都进行了大幅度的调整,所以这就要求教师绝对不能用对待传统课堂的方法和技能去带动翻转课堂的推进。教师需要具备与翻转课堂相关的基础素质和能力。我们在这里主要从教学设计的能力、教学调控的能力、教学评价的能力以及熟练运用教学媒体等四个方面入手:

(1)提高教学设计的能力

传统的教学只要教师备好课,将要传达给学生的内容讲解清楚就好,翻转课堂更注重的则是学生的自学,所以对于教师的教学设计也就提出了更高的要求。首先对于课前教师创建的供学生进行自学的视频等相关内容,教师就要进行严谨的考虑和筛选,课前自学内容要难易得当,使学生自己的自学能够顺利进行,且能够很好地把握这一节课的重点;其次,学生在课堂上进行相互讨论和交流的内容也要具有探讨价值,且能挖掘到深层信息,而不应是对时间的浪费和对这种新型模式的"例行公事",这些都要求教师能够提前设计好课堂内容,从课前的引入开始就要严谨且有价值。

（2）提高教学调控的能力

区别于传统课堂上教师的完全主导,翻转课堂给了学生很大的自由空间,但使教师对课堂的控制难度加大了,教师要根据学生的进度及时调整,课堂的灵活性更大。而教师只有对课堂的时间和内容等调控合理,才能保证一节课的顺利进行,避免时间的浪费和对次重点的过多"纠缠"。课前教师要根据创建视频等的难易程度合理分配时间,视频中教学内容过难时,我们就可以适当缩短视频时间,只选择重点的内容让学生先进行学习和思考,避免难度过大使学生丧失继续学习下去的兴趣或者一时难以消化太多内容;而课堂上教师也要调控好时间,及时关注学生交流讨论等的进度,当课堂内容较简单时,就要迅速进行下一环节的引入,不要浪费无谓的时间,而内容较难时也要及时调整,给学生足够的时间深入探讨;最后就是教师要给自己最后的总结补充控制好适当的时间,这段时间是让学生明确课堂内容和重点最关键的时刻,教师要用最简单明了的话进行总结概括,以提升课堂的效率。所以,要从这三个方面提高对整个教学的调控。

（3）提高教学评价的能力

素质教育的要求就是不将分数作为评价学生的唯一标准,翻转课堂丰富了教师的评价方向和角度,翻转课堂将课堂更多地开放给学生,增加了学生的参与度,所以要求教师要从多个方面进行对学生的评价。除了分数之外,学生课前对视频的自学程度、课堂上交流讨论的参与程度、与同学之间的合作交流能力、进行问题讲解时的语言表述能力、对课堂内容的逻辑思维能力以及参与课堂的积极程度等多个方面都可以作为对学生的评价标准。所以教师要提高自己的教学评价能力,重视每一个学生的参与,这有利于提高学生学习的积极性。

（4）提高教师运用教学媒体的能力

教师课下要创建视频供学生自学,这就要求翻转课堂要有一定的设备支持,同时也要求教师必须要有熟练的技术支持。很多教学经验深厚的老教师对计算机的使用并不熟练,这使得课前的视频创建给教师带来了很大的"困扰",甚至会局限住教师的能力展现,将过多的时间用于计算机的使用,反而忽略了课堂内容,如果使得课堂质量下降反而是得不偿失了,甚至还会造成教师对翻转课堂更深的抵触。所以学校要重视起对教师运用教学媒体能力的培养,通过对教师进行统一培训等途径使教师能够熟练进行多媒体操作。甚至专门设置多媒体运用熟练的人员对一部分有困难的教师进行创建视频的集中帮助,提高教师运用多媒体的能力。

六、培养教师对课堂调控的灵活应变

前面的内容中我们已经提及,推动翻转课堂的发展,并不是对照翻转课堂的定义"照搬照抄",也不是刻板地按照翻转课堂的模式来进行,才是真正彻底的教学模式变革。教师要根据学生及课堂的具体情况来进行灵活调控。主要从以下几个方面来具体调整:

1.课前视频的创设。因为不同年级的学生接受理解能力存在差异、不同班级的学生学习水平也有差异,甚至不同的学生学习能力也不同,教师在创设视频时这些都要进行综合的考量,并不是说一个"套路"走遍天下,教师要灵活选取适合不同学习对象的内容和方法,并且要做好视频自学结果的反馈对接。翻转课堂要求对学生的"放开",并不是说彻底地由他而去,而是为学生的自主能力培养提供肥沃的"土壤","下层建筑"是需要教师来调控保障的。

2.课堂构成的调整。翻转课堂要求教师与学生在课堂上自主地交流学习,但并不是说教师就带领着学生这么一味地讨论进行。当一节课难度偏大时,学生的自主研讨已经是走进了"死胡同",这时候教师是不是就应该合理调控一下课堂呢?当学生自主交流能得出的知识价值不大时,教师就应该适当加大自己的引导比重,来保证这节课的教学进度以及内容价值。另外,根据不同班级的学生整体水平,教师在整个课堂内容设计时也应该有所考量,当班级整体水平较高时,问题设计就应该深入一下,不要再纠结于那些基础内容来浪费无谓的时间;当班级整体学习能力较弱时,教师就应加大对基础内容的巩固比重,深层内容就需要教师的引导来推动进行了。

七、为学生营造良好的新型学习氛围

学生之所以不能完全接受这种翻转课堂,就是因为没有尝到"甜头",他们会存在诸如"这种模式会不会学不到什么知识啊?""课堂秩序会不会特别混

乱无法投入学习啊?""直接就让老师讲就好了,这样会不会白白浪费时间啊?"等一系列的问题。这就要求教师首先要为学生营造一种良好的新型学习氛围,对课堂的控制也要加大,保证整个课堂的有序进行。可以通过划分小组,每个小组都平均分配各个层次的学生,来保证不会造成学习成绩较好的学生推进很快,而一些较弱的同学却难以将讨论进行下去从而造成整个班级的分裂脱节。每个小组里各个层次的同学都有,也让成绩较好的同学可以有一个榜样的作用,让其他同学也能看到他们的学习状态。同时还可以帮助较弱的同学解决一下较为简单的问题,这样就节约了课堂上的时间,可以使教师着重进行重点难点的讲解突破。组与组之间也可以形成一种良性竞争的状态,每个小组都积极地进行问题的研究探讨,共同解决问题,争当优秀小组。教师可以为学生营造出一种互帮互助、互相学习、良性竞争的良好的学习氛围,使得课堂学习氛围积极浓厚且富有活力。

八、教师课后不断进行自我反思总结

无论是哪种教学模式,都不是一蹴而就的,需要共同去摸索探究,从而得出最有利于教学、最适合于当前社会的课堂模式。教师的课后反思就是对课堂模式的一个提升与完善的过程。模式推行初期必定阻碍重重,不光是学生,教师也会有诸多不便。我们对翻转课堂中教师教学能力的提升策略研究,也只是在理论基础上对课堂进行的最理想化的规划,是我们根据所学的教育学、心理学等内容做出的一个较为科学的研讨,但这毕竟不是实践基础上得出的。每个学生都是一个具有个性的个体,并且学生之间、班级之间、年级之间的差异并不是我们能够准确量化出来的,因此在课堂的推进过程中,也并不是绝对按照我们的研究按部就班地进行的,教师不能只是死板地按照理论知识进行,要对自己的学生、班级进行深入了解和分析,在理论的基础上得出最适合自己班级的方式方法,因此教师课后的自我反思总结显得尤为重要,只有教师不断发展完善,找出适合课堂发展的方式,翻转课堂才能真正地发挥出其优势,提升我国现阶段的教育水平。

第七节　移动学习

追溯人类社会的发展,首先是一部知识和智慧经验积累的历史,也是一部人类学习的历史。学习技术和方式经历了从简单到复杂、从低级到高级的发展阶段。决定着学习技术与方式的主要因素,一是媒体技术,从口头语言、文字语言、印刷材料、广播电视到计算机;第二是通信与传播技术,从口耳相传、文字记录、大众传媒、无线电广播通信到计算机网络通信。这两个因素综合起来,使学习技术与方式从单一认知、学徒、班级集中学习、远程学习、计算机辅助学习发展为基于 Internet 的数字化学习。随着移动通信技术与计算机技术的融合,出现了一种新型的学习技术与方式——移动学习。20 世纪末,利用移动通信设备开展学习活动的研究开始兴起,短短几年时间,移动学习已经成为远程教育与数字化学习领域中的一个研究热点。

一、移动学习内涵

1.移动学习

移动学习目前还没有一个比较统一的定义。国外一般称为 M-learning 或 M-education,国内则称为移动学习。移动学习是一种在移动计算设备帮助下能够在任何时间、地点发生的学习,移动学习所使用的移动计算设备必须能够有效呈现学习内容并提供教师与学习者之间的双向交流。与传统教学模式不同的是,移动学习更加突出学生的主体地位,更有利于学生培养自主学习能力和自制力,同时保证了学习效果,是一种新型的学习方式。

2.移动学习的特点

可以随时随地学习。学习者可以在任何自己认为方便的时候,以移动终端为载体学习自己感兴趣的内容。这是其他学习方式所无法比拟的,对学习者零碎时间进行了很好的整合。

满足了个性化的学习需求。学习者可以根据自己的兴趣选择学习内容,同时由于移动学习的交互性,有利于培养学习者在学习过程中及时发现、解决问题的能力,学习者在学习过程中能及时得到帮助,有利于提高其成绩和信心。

可以消除心理负担。可以帮助某些学习者在学习过程中克服一些心理障碍,驱除面对面学习中交流的胆怯心理,轻松地进行学习和交流。

二、移动学习研究中的关键性问题

综合上述研究及其阶段性成果,移动学习已经成为全球移动通信运营商和移动设备供应商开拓市场的重要应用研究课题,一些教育机构也积极与著名移动通信运营商和移动设备供应商合作开展移动学习的研究。前者的研究注重移动学习技术实现的可行性问题,为将来基于成熟移动通信网络和移动通信设备的移动应用服务市场推广做准备;后者的研究注重教育性与科学性,重视从学习者的角度研究移动学习的优势与不足。这个阶段的研究揭开了移动学习研究的序幕,解决了移动学习技术可行性问题,指出了移动学习的优势在于学习的灵活、便捷以及"随时随地"学习,而其不足则在于设备屏幕尺寸小、网络带宽低、学习资源仅限于文本与简单图片等。

下一个阶段的研究将关注以下五个方面的问题:

1. 移动学习系统相关技术研究。移动学习是移动计算技术在教育中的应用。移动计算是一个涉及无线通信、计算机网络、分布式计算、计算机软件等相关领域的交叉学科。移动计算技术主要包括无线网络技术、无线信息设备技术、移动设备系统软件与移动应用软件开发等。无线网络技术包括无线个人网络、无线局域网络、无线广域网络和卫星网络;无线信息设备包括笔记本电脑、PDA、移动电话等。无线信息设备多样,操作系统也是由各生产厂家设计与开发,这样就阻碍了基于无线信息设备进行应用开发的工作。这些问题都是亟待解决的。

2. 移动学习终端的软件开发研究。当前,无线信息设备多样,如笔记本电脑、PDA、移动电话等。不同设备性能不同,需要设计不同的操作系统和中间软件。所以,不同移动学习终端的软件由不同生产厂家设计与开发,涉及技术不同、开发平台迥异,这使得基于无线信息设备进行程序开发相对困难。

3. 移动学习课程开发研究。移动学习有学习便捷性、教学个性化、交互丰富性、情境相关性等特点。如何根据这些特点开发出适合移动学习的课程是一个亟待研究的课题。如小屏幕尺寸对课程内容呈现的界面设计的限制,语音输入与识别技术的实现对语言教学课程评价设计的影响等。

4. 移动学习教学模式研究。移动学习作为一种新型的学习方式,如何与传统学习方式相结合来提高学习绩效,也是需要重点研究的问题。移动学习不能作为一种独立的学习方式用于系统的课程学习,它需要与其他(如课堂学习、网络学习、野外考察等)学习方式进行组合后应用于传统学校教育和远程教育之中。

5. 移动学习系统的标准化研究。移动学习是数字化学习的一种延伸,因此,移动学习系统是数字化学习系统的一个重要组成部分。当前,我国教育信息化技术标准研制工作正在进行,并已陆续颁布了一些标准,但都没有将移动学习系统的标准化研究纳入教育信息化技术标准体系之内,这无疑将影响移动学习的发展。

上述五个方面的问题是当前影响移动学习发展的关键因素,所幸正如 20世纪 70 年代桌面电脑在教育中的应用研究一样,微软已经开始将 PDA 操作系统设计作为一个新的产品进行推广,而它推出的. NET 开发平台也已经把移动应用开发纳入其中;SUN 公司也推出了基于 J2ME 的移动应用开发解决方案。随着上述五个方面问题的解决,移动学习将成为人们在信息社会进行数字化学习的普遍形式。

三、移动学习的发展趋势

尽管目前移动学习还有很多缺陷和不足,但它对传统教育起到了极大的补充和支持作用。21 世纪以来,全球进入信息化时代,人们在日常生活中越来越多地接触到数字终端,如何利用这些数字终端设备促进学习,将是进一步研究的重点。同时,由于进入知识爆炸时代,传统教育体制无法将人们需要的所有知识都传授给学习者。面对传统教育的不足,移动学习带来了新的曙光。未来的教育系统将注定是这样一种基于移动设备的系统:人们无须把必需的知识全部记忆在大脑中,而是存储在移动设备中;人们无须全部自己完成工作,而是通过移动设备连接专家,通过专家的协助来解决问题。我们的教育和学习形态也将基于人们的生活实态发生变革。因此,随着科技和信息化的进一步发展,移动学习必将给教育领域带来深远影响,有着广阔的发展前景。

第八节　绩效技术

教学技术与绩效技术有着不可分割的历史渊源和难分难解的发展现状,二者的研究对象和领域往往是有分有合、有交叉又有平行的。当我们目前对教育技术学科自身的性质与特点进行反思及对学科体系进行建构时,如果能够对与之相关的绩效技术领域的理论与实践问题进行研究和梳理,或许能够找到解决我国教育技术界当前一些问题与困惑的思路和建议。无论是教育技术还是绩效技术,都尚未成熟,远没有形成学科研究共同范式,有着大片未知的、等待开垦的领域,它们实践领域的发展都远远走在了系统理论研究的前面,对于许多的概念、定义、理论还没有达成共识,还有太多的争议和未知,学科的成熟需要走过一个漫长而艰辛的过程,本书尝试从历史发展的角度对绩效技术的一些基本问题做一些初步的探讨。我们认为绩效技术中的"绩效"是指人们在工作场所完成任务的成就或结果。绩效可以分为认知的、情感的、动作技能的、人际关系的和综合的几类,也可以分为个体绩效与组织绩效两大类。

理论家们曾经试图通过各种方式对绩效技术进行界定,但到目前为止,还没有形成一个统一的定义,正如乔纳森(D. Jonassen)指出的,"教育技术领域中(或之外)的学者,都在努力地寻求能够一劳永逸地提供领域中大一统的、客观公正的定义,或许这种努力对于探求人类自身及其行为的社会科学领域来说是徒劳的"。尽管如此,人们还是在不断努力沟通,以寻求相互之间的理解与认可,寻求某一学科领域共同的范畴。或许对于绩效技术的理解与认识在很长一段时间内不可能达成一致。一些学者从过程和方法的角度对绩效技术进行了界定:绩效技术是与绩效相关的解决问题或寻求机会的一系列的方法和过程,它可以适用于个体、小团体或大型组织(National Society for Performance and Instruction, cited in Rosenberg,1990);另一些则关注于结果:绩效技术的目的是为了提高人类的资本(可以用时间和机会的产品来定义),技术是一套有序的、理智的程序,它可以将人类的潜能转化为资本(Gilbert,1996);Harless(1995)认为绩效技术是一种实现人类期望成就的工程学方法,它在分析绩效差距的基础上设计最有效的、最佳成本—效益的干预策略。绩效技术是一种解决问题的工程学思想和方法,它强调解决问题的系统性,它始终努力寻找低成本、高效益和高效率的最佳成本—效益之比的解决问题的方法。

一、绩效技术的历史起源与发展

对于绩效技术的起源,大多数学者都一致认为人类绩效技术作为一个术语和实践领域出现在 20 世纪 70 年代。一般认为,从历史的角度看,绩效技术主要起源于程序教学和之后的教学系统设计。之后,认知科学、信息技术、组织开发、改革理论与实践等又将绩效技术的研究推向深入。

Harold D. Stolovitch 对绩效技术的发展做了如下阐述:

绩效技术产生于一般系统论在组织中的应用,并不是一般系统论应用于所有的组织系统都会产生绩效技术,这类组织系统应具有"结果驱动的、以生产率为导向"的特点,像纯粹的社会系统就不属于此类。绩效技术是否适用于教育系统,还需要对当前我国教育系统的性质和特点进行深入的分析与论述。

2. 绩效技术有着深刻的行为主义根源。绩效技术由程序教学运动的一个分支发展而来,从 NSPI(National Society for Programmed Instruction)到 NSPI(National Society for Performance and Instruction),再到今天的 ISPI(International Society for Performance Improvement),可以明显感觉到它变化与发展的历史轨迹。绩效技术的创始人之一 Thomas F. Gilbert 曾是行为主义心理学家斯金纳的学生,绩效技术产生的 20 世纪 70 年代正是教学技术领域传统的教学开发与教学系统设计逐渐走向成熟的阶段,在这一时期,研究者开始对一些问题与现象进行反思,寻找新的解决问题的办法和出路。

3. 近年来,认知科学对绩效技术产生了重大的影响。今天的工作场所与过去相比已经发生了巨大的变化,从业者的受教育程度在逐年提高,工作的性质已经发生了根本性的变化,知识成为经济发展中越来越重要的主导因素,影响工作绩效的因素变得更加复杂、更加多元化,绩效技术的研究逐渐由外在的刺激转向内在动机的研究,由只注重外部的奖赏,到开始分析内部的信念与期望,由关注外部事件转向关注外部事件的内部原因与结果。

4. 神经科学在逐渐产生影响。随着人类对自身研究与认识的逐步深入,脑科学、神经科学为人类对自身的理解与认识提供了科学的方法和依据,人类开始科学、客观地对工作场所中人类的情感和行为进行分析,采取更加积极、有效、人性化的干预,以促进绩效的提高。

5. 经济学,特别是其中的人力资本和智力资本理论,对绩效技术的发展产生了重大的影响。美国芝加哥大学教授西奥多·W. 舒尔茨 1960 年发表了《人力资本的投资》,1963 年发表了《教育的经济价值》等论著,从而创立了人力资本理论,使人们认识到了教育的经济学价值,认识到了资本有物质资本和人力资本之分,二者都有生产的投入要素,同样可以在生产中发挥作用并带来收益,劳动力质量的提高,是国民生产总值或国民收入增长的重要因素。正规的学校教育可以提高劳动者素质,传统的企业培训可以提高劳动者素质,而企业绩效技术的运用,也可以提高劳动者素质。

还有一些学者从以下方面讨论了对绩效技术的发展产生影响的因素:

学习心理学。普遍得到认可的观点是绩效技术的产生得益于 20 世纪 50

年代一些行为主义心理学家开始探索促进学习的有效方法。

教学系统设计。教学系统设计的概念、理论与实践是绩效技术的有力支柱，教学系统设计同样致力于寻求解决教学中效率和效果低下的问题。教学系统设计观已经认识到，即使在教育机构中，教学也不是解决教学中存在问题的唯一手段，应通过系统分析来确定最合适的解决方案。这种思想是绩效技术的基础。

此外，认知工程、信息技术、工效学、心理测量学等对绩效技术理论与实践的形成和发展也产生了不同程度的影响。

关于绩效技术，有学者提出了如下观点："绩效技术基于这样的理念：培训不能解决组织中的所有绩效问题，人员的选择、任务、动机、环境因素等都是非常重要的因素。"正如前 ISPI 主席 Marc Rosenberg 于 1982 年指出的：绩效技术发端于教学技术人员认识到组织中的教学（或培训）系统缺乏效率以及不适当，需要综合考虑教学（或培训）之外的其他因素（组织、人事等）。学者们普遍认为目前绩效技术主要是一个基于经验和反思的实践领域。

二、绩效技术与教学技术

关于教学技术与绩效技术之间的关系，目前尚无明确的定论，有的学者将教学技术归入绩效技术，有的反之，有的则将二者并列。美国肯塔基大学课程与教学系统教授 Gary Anglin 认为："绩效技术包含了教学技术，它还涵盖了对于人类绩效问题的非教学法解决方案的设计。""它的理论和应用前沿在中小学，甚至是大学领域之外。"也有学者认为，绩效技术源于教学技术，但比教学技术更广，其目的是为了提高人类的绩效。对于二者的发展，有学者认为："（教学技术的）实践也正在发生着显著的变化，其焦点在于面向绩效的提高，而不是传统的教学设计。""从历史上看，教学技术领域的重点几经迁移：从强调资源，到强调教学，然后强调学习。很可能下一个定义会指向绩效，而不是学习。""新的对绩效而不是对学习的强调，也可能影响教学技术领域功能和角色定位。"关于绩效技术系统理论的研究远远没有跟上实践的发展，像对教育技术的理解和认识一样，对绩效技术的理解还远远没有达成共识，它目前在国内已经引起了一定的关注，不少大学的教育技术专业已将之列为研究方向之一，本书认为二者目前的发展正处于一种互相融合发展的趋势，二者的异同如表一：

表一 绩效技术与教学技术的异同

绩效技术	教学技术
遵从系统方法	遵从系统方法
关注于可测量的影响	关注于可测量的影响
根植于系统理论、心理学、人类学和传播理论等	根植于系统理论、心理学、人类学和传播理论等
基于经验主义的	基于经验主义的
依靠分析	依靠分析
关注于绩效问题形成的原因	关注于绩效问题形成的原因
分析的结果产生一系列的建议,对于工作的重新设计、政策的改革、激励的形成等等	通过分析大多情况下将引起教学的改变
将导致一系列的解决方案和干预措施,包括但不局限于教学	大多情况下常常是教学产品和服务的开发
对于组织的战略贡献	对于提出要求的个体或单位的战术贡献
决策干预时主要考虑成本效益	解决方案的限定常常依据工作的主题和前人的经验
干预通常包括选择、激励、工作与工作情境的重新设计、工作帮助、工作信息系统、政策等等	通常采用的方式是教学产品、教学服务以及信息产品的开发
关注于与个体及其组织绩效相关的组织、管理和政策的问题	关注于个体的技能和知识
目标是成就	目标是学习

绩效专家指出,当学习者在学校完成学业进入工作场所之后,必然要面对如何提高绩效的问题。实践中一些教学技术专家逐渐认识到:教学自身并不足以促进长期的、杰出的人类绩效的提高,特别是在工作场所。教学技术和学习对于提高人类绩效是至关重要的,但学习不是全部,不是所有的绩效问题都能通过教学与培训来解决。在工作场所大约只有20%的绩效问题是由于知识和技能的不足而引起的(知识和技能的欠缺是可以通过教学解决的)。许多绩效技术专家同时又是教学技术专家,他们逐渐认识到激励系统、工作帮助系统等与教学和培训同等重要,应该综合考虑,互为补充,以提高人类绩效。由于

传统的培训成本越来越高,而效果并不理想,更为困难的是受训者参加培训时必须离开自己的工作岗位,诸多的研究已经表明,除非许多其他的绩效干预同时启动和实施,否则培训的最终效果(即培训一年后可以表现出的效果)是很小的(即受训者只能够保持所学知识的 10% ~ 20%)。如果可以通过较低的成本提高工作的绩效(比如调整不适当的任务,引入反馈系统,设计相应的工作支持,在培训前调整组织结构与发展战略等),则可以使培训更有针对性,提高成本效益之比,达到事半功倍之效。

第七章　教育技术发展趋势

第一节　数字化学习

数字化学习是指在教育领域建立互联网平台,学生通过网络进行学习的一种全新学习模式。又称为网络化学习或 E-learning。以数字化学习为核心的信息技术与课程的整合,不同于传统的学习方式。

一、内容描述

以数字化学习为核心的信息技术与课程的整合,不同于传统的学习方式,具有如下鲜明的特点:①学习是以学生为中心的,学习是个性化,能满足个体需要的;②学习是以问题或主题为中心的;③学习过程是进行通信交流的,学习者之间是协商的、合作的;④学习是具有创造性和再生性的;⑤学习是可以随时随地终身的。

二、学习要素

数字化学习具有三个要素:一是数字化的学习环境,也就是所谓信息技术学习环境。它经过数字化信息处理具有信息显示多媒体化、信息传输网络化、信息处理智能化和教学环境虚拟化的特征。它包括设施、资源、平台、通信和工具。二是数字化学习资源。它是指经过数字化处理,可以在多媒体计算机上或网络环境下运行的多媒体材料。包括数字视频、数字音频、多媒体软件、CD－ROM、网站、电子邮件、在线学习管理系统、计算机模拟、在线讨论、数据文件以及数据库等等。数字化学习资源是数字化学习的关键,它可以通过教师开发、学生创作、市场购买以及网络下载等方式获取。数字化学习资源具有切合实际、即时可信,可用于多层次探究,可操纵处理,富有创造性等特点。三是数字化学习方式。利用数字化平台和数字化资源,教师、学生之间开展协商讨论、合作学习,并通过对资源的收集利用、探究知识、发现知识、创造知识以及展示知识的方式进行学习,具有资源利用、自主发现、协商合作和实践创造几种途径。

三、特点

数字化学习改变了学习的时空观念。数字化学习资源的全球共享,虚拟课堂、虚拟学校的出现,现代远程教育的兴起,使学习不局限在学校、家庭中,人们可以随时随地通过互联网进入数字化的虚拟学校里学习。从时间上说,只通过一段时间的集中学习不能获得够一辈子享用的知识技能。人类将从接受一次性教育向终身学习转变。所以,数字化学习要求学习者具有终身学习的态度和能力。信息时代,个体的学习将是终身的,个体的终身学习是指学习者根据社会和工作的需求,确定继续学习的目标,并有意识地自我计划、自我管理、自主努力,通过多种途径实现学习目标的过程。当然,这要求教育必须进行深刻的变革,即教育的内涵和功能、培养目标、内容和途径要转向为人们终身学习提供条件。

同时,数字化学习要求学习者具有良好的信息素养。只有培养学生具备良好的信息素养,才能够理解信息带来的知识,并形成自己的观点和知识结构。信息素养也是终身学习者具有的主要特征。我们认为,信息素养包含着三个基本点:信息技术基本知识和应用技能,指利用信息技术进行信息获取、加工处理以及呈现交流的技能;对信息内容的分析、批判与理解能力,即对信息的检索策略、对所要利用的信息源、对所获得的信息内容都能进行逐一的评估,在接收信息之前,会认真思考信息的有效性、信息陈述的准确性、识别信息推理中的逻辑矛盾或谬误,确定论点的充分性;能根据社会需求,整合信息、创造信息以及利用信息;有融入信息社会的态度和能力,指信息使用者要具有强烈的社会责任心,具有与他人良好合作共事的精神,把信息的整合和创造力作为推动社会进步的力量。

四、模式

1. "情境—探究"模式
主要适用于课堂讲授型教学,分为如下步骤:(1)利用数字化的共享资源,创设探究学习情境；(2)指导初步观察情境，提出思考问题，借助信息表达工具，如 Word、BBS 等，形成意见并发表；(3)对数字化资源所展示的学习情境，指导学生进行深入观察，并进行探索性的操作实践，从中发现事物的特征、关系和规律；(4)借助信息加工工具，如 PowerPoint，FrontPage 等进行意义建构；(5)借助测评工具，进行自我学习评价，及时发现问题，获取反馈信息。

2. "资源利用—主题探索—合作学习"模式

主要适用于校园网络环境，分为如下步骤：(1)在教师指导下，组织学生进行社会调查，了解可供学习的主题；(2)根据课程学习需要，选择并确定学习主题，并制订主题学习计划，包括确定目标、小组分工、计划进度；(3)组织合作学习小组；(4)教师提供与学习主题相关的资源目录、网址和资料收集方法和途径，包括对社会资源、学校资源、网络资源的收集；(5)指导学生浏览相关网页和资源，并对所得信息进行去伪存真、选优去劣的分析；(6)根据需要组织有关协作学习活动，如竞争、辩论、设计、问题解决或角色扮演等；(7)形成作品，要求学生以所找到的资料为基础，做一个与主题相关的研究报告，形式可以是文本、电子文稿、网页等，并向全体同学展示；(8)教师组织学生通过评价作品，形成观点意见，达到意义建构的目的。

3. "校际合作—远程协商"模式

主要适用于因特网环境，分为如下步骤：(1)在不同国度、地区或城市，各自选择几所学校作为地区成员实验学校；(2)在各地区实验学校内，各自组成若干个合作学习小组；(3)各合作学习小组同学内部分工，分别进行问题探索；(4)围绕同一主题，不同地区的实验学校，通过上网，寻找与主题相关的网页，并通过下载获取相关信息；(5)利用所得资料，进行素材加工，同学分工合作，建立小组网页；(6)各合作学习小组定期浏览其他合作学校的网页并进行讨论；(7)通过网络通信工具，对其他合作学校的网页发表意见，互相交流；(8)经过一段时间后，组织学生进行学习总结，对综合课程知识的掌握和学习能力进行自我评价；(9)组织各地区教育工作者、学生对各地区实验学校的网页进行评比，鼓励先进。

4. "专题探索—网站开发"模式

主要适用于在因特网环境下，对某一专题进行较广泛、深入的研究学习，并借此培养学生创新精神和实践能力，提高学生的综合素质。这类学习模式要求学生构建的"专题学习网站"必须包含如下基本内容：(1)展示学习专题相关的结构化的知识,把与课程学习内容相关的文本、图形、图像、动态资料等进行知识结构化重组;(2)将与学习专题相关的、扩展性的学习素材资源进行收集管理,包括学习工具(字典、辞典、读音和仿真实验)和相关资源网站的链接;(3)根据学习专题,构建网上协商讨论、答疑指导和远程讨论区域;(4)收集与学习专题相关的思考性问题、形成性练习和总结性考查的评测资料,让学习者能进行网上自我学习评价。

五、学习环境

信息技术的核心是计算机技术、通信技术和网络技术,数字化学习环境就是一个信息化的学习环境。整个数字化学习环境一般由设施、资源、平台、通信和工具等组成。在这个学习环境中,知识的表征借助于计算机多媒体技术,倾向多媒体化。信息处理智能化,管理人性化,现实场景虚拟化。

数字化学习环境作为环境的一个子集,必然包括环境这一概念的重要特征。按照自然与社会二分法,数字化学习环境也设计物理环境和社会环境两个部分,其中社会环境的基础构成是以继承性为特征的文化符号的传承。所以,撇开与个体相关的介于个体与客体之间的媒介也是学习环境的构成部分。

六、学习资源

教育技术学强调对学习过程和学习资源的作用。数字化学习也要依托数字化学习环境和资源,学习资源建设是数字化学习的关键。数字化学习资源就是经过数字化处理的学习资源,包括文字、图像、声音、动画、课件和视频等。不同媒体形式的资源之间可以组合形成新的资源。

1. 数字化学习资源的分类

数字化学习资源分为设计的和非设计的。有些是教学环境型的资源,本身不是纯粹的资源,但是它可以依托自身的环境组成为学习者提供学习资源服务,基于此又可以分为资源型学习资源和系统环境型学习资源。还有就是综合所有类型的集成型学习资源,比如说互联网等。

2. 数字化学习资源的特点

数字化学习资源依托信息技术的优势,较传统学习资源具有多媒体化、超文本、实时交互、资源共享等特点。

3.数字化学习资源的开发和管理

数字化学习资源的开发有以下几种方式:改进传统学习资源,将现有资源进行数字化升级;购买专业机构开发的资源,进行二次开发;教师和学生的优秀作品可以直接入库;网上下载资源充实本地资源库。

对于资源的管理,要动态跟踪、及时更新,统筹规划、扩大投入,提高质量、丰富数量,注重学习者的真正需求。

七、学习模式

新型的数字化学习模式有别于传统的学习模式。数字化学习环境下,学习者与教师的关系是对等的。丰富的学习资源使学习者可以自主学习,在线与其他学习者交流。

1.资源利用型的自主浏览模式

学习资源库为学习者提供了大量可利用的资源。学习者根据自己的爱好和需求等选择相关学习资源,根据评测系统的反馈及时改进自己的学习。

2.主题探究型的延伸训练模式

在学习相关课程时,教师给定学习者一定的任务和问题,学习者充分利用信息化工具针对某个主题进行探索,构建自己的认知结构。

3.互动交流型的合作学习模式

学习者在学习过程中,可以与其他学习者组成小组,组内成员相互交流相互激励,激发学习兴趣。也可以与其他小组进行竞争,增加学习的动力。

4.远程协助型的专家辅导模式

有些专业领域的问题学习者可能无法解决,可以通过在线与异地的专家进行交流寻求帮助,同时也锻炼了学习者的交流能力。如今随着信息技术的发展,通过QQ、微信、远程电话连线等技术实现实时技术交流已经变得十分方便。

八、学习评价

数字化学习环境下,技术上的支持使评价可以出现在整个学习过程中,所以数字化学习评价应该是面向过程中的,这种过程性的评价可以全方位地对学习者进行督促和引导。数字化学习评价中,评价的参与者不单是教师和学生,家长、专家等都可以参与进来。在学习过程中,学习者之间可以相互评价相互提高。评价激励机制不掺杂人为因素,科学的评价使学习者对学习充满信心。

第二节　虚拟现实技术在教育中的应用

作为一项新技术在教育教学领域的应用,虚拟现实技术为广大教师提供了一种全新的教学手段。目前虚拟现实技术在国外应用非常广泛,包括军事院校教学、体育专项训练、医学学生模拟实习、飞机操作、汽车驾驶、机床操作等的教学中。作为虚拟现实技术的发源地,美国最先把虚拟现实技术应用到教学中,特别是军事教学中。美国也拥有相对较多的虚拟现实技术的研究机构,其研究水平代表了国际的尖端水平。

一、虚拟现实技术在教育中的应用研究

1. 国外虚拟现实在教育中应用的状况

早在 1992 年,美国东卡罗琳那大学就建立了 VREL(即虚拟现实技术与教育实验室),以确认虚拟现实技术适合教育应用的可能性,评价现有(即当时)的虚拟现实技术软件和硬件,比较虚拟现实教学与其他教育媒体的效果,考察虚拟现实技术对教育的影响及其在真实世界中的应用。在欧洲,英国在虚拟现实技术的研究与开发方面是领先的,英国非常重视虚拟现实技术在进行教育教学方面上的应用,在 Newcastle-Upon-Type 中学建立的教育虚拟现实技术工程是在英国的第一个,也久负盛誉。该工程以 Dimension International 技术为基础,并使用了 Dimension 的 VR 即虚拟现实技术软件包。同时诺丁汉大学的 Virtual Reality Application Research Team(VIRART)项目在教育和学术方面对虚拟技术进行了非常有益的研究和探索,其主要目标在于探索桌面虚拟现实技术的输入、输出设备,为虚拟现实技术装备小型化和可推广性做出了一定贡献。VIRART 小组还和许多学校携手合作、共同开发了针对学习上有困难和身体严重残疾的孩子的基于桌面的虚拟现实技术系统。

2. 虚拟现实在国内教育中的应用状况

虚拟现实技术出现不久,国内各高校在许多相关领域都进行了一些课题研究。对这一技术研究具有很大促进作用的有北京航空航天大学(对分布式飞行模拟的应用)、浙江大学(对建筑方面虚拟规划、虚拟设计的应用)、哈尔

滨工业大学(人机交互方面)都取得了较大的进展,特别是清华大学对临场感的研究颇具贡献。另外,还有西安交通大学、上海交通大学等都有相关科技研究的应用成果产生。大体说来,我国在虚拟现实教育技术方面的研究主要表现为虚拟仿真校园。传统教育理论认为学习环境、学习氛围、校园文化对学生和教师都有着巨大的影响。虚拟现实技术的出现,给了我们仿真校园环境的新技术,成为虚拟现实在教育中应用的最早具体体现。1996年,天津大学在SGI硬件平台上,在国内最早开发了基于VRML国际标准的虚拟校园,成为这一领域的先驱。在国家863成果展上,对浙江大学设计的虚拟校园进行了展示,成为国家认可的虚拟现实教育系统,从而推进了虚拟现实技术与教育的深度结合。效果不错的还有中央广播电视大学远程教育学院,该院基于互联网的游戏图形引擎,整合了网络学院具体的实际功能,并作为远程教育的基础平台进行了大规模的应用,打破了对大多虚拟现实技术的应用仅仅停留在一般性浏览上的局限,颇具实际意义。

随着网络的普及、网络教育的不断发展,受教育者已经不满足于在WEB上对虚拟校园环境的泛泛浏览,产生了对教学、教务、校园生活完整的3D可视化虚拟校园体系的需求。这一需求恰恰为具有互动、真实、情节化特点的虚拟现实技术提供了用武之地。站在研究的立场上,我们完全可以断定———虚拟现实技术必将引起教育方式包括职业教育方式的革命,全方位、立体化的高效、成功、经济的教育时代必将到来。

3. 进入应用阶段的虚拟教学

鉴于虚拟现实技术能够为学生和教师提供逼真、生动的环境,又具有较强的可参与性,从而使学生和教师都能进入虚拟环境进行角色扮演,成为与传统教育环境完全不同的教学模式,从而对突破传统教学的缺陷,重点、难点的分析和破解,学生技能的培养,学生学习积极性的调动等方面都将起到积极的作用。从学科教学角度来看,虚拟教学在理工科的教学和操作技能训练中将大有可为,如传统上具有一定危险性或需要大量人力物力财力投入的建筑、机械、物理、化工等学科的教学。职业教育的传统实训也需要此类投入,虚拟现实教学的应用势必将产生更好的效果、更经济高效的产出。因此,该技术在职业教育中将有广阔的应用前景。

在运用虚拟现实技术进行物理实验方面,中国科学技术大学有着比较丰富的经验。广播电视大学的物理虚拟实验、基于本地的大学物理仿真实验软件、大学物理虚拟实验远程教学系统、几何光学设计实验平台等可应用成果已经有了自己成熟的产品。同济大学建筑学院的虚拟现实实验室,开展了对建筑结构、景观的虚拟仿真尝试。在建筑教学中大胆尝试运用先进的虚拟现实技术,应该给予肯定。西南交通大学长期致力于工程漫游方面的虚拟现实技术应用研究。在跟踪学习国际先进虚拟仿真技术发展的基础上,西南交通大学在城市规划仿真、驾驶员培训仿真及其他交互仿真方面自行开发出了一系列具有国际水平的计算机虚拟现实应用产品,取得了较高的社会评价。实际上,也有众多的计算机软件公司进行了有益的探索,郑州赛美科技公司、北京神州视景科技公司等都分别利用三通道技术、虚拟现实技术为一些院校搭建了虚拟现实教育的平台,为这一新教育技术的普及化做出了贡献。

现在虚拟现实在一些高校已成为热点话题,很多教师和学生都在对虚拟现实进行不同层次的研究和创作。

二、虚拟现实技术应用于教育的现实意义

目前虚拟现实技术和网络技术作为现代教育技术的突出代表越来越受到业内外人士的普遍关注。网络技术通过近些年的网络教学和教师备课实践已经证明了其被教育所吸收和利用的价值和意义。而虚拟现实技术作为一个新生事物,还没有被更多的人所认识。笔者经过多年的教学和对相关院校的考察认为,虚拟现实技术在教育中具有广阔的使用前景和深刻的意义,尤其对于职业院校而言更是如此。

1. 虚拟现实技术的软件

3DSMAX 从现有虚拟现实技术所使用的软件来看,使用最多、最广为人知的 3DSMAX 备受推崇。

(1)建模功能强,有较好的扩展性。由于 3DSMAX 在角色动画方面具备优势,插件丰富,供用户调配使用的功能多,成为其受欢迎的首要因素。

(2)可操作性强,入门容易。3DSMAX 搭载了众多快捷键使它成为最好学好用的 3DSMAX 软件,只不过熟练应用需要时间和经验而已。

(3)兼容性强。虚拟现实技术应用中必然会遇到众多的包括教育平台在内的各种其他软件或环境,3DSMAX 作为一款来自专业软件公司运行了多年的环境渲染和图形工作软件,或许最初编制时就已考虑到这一问题,从而3DSMAX 软件这种开放性的特点使它的使用者搭建虚拟教育平台时完全不用

担心软件冲突,交互性的实现也没有多大的障碍。

(4)高仿真的效果。使用过这一软件的人都知道,3DSMAX 可以制作模拟的现实环境,也可以将现实中原有的景物实际图片、人像等制作成有声的活动影像,再用高保真的 HIFI 音响来匹配,不论显示效果还是声音效果,都足以以假乱真,功能之强大令人叹为观止。首先,进入 21 世纪以来,3DSMAX 成为越来越多使用者的贴身利器,其未来使用领域更加广阔,实际应用上教育也为 3DSMAX 技术提供了广大空间。3DSMAX 技术也越来越多走进课堂,成为教育教学的新手段。在 3DSMAX 具体应用中,由于建模会遇到较为烦琐的大量图片和数据处理,也有学者在探索解决这一问题。其方法是综合应用三维计算机图形学技术、数据库技术、多媒体技术和针对性强的面向对象软件开发技术设计和实现了经纬仪仿真教学的软件系统。这一系统综合处理超文本、图形、图像、视频、音频、动画等多媒体信息,仿真各种实训设备和场景,并且实现人机交互高度仿真场景,生动表现了教学培训内容。这不能不说还要归功于 3DSMAX 的开放性和可扩展性。

2. 虚拟现实技术与现代教育技术培训

随着我国教育改革的深入,有越来越多的具有一定 IT 知识和技术的人才进入教师队伍,加上各级教育主管部门有计划地对现任教师开展现代教育技术培训,都为教师的教育技术专家化提供了良好的基础,为虚拟现实技术被教育所吸收准备了人才条件。据不完全统计,我国的教育技能培训已经不再局限于传统的教育教学知识和传统理论的学习,而是针对现代教育技术和能力的培养和训练。河南省自 2006 年开始,花了三年时间,投入巨资,依托河南大学、河南师范大学、信阳师范大学等省内著名院校对于全省的中小学教师进行现代教育技术能力的普遍培训,依托河南电大等院校对于全省职业院校教师进行了类似培训,将现代教育技术意识和观念进行了普及和推广。

3. 虚拟现实技术与自主学习、终身学习的理念

现代教育技术理论中的建构主义和人本主义理论提出了学生自主学习、自主探究的主张。而虚拟现实技术足以满足学生自主学习和自主探究的学习需求。从教育心理学出发,人们一贯认为"兴趣是最好的老师"。虚拟现实技术将会营造出一个高度仿真式的教学整体环境(对于学习者来说自然就是学习环境),学生在其中,就会自觉不自觉地被环境所感染,受到环境对于自身听觉、视觉、触觉等多种刺激,从而调动其学习的积极性、激发其探究的欲望,有

利于其对相关知识和技术的进一步深入钻研和学习以及能力的全面提高。尤其是虚拟现实技术的高仿真和强交互作用将会极其有力地推动学习者这一积极学习的发展趋势,也有利于终身学习理念的生根开花。

4. 虚拟现实技术与职业教育

职业教育具有对于虚拟现实技术更大的需求。我国的职业技术教育是就业教育,比普通教育具有更强的技术性和实践性要求。学生的知识和能力培养也配合这一趋势而更加注重职业能力和技术的培养和训练。但假如不采用虚拟现实技术,就必然会加大人力、物力和其他教育资源的占用程度,而且由于实训场所、实习基地的不足会造成学生实际动手机会短缺,达不到原有的教学和培养目标。而采用这一技术,则明显会使教育资源支出限制在一定范围内,并且加大学生上手的机会。而虚拟现实技术平台本身相对于学生实际到实习基地或工厂车间要节约许多时间和精力,并且从形象性来说,也一样会形成学生的感性印象,有利于其走上工作岗位后快速上手,加快技术熟练程度和速度。这对学校、社会和企业以及学生家长都是有利的。

综上所述,虚拟现实技术出现已经有二十年之久,其应用领域已经被大为扩展,其使用的软硬件设备也获得了崭新的扩展。在教育领域的应用既是虚拟现实技术发展的必然,又是该技术为全人类做出贡献的必由之路。尽管教育和计算机虚拟技术有着各自不同的发展规律和轨迹,但两者间的合作必将极大推动技术的进步和教育事业的大发展.

第三节　智慧校园

教育是人类特有的社会现象,是一种有意识的以影响人的身心发展为直接目标的活动。在古代社会,随着文字和社会分工的出现,古埃及、两河流域、印度和中国出现了专门进行施教的场所———学校。在我国夏朝已有"庠""序""校"等施教机构,在西方则出现了宫廷学校、寺庙学校、文士学校等施教机构。(胡金平,2010)近代,捷克教育家夸美纽斯提出的"班级授课制"大大提高了教育效率,成为现代教学的基本形式。(魏青,2006)中世纪后期,英国、法国等国家先后发生了工业革命,同时也促进学校教育有了新的形态,逐渐确立了现代学校教育。自产生之初,学校就是专门的育人场所。现代社会,教育的基本功能体现为促进社会发展和促进个体发展,学校便成为促进社会发展和个体发展的主要载体。

20世纪80年代以来，随着人类逐步进入信息社会，社会信息化进程给人们的生活方式、工作方式等带来了巨大的变革，人们的能力观、知识观和学习观逐步改变，传统的学习方式面临巨大挑战。新的能力观更侧重于学习能力、合作能力和信息处理能力；新的知识观不再限于仅仅知道"是什么"和"为什么"，更侧重于知道"在哪里"和"怎样做"；学习观的改变更为明显，学习与工作的界限将越来越模糊，走向工作前的学历教育将不再唯一，分阶段获取同一层次的不同文凭将逐渐成为现实。人类诞生以来就伴随着教育，教育活动是特殊的信息传递活动，因此教育变革同信息技术进步息息相关。造纸术、印刷术、广播电视技术、计算机互联网技术等人类科学与技术发展史上具有代表性的技术应用对教育系统都产生了巨大的影响。

进入21世纪以来，随着中小学"校校通"工程、"农远"工程和高校教育信息化工程的实施，教育信息化进入了新的发展阶段，在社会信息化的大背景下，建设"智慧型"校园，不断推进以学校为主体的教育信息化进程，成为教育信息化的重要组成部分。然而，面对众多新观念、新概念，大多数人混淆了数字校园、智慧校园等概念，对其内涵、特征等大都没有清晰的认识。我们结合近年在教育信息化方面的研究成果，提出智慧校园的特征和定义，认为智慧校园是数字校园的高端形态，是数字校园发展的理想追求。

一、智慧校园的缘起及概念解析

数字校园概念最早起源于20世纪70年代美国麻省理工学院提出的E-campus计划。1990年，美国克莱蒙特大学教授凯尼期·格林（Kenneth Green）发起了"数字校园计划（The Campus Computing Project）"大型科研项目（黄荣怀，2009）。1998年，美国前副总统戈尔发表了题为"数字地球：21世纪认识地球的方式"的演讲，提出"数字地球"的概念，此后全世界普遍接受了数字化概念，并引出了"数字城市"、数字校园等概念。（陈丽，2007）随着国际互联网的广泛应用，各种与之相关的概念不断涌现，数字校园逐步成为一个单独的研究领域。利用各种计算机技术创建一个基于互联网的与现实校园并行的"虚拟化电子校园"，并依托各种技术工具和手段来推动高校的全方位改革，成为世界各国高等教育改革的重要趋势之一。（赵国栋，2012）数字校园是一个伴随技术应用变化而不断发展的概念，人们理解的层次和内涵不尽相同，目前存在四种有代表性的观点。

"平台"观。万新恒(2000)较早阐述了数字化校园的概念,他认为数字化校园以高度发达的计算机网络为核心技术支撑,以信息和知识资源的充分共享为手段,以培养善于获取、加工、处理和利用信息与知识的学生为主要目标,以校园为整个社会知识、信息的基本创新与传播中枢。陈丽(2007)认为数字化校园是一个网络化、数字化、智能化有机结合的新型教育、学习和研究的校园平台。

"空间"观。沈培华等(2002)认为数字化校园是以网络为基础,利用先进的信息化手段和工具,实现从环境(包括设备、教室等)、资源(如图书、讲义、课件等)到活动(包括教学、管理、服务、办公等)的全部数字化,在传统校园的基础上构建一个数字空间,拓展现实校园的时间和空间维度,提升传统校园的效率,拓展传统校园的功能,最终实现教育过程的全面信息化,从而达到提高教学质量、科研和管理水平的目的。蒋笃运(2009)认为,中小学数字校园是借助信息技术手段,对学校的教育、教学管理等主要业务以及资源和数据进行优化、整合和融通,拓展现实校园的时间和空间维度,在传统校园的基础上构建一个数字空间,实现从环境、资源到活动的数字化,从而达到提升教育教学质量和管理水平的目的。这既是一个实用概念,也是一项工程和标准,更是一种文化,并非严格意义上的学术定义。(张虹波等,2009)

"环境"观。黄荣怀(2009)认为,数字校园是为了有效支持学生学习,创新和转变教学方式,以面向服务为基本理念,而构建的数字化资源丰富的、多种应用系统集成的、相关业务高度整合的校园信息化环境;其宗旨是拓展学校的校园时空维度,丰富校园文化,并优化教学、教研、管理和服务等过程。

"过程"观。蔡苏等(2009)认为中小学数字校园是一种依托现实校园而存在的以网络为基础平台,通过数字化环境的支撑,实现从环境、资源到活动的数字化,辅助完成校园活动的全部过程。赵国栋(2012)认为在当今信息技术广泛应用的背景下,以提高运行效率、推动管理改革为出发点,高等教育机构在管理、教学、科研、社会服务等方面规划、建设与应用各种现代通信技术工具的过程,可以称之为"数字化校园"。数字化校园建设目的是充分利用信息技术来改变校内各部门之间的信息传递流程,推动高校组织模式、管理模式与运行方式的变革,从而最终实现优化管理流程、提高工作效率和促进教学科研之目标。上述观点从不同侧面描述了数字校园的特点。数字校园是学校教育信息化发展到一定阶段的产物,是通过技术手段改造和提升传统校园的必然结果,其具备五方面的特征:重点关注学生的有效学习以及创新和转变教学方式;以服务教育教学作为数字校园建设的基本理念;支持学与教的资源比较丰富;多种应用系统有机集成,相关业务高度整合;能拓展学校的时空维度并丰富校园文化。

数字校园建设强调信息技术应与教育教学深度融合,这与教育信息化的目标是一致的,也是与社会信息化的步伐相匹配的。但要应对社会信息化进程中学习方式变革的诉求,单纯的网络基础设施装备、学与教数字化资源建设、应用软件系统的开发难以有效支撑学与教方式的变革和拓展相对封闭的时空维度。只有跟上甚至引领社会信息化的进程,积极构建"智慧型"校园环境才能真正提升校园信息化水平。

二、智慧校园的内涵与特征

2008年,美国IBM总裁兼首席执行官彭明盛在题为《智慧地球:下一代领导议程》的演讲中首次提出了"智慧地球"的理念。2009年,奥巴马就任美国总统后对这一理念给予了积极回应。"智慧地球"的概念一经提出,得到美国各界的高度关注,甚至有分析认为IBM公司的这一构想极有可能上升至美国的国家战略,并在世界范围内引起轰动。(张永民,2010)在"智慧地球"的概念提出后,国内不少学者提出了"智慧校园"的概念和建设思路(宗平等,2010;郭惠丽等,2011;严大虎等,2011;张永波,2011),西南大学、成都大学、同济大学等几十所高校正在筹划、实施智慧校园的建设,智慧校园不再停留在理念层面(鲁东明,2011)。例如,浙江大学信息化"十二五"规划,提出建设一个"令人激动"的智慧校园,这种智慧校园支持无处不在的网络学习、融合创新的网络科研、透明高效的校务治理、丰富多彩的校园文化、方便周到的校园生活。(吴颖骏,2010)南京邮电大学完成了一个相对完整的智慧校园规划(朱洪波,2011),且认为智慧校园的核心特征主要反映在三个层面:一是为广大师生提供一个全面的智能感知环境和综合信息服务平台,提供基于角色的个性化定制服务;二是将基于计算机网络的信息服务融入学校的各个应用与服务领域,实现互联和协作;三是通过智能感知环境和综合信息服务平台,为学校与外部世界提供一个相互交流和相互感知的接口。

在理论研究方面,不同学者从多个角度对智慧校园的内涵进行了解读。

黄荣怀(2009)从数字校园的建设进程角度提出数字校园的"四代"建设观,他认为第四代数字校园(智慧校园)能够有效支持教与学,丰富学校的校园文化,真正拓展学校的时空维度,以面向服务为基本理念,基于新型通信网络技术构建业务流程、资源共享、智能灵活的教育教学环境。有研究者强调物联网技术在智慧校园建设中的作用,如沈洁等(2011)认为,智慧校园是一种将人、设备、环境、资源以及社会因素,在信息化背景下有机整合的一种独特的校园系统,它以物联网技术为基础,以信息的相关性为核心,通过多平台的信息传递手段提供及时的双向交流平台,简单说,就是更智能的学校;周彤等(2011)认为,智慧校园是以物联网为基础的智慧化的工作、学习和生活一体化的校园环境,这个一体化环境以各种应用服务系统为载体,将教学、科研、管理和校园生活进行充分融合;李春若(2012)认为,智慧校园是物联网在学校教学管理、公共安全、后勤保障中的具体应用,为学校构建了智能化的学习和生活环境。有研究者认为智慧校园是各种技术的综合应用,如陈翠珠等(2012)认为,智慧校园是充分利用信息化相关技术,通过监测、分析、融合、智能响应的方式,综合学校各职能部门,融合优化现有资源,提供质量更高的教学、更好的服务,构建绿色的环境、和谐的校园,以保证学校教育的持续发展。也有研究者认为智慧校园的建设不仅仅是物联网技术的应用,那只是感知部分,应更多考虑技术的特点,突出应用和服务。(宓詠,2011)

综合以上观点和黄荣怀等(2012)提出的"智慧学习环境"的概念,我们认为,智慧校园(Smart Campus)应具有以下特征:

1. 环境全面感知。智慧校园中的全面感知包括两个方面,一是传感器可以随时随地感知、捕获和传递有关人、设备、资源的信息;二是对学习者个体特征(学习偏好、认知特征、注意状态、学习风格等)和学习情景(学习时间、学习空间、学习伙伴、学习活动等)的感知、捕获和传递。

2. 网络无缝互通。基于网络和通信技术,特别是移动互联网技术,智慧校园支持所有软件系统和硬件设备的连接,信息感知后可迅速、实时地传递,这是所有用户按照全新的方式协作学习、协同工作的基础。

3. 海量数据支撑。依据数据挖掘和建模技术,智慧校园可以在"海量"校园数据的基础上构建模型,建立预测方法,对新的信息进行趋势分析、展望和预测;同时智慧校园可综合各方面的数据、信息、规则等内容,通过智能推理,做出快速反应、主动应对,更多地体现智能、聪慧的特点。

4.开放学习环境。教育的核心理念是创新能力的培养,校园面临着从"封闭"走向"开放"的诉求。智慧校园支持拓展资源环境,让学生冲破教科书的限制;支持拓展时间环境,让学习从课上拓展到课下;支持拓展空间环境,让有效学习在真实情境和虚拟情境中得以发生。

5.师生个性服务。智慧校园环境及其功能均以个性服务为理念,各种关键技术的应用均以有效解决师生在校园生活、学习、工作中的诸多实际需求为目的,并成为现实中不可或缺的组成部分。因此,智慧校园是指一种以面向师生个性化服务为理念,能全面感知物理环境,识别学习者个体特征和学习情境,提供无缝互通的网络通信,有效支持教学过程分析、评价和智能决策的开放教育教学环境及便利舒适的生活环境。

三、支撑智慧校园的若干关键技术

技术发展是智慧校园建设的基础,在多种技术的支持下才能真正实现个性化服务的理念。

学习情境识别与环境感知技术。学习情境识别是个性化学习资源推送、学习伙伴联结以及学习活动建议的前提,是智慧校园建设中的关键技术。学习情境识别的目标是根据可获取的情境信息识别学习情境类型,诊断学习者问题和预测学习者需求,以使学习者能够获得个性化的学习资源,找到能够相互协作的学习伙伴、接收有效的学习活动建议。学习情境识别涉及学习者特征分析、传感器技术和自动推理等方面的综合应用,是一个跨领域的研究。环境感知技术是"智慧校园"的基础技术,有助于实现对校园各种物理设备的实时动态监控与控制。RFID、二维码、视频监控等感知技术与设备在学校中有很多应用之处。目前,其已经在校园安保、节能、科研教学等方面得以应用。例如,将RFID技术整合到校园一卡通、图书、仪器设备、电梯、灯具等物品上,可以实现楼宇出口人员管理、教室与会议的智能考勤、图书自助借还与自动盘点、贵重设备防盗及定位、实验室开放控制,以及照明、空调与通风系统控制等节能控制,但尚未形成系统化体系与应用。

校园移动互联技术。无处不在的宽带无线网络使得高清晰度的网络教学资源传输成为可能,也让异地的视频连接不再受带宽资源的限制,让学习者有"身临其境"的感觉。3G技术和各种无线接入的普及,让无线网络的覆盖不再仅仅限于教室和图书馆,学习者通过网络进行学习,将不再受任何地域限制。

为广大师生提供无处不在、稳定、安全、易于管理的无线网络环境,是构建智慧校园的基本条件。校园无线网络一般情况都具有规模大的特点(地域范围大、用户多、数据通信量大),网络覆盖的要求也很高(应能实现室内、室外、礼堂、宿舍、图书馆、公共场所等之间的无缝漫游),负载均衡尤为重要,经常会出现局部地区通信拥塞的现象。传统做法不能很好解决这些问题,构建无线 Mesh 网络,无线接入点(AP)的增加或调整变得更容易、配置更灵活、安装和使用成本更低,尤其是对于那些需要经常移动接入点的区域,无线 Mesh 技术的多跳结构和配置灵活将非常有利于网络拓扑结构的调整和升级。(陈永坚等,2010)此外,互联网、移动网和广电网的三网合一也为实现学校无线网络全覆盖提供了更加广阔的空间。基于高清视频通信技术,开展校内实时同步视频通信,已成为当下数字校园发展的热点。伴随着移动技术的飞速发展,视频通信技术也随之给人们带来了更多便利。众多知名视频通信企业已开始尝试,并推出了基于移动终端的移动视频会议解决方案。此外,很多商业通信系统能够达到 1∶1 真人大小,图像清晰,能达到与会者同一会场的效果。

社会网络技术。社会网络是由某些特定群体(人、企业和组织)间的社会关系构成的相对稳定的关系网(Barry&Berkowitz,1988)。社会网络的形成和分析涉及理念、技术、结构、关系等诸多方面,一般认为社会网络技术主要是在20 世纪 90 年代中后期开始的利用搜索引擎的社会网络的构建与分析、Web 社区的社会网络分析等,其中基于 Web 的社会网络分析技术对智慧校园的建设具有重要意义。当前的互联网发展强调从以数据为中心的传统 Web 转变为以用户为中心的 Web2.0,其关键特征是基于社会性软件(即时通信、博客、微博、社会问答、社会标签、在线社会网络等)为用户提供多样化服务。因而影响服务质量的关键在于对用户兴趣、关系及群体的分析。社会网络分析可以看作网络知识发现或网络挖掘的一个分支,涉及数据挖掘、机器学习、信息抽取与检索等不同领域。(陈可佳,2011)社会网络分析应用广泛,对其的学习与研究也越来越重要,而在线社会网络集成了社会网络与信息技术的特点,是人类社会的虚拟化表示及延伸,具有自组织性。通过对社会网络特征的分析,确定社会网络中的用户群体或个人的中心性程度,对关键小团体特征进行分析以及确定用户位置、角色等情况,有助于掌握师生在虚拟网络中的活动状况,以便为其更好地提供服务,实施必要的管理措施。

学习分析技术。学习分析技术源自早期的课堂教学效果分析,目前在线交互文本分析和早期的课堂教学效果分析有一种走向融合的趋势,学习分析技术便是这种融合的一个产物。学习分析是对学习者以及学习情境的数据进行测量、收集、分析和报告,以便更好地理解和优化学习以及学习发生的情境,从而提高学习效率和效果。学习分析技术可作为教师教学决策、优化教学的有效支持工具,也可为学生的自我导向学习、学习危机预警和自我评估提供有效数据支持,还可为教育研究者的个性化学习设计和增进研究效益提供数据参考。针对学习者个人信息、学习者情境信息等内容进行建模,通过对交互文本、视音频和系统日志等能够反映学习过程的信息数据,利用参与度分析法、社会网络分析法和内容分析法等自动化的交互文本分析技术,来获取学习者学习的参与度、学习者的社会网络、学习者关注的学习内容、学生和教师的课堂行为信息、学习情况和学习资源的利用情况等内容,是学习分析技术实现学习分析的核心。文本挖掘技术可从学习资源库和学习者信息中挖掘学习者关注的各种信息,如文本的主题、文本作者对某一事物的观点倾向、作者在某一主题的专业程度等。这些信息一方面可以帮助学习者根据这些信息检索学习资源,另一方面可以帮助学习者了解学习资源库在某一侧面的总体概况和趋势。

数字资源的组织和共享技术。学习资源的组织及共享一直以来都是数字校园的建设重点之一。按照班杜拉的社会学习理论,观察他人的行为和结果是习得知识、技能的重要来源,真实的榜样能对观察者起到示范作用。学习者在学习过程中产生的生成性资源,可以作为其他学习者的学习观察对象,这也是一种重要的学习资源。为了便于检索和共享,传统的学习资源常常使用静态的词汇表来描述元数据,但这种描述方法无法满足泛在学习环境下灵活多变、极具个性化的学习需求。因此,吸收借鉴语义网络和本体技术的相关研究成果,提供更为灵活和智能化的元数据描述方式成为一种趋势。借助语义Web和本体技术来组织学习资源,能够灵活、精确地表达资源的属性,便于学习者对资源的检索、归类,可以极大地提高检索的查全率和准确度,更容易被自动化的数据挖掘工具发现和集成,有助于实现泛在学习环境下分布式资源灵活的共享、联结和重用,同时具备良好的扩展性,并且能作为智能的资源检索和推送的基础,大大增强学习系统的适应性和针对用户的个性化服务功能。

四、总结

校园是正式学习发生的主要场所,校园建设的好坏直接影响整个校园系统的运行效率和质量。随着学习情境识别与环境感知、校园移动互联、学习分析等技术的逐步兴起和应用，智慧校园已不只是一种理念，而正慢慢成为现实。应该说，智慧校园建设仍处于起步阶段，很多问题还需要进一步解决，要实现真正意义上的"智慧"校园还需要一个漫长的过程。智慧校园对于解困当前数字化校园建设、消除课堂教学困境、优化教学和管理过程、促进学生创新能力培养具有重要意义。

第四节　智慧课堂

进入 21 世纪以来，随着加拿大阿尔伯特大学教育学教授马克斯·范梅南的著作《教学机智———教育智慧的意蕴》在中国大陆的热销，教育智慧、智慧教育、智慧型教师也成为我国教育理论界与实践界的热门话语，其研究渐成"显学"。追求智慧、做智慧型教师、建构智慧课堂已成为许多学校、教师力求达成的理想境界。那么，究竟如何理解这样一系列理念与实践呢？笔者想就这些问题与各位教师谈谈，希望这一交谈成为一次对话，一次没有答案、没有结束的对话，一次开放性的交流、互动，一次彼此精神成长的碰撞。或许，正如德国著名哲学家卡尔·雅斯贝尔斯所说的那样：问题是永无终了的，心灵是永无止境的，结论性的答案是永无可能的。可见，永远在过程之中，永远在路上，应是我们探讨"智慧"话题的应有态度。

一、智慧与教育智慧

关于智慧，自古以来就被中西方的先哲们所关注。古希腊哲学家苏格拉底被称为是最富于"智慧"的人（智者）；而亚里士多德则把"哲学"界定为"爱智慧"。可以说，关于智慧，是一个仁智互见的问题。英国哲学家洛克认为，智慧使得一个人能干并有远见，能很好地处理他的事务，并对事务专心致志；这是一种善良的天性、心灵的努力和经验结合的产物。美国心理学家加德纳则认为，智慧可定义为：在实际生活中解决所面临的实际问题的能力，提出并解决新问题的能力，对自己所属文化提供有价值的创造和服务的能力。而我国的《辞海》（1999）则把智慧定义为对事物认识、辨析、判断和发明创造的能力。

综上所述，智慧的要义不仅仅体现在"聪明""有知识""富于才华"等日常生活经验理解的层面上，它更体现出一种"善"、一种"美德"：它是在恰当地处理事务中所显示的精明("恰当地"就体现一种"善"),正当地处理事务中所显示出的善意,它也是一种美德。因此,在笔者看来,智慧的要素是能力加德性,智慧的实质是合理恰当的行动中所表现出来的高超和高尚的智能。智慧就是德性化的能力,是凭借善良的天性、德性去有所创造、有所贡献。理解了智慧的实质,教育智慧就不难理解了。教育智慧简单讲就是在教育过程中表现出来的能成功解决实际的具体问题的能力和德性,或者说能正当地解决实际的具体问题的能力。教育智慧是教育思维和教育情感互动的产物,德性是智慧的根基,思维是智慧的核心,情感则是智慧的酵母。这里还有必要指出:教育智慧与知识、技巧丰富、学历的高低没有多少必然的因果关系。成功的教育家或教育者都是有智慧的人,但知识和技巧对他们来讲是远远不能使其成功的(当然,没有必要的知识与技巧,也不能成功),最重要的是他们都具有智慧,尤其是实践性智慧。

二、智慧型教师

显然,要体现"教育智慧"应努力建构"智慧课堂"。而"智慧课堂"与"智慧型教师"密切相关,可以说,没有智慧型教师就不会有智慧课堂。因此,有必要弄清"智慧型教师"的实质及其相关特征。

简单讲,智慧型教师就是具备了教育智慧的一类教师,它是教师类型的一种。其基本要素或基本特征体现在以下几个方面:

首先,智慧型教师对教育的本真意义应有深刻的理解、洞察与体验。众所周知,现代教育(工业社会建立以来的教育)越来越像企业、工厂,越来越追求效率、规模、竞争、技术与控制,"麦当劳化"日趋严重,忽视了对学生生命意义与人生价值的引导,缺少必要的人性关怀。而教育的本真意义应当是:追求智慧,使人向善,教人成人,使学生成为独特的精神自我与有活力的生命个体。简单讲,教育应当把人变得更美好、更纯洁、更善良。因此,智慧型教师必须对教育有深刻的理解,还要有实践中的洞察和体验。正如马克斯·范梅南在《教学机智———教育智慧的意蕴》中将教育看作人的崇高使命,看作是"规范性"活动,是善的、道德的行为那样,教师们应真正理解这一表述。

其次,智慧型教师必须拥有对儿童关爱与关心的素质。没有爱与关心,就不会有教育,这已经被人类几千年的教育实践所证明。范梅南认为,教育的智慧性表现为对儿童的关心,并把这看作教育者的崇高使命。"使命"本意有

"召唤"之意,只有当教育者感受到教育作为一种召唤而被激起活力和深受鼓舞时,教育生活才有意义。"召唤"要求教育者聆听孩子的需求,并以适当的方式采取行动以利于孩子发展,然后对行动进行反思。有智慧的教育应始终指向具体教育情境的具体孩子,在教育情境中教育者要善于把握教育时机,要从孩子的视角理解教育情境。教育要伸向儿童的生活世界,探及儿童对世界的内心体验,时刻关注儿童对具体的情况、关系或事件的体验,然后以"心向着孩子""向着孩子的生存与成长"的角度,探寻在具体情境中如何机智和充满智慧地采取行动,并不断地反思自己的行动,反思儿童对自己的影响,从而重新塑造自我。

再次,智慧型教师要善于和勤于反思,要对具体教育情境中具体孩子具有敏感性,并在处理问题时表现出教育机智。反思教育生活实质上是使自己对教育的认识更接近教育的本真意义,使自己走向教育理想的境界。教师们应当从生活本身开始,通过反思与孩子的交往更好地理解教育生活。通过反思,教师就有可能能够识别孩子的独特性和差异性,巩固差异性,让孩子认识到自己的与众不同。范梅南认为,教育就是要与人的独特性相关,否则,教育就变成了企业。

教师要善于和勤于反思,其前提是要深入体验教育生活,关注具体教育情境中具体孩子的体验、感受和心灵深处的悸动。没有体验,就没有真情实感,没有知识经验,也就没有教育智慧。体验教育生活,首先要抛弃各种所谓"教育学理论、概念",用自己的眼睛去看,用自己的心去倾听、去感受,然后从中得出关于教育的最本真的东西。教师自身的教育生活是教师自己的教育思想和理论的源泉。实际上,现实生活中许多教师正是由于积极投身于教育生活,才很快找到了属于自己的研究课题,用行动研究法,通过自己的教育生活体验研究,完成了自己的理论建构。

三、智慧课堂及其建构

所谓"智慧课堂",简单讲就是充满智慧的课堂,它是教育思维和教育情感互动的产物,是师生智慧互动共生的过程与结果。其中,德性是智慧课堂的根基,没有它,智慧将会偏离方向,沦落为技术技巧;思维是智慧课堂的核心,没有它,课堂将会呆滞、愚钝,没有生命活力;情感则是智慧课堂的酵母,没有它,课堂将会失去人性的关照。"智慧课堂"的表现通常是教师在面临复杂教学情境时表现出的一种敏感、迅速、准确的判断与行动,这种行动往往具有"情境性",即不能被复制和借鉴;它更可以是学生在与教师、与学生互动中所表现出的创意。

根据有关研究,"智慧课堂"具有一些内在的规定性,如自主性(建构性)、思维性、探究性、创意性、多元性等。限于篇幅,这里就前三者做简要阐述。

首先,自主建构是"智慧课堂"的应有之义。自主性表现为学生主动参与学习,即学生以一个"主人"的身份,充分发挥主观能动性,以适于自己"个性"的方式,自己决定自己的学习,在学习过程中独立分析、独立思考、独立决定,并且对学习效果进行自我评价、自我控制。而根据建构主义学习理论,知识是主动建构的,而不是被动接受的。如果没有主体的主动建构,知识是不可能由别人传递给主体并被主体所内化的。知识的意义不能机械地灌输给学生,必须靠学生根据其个人先前知识经验主动建构。因此,没有学生的自主建构,就不可能有他们智慧的迸发,也就不可能有智慧课堂的出现。

其次,思维性是"智慧课堂"不可或缺的主要成分。前已阐述,思维是智慧课堂的核心,没有思维,就不可能有"智慧"。因此,"智慧课堂"应当是学生思维生成、发展的场所,应当努力让学生在课堂上"生活"在思考的世界里。为此,教师的所有课堂行为,尤其是教师的提问、师生对话与互动(这是促使学生有效思维的主要举措)都要具有思维价值,即能促进学生深度思维。而教师所提的"问题"要能够真正抓住学生的心思,要能引起学生"集体思维过程",使之成为课堂教学最重要的、不竭的动力。

再次,探究性也是"智慧课堂"的重要特征。探究是人类(尤其是儿童)固有的"天性"与"冲动"。何谓"天性"? 就是内生的、本原的冲动,本真的生存形式及状态,它是人类天性中的宝石,是极其珍贵的,它应当得到整个人类社会的精心呵护。只有在不断探究中,人类才能持续探索、积累新的知识经验,不断提升人的智慧境界。"智慧课堂"就是要让学生在学习中不断提出问题,善于提出与众不同的问题,善于在学习中不盲从书本或权威,敢于质疑,敢于突破常规,能独立思考,能不断反思自己的思考过程,不人云亦云,有自己的见解。

那么,教师在课堂中如何与学生一道共同建构"智慧课堂"呢? 就一般情况而言,笔者提出以下几点建议:

一是要创设一定的"情境"和引出一定的"话题"。传统知识论认为的"知识可以超越历史与文化的界限而适用于任何情境"的观点正受到越来越多的批判,"情境"的作用正越来越受到重视。建构主义理论认为,情境是儿童认知与发展的重要资源,是语言、文化、知识的意义产生与实现的场所和"基地"。因此,情境对于有效地教学是十分关键的。创设情境,就是要尽可能创设真实的、日常的、与学生实际生活紧密联系的情境,鼓励学生在学习中基于"真实问题"将不同学科知识整合起来,去挖掘知识更广、更深的意义,这样才有可能产生智慧的火花,发展和锻造自己的智慧。"话题"则是智慧课堂的"媒介",好的话题是促进师生智慧向深度发展的动力。话题的展开绝不仅仅是师生或生生之间的"问答"。因为课堂中的很多"问答"都是在"主体与客体"的关系状态下进行的,学生是被动的。真正的话题应该是能引起"当事人"共同兴趣、共同思考、共同探求、共同解决问题的话题,应该能引起学生自由地思考、自由地叙述他们的疑问和见解。

二是师生之间要建立"对话与互动"关系。对话就是通过语言形式所进行的交流,它与权威式的"告诉"或"灌输"不一样,它是主体之间民主平等的交流;互动则是主体之间的相互作用,它具有交互性特征。正是师生之间、学生之间、师生与环境之间的多向互动与对话,参与者们批判性地探讨各自的观点,新的阐释、新的意义才可以层出不穷,知识也就不断得到丰富,智慧在其中才能得以有效孕育和生成。师生之间要建立"对话与互动"关系,"课堂讨论"是主要的外在表现形式。当然,真正的"课堂讨论"绝不是简单的"师→生"单向的问答,或教师发问,众多学生作答,教师从中选取正确答案,而应该是这样的状态:"教师→学生1→学生2→学生3……教师",即教师先使讨论开始,一名学生提出讨论的线索,第二、第三名学生加入,其余学生也会适时参与;只有当讨论陷入困境时,教师才适当点拨或引导。这种讨论无论是从学生还是教师角度来看,彼此的发言总是复杂地交织在一起的,具有内在的联系。

三是教师要学会一些引导学生智慧生成的策略和方法。例如"头脑风暴法"就是一个非常有效的策略与方法。在讨论、互动中,教师对学生的观点暂缓判断,而在一定的时间内让尽可能多的观点呈现出来,就像"风暴"刮过大脑一样,这样就能激活参与者的思维,使其智慧得以极大地迸发。

第五节　智慧课程

一、问题提出

近几年国际教育变革风云迭起,其中相当多的教育变革围绕课程展开。微课、翻转课、慕课这些课程新形态在实践中已暴露出许多问题,若依据布鲁姆认知领域学习目标进行分析,翻转课堂目前更多地在"记忆""理解""应用"初级认知方面表现良好,在"分析""评价""创造"等高级认知方面力不从心,出现了"认知天花板"现象。(祝智庭,2016)在国际课程变革大潮中,我国一直扮演着课程创新改革跟随者的角色,缺乏自主创新。我们能不能在世界范围内由课程变革的跟潮者反超为引潮者呢?全球范围方兴未艾的智慧教育,为我国引领世界课程改革,创造了千载难逢的历史机缘,我们应该紧紧抓住这一时代机遇。(陈琳,2015)

智慧教育的本质是"转识为智",实现从塑造"知识人"到走向培养"智慧人"的历史性飞跃(张仕志,2013),而要实现教育"转识为智"的根本性改变,课程必须要有本质性的改变,因为课程是教学内容和教学活动的主要载体及基本依据,是实现教育目标的基本保证,是一切教学活动的媒介,同时是学习活动开展的系统化所在。没有智慧的课程,培养学生其他的智慧或无立足依附,或成为无源之水、无本之木。因此,智慧教育的制高点在智慧型课程,建构智慧型课程这种课程新形态理所当然地成为智慧教育的核心。(陈琳等,2016)

智慧型课程属于新生事物,现有研究不多,目前还没有对智慧型课程特征的相关论述。很多学者针对其他课程创新模式(慕课、翻转课、微课)的特征进行了研究:慕课的特征包括大规模、开放性、交互性、个性化与参与性等(王永固,2014;王志军等,2014;姜蔺等,2014);翻转课的特征包括教师的团队化、教学组织的小组化、学习的个性化、教学目标的多维性等(田爱丽,2014;蔡宝来,2015);微课的特征包括碎片化、易于获取、扩展性强、专题化等(胡铁生,2013;汪滢,2014)。这些创新型课程的特征在一定程度上体现了智慧型课程的发展方向,但是智慧型课程的特征又有别于上述课程。

二、特征建构

研究表明,赋予智慧型课程特征,首先必须建立三大理念:一是大课程观,二是创新课程观,三是创新人才培养观。在此基础上,我们认为智慧型课程至少应该具有如下五大特征:

1. 课程学习目标的"知行创"统一。教学目的在于发展学习者的智慧,"转识为智"是当代教学发展的基本价值走向。"转识为智"的核心是培养创新创造型人才,因此智慧型课程要将传统教育的知识学习和实践,与培养学生的创新精神与创新实践能力有机结合,更好地服务于实现从培养知识人到智慧人的转变。这必然要求课程的学习,要由通常要求的"知行合一",进化为"知行创统一"。这就要创造条件让学生在学习的基础上研究,在研究的基础上创造,即采用"研创式"培养新模式。

2. 课程教师全新意义的专业协同。教师的职能现在几乎是共同的———授课,一个教师上多门课,每天上几节课。

一位教师每天要上多节课,原先一般只出现在中小学,然而这一现象现在在大学也普遍出现。教授基本没有助教、助手。教师早先讲一次课要数天准备,数易其稿、反复锤炼,新教师要当若干年助教、过若干关才能正式协助讲授一门课中的部分内容。后来高等学校扩招,可是教师补员没有及时跟上,1992年我国普通高等学校的生师比为 5.64∶1,2011 年普通高校的生师比变为17.42∶1,20 年间生师比提高了三倍。(陈耀华,2014)时代的信息量在指数般加速增加,教师一人要上那么多课,知识更新、能力提升就难有充裕时间,教师的课程教学就难有高质量。

显然工业时代将教师作为教书机器的教师模式必须改变,应对教师进行更细化的分工,让每位教师由现在包揽一切的杂家变成专攻一块的专家。就像在医院,手术有主刀医师、辅助医师、麻醉师、器械护士、巡回护士一样,教师应相应分为课程内容设计师,课程主讲教师(主讲师),课程辅导、评价、诊断教师(辅导师、评价师),课程技术支持教师(技术师),课程资源开发教师(资源师)。精准极致是互联网思维的核心之一,信息时代的教师分工同样要精准极致。在高校教学方面,实行教师新的分工协同至少有如下优势:

彰显协同的群体优势。教师由单干式的孤军奋战变成集团式作战,实现优势互补。

顺应开放教育发展大势。当 MOOCs 大潮来临时,清华大学、北京大学、复旦大学、上海交通大学选择了模仿跟进。MOOCs 的影响虽然更多的是风投公司资金运作并裹挟名校的营销行为,可是它在一定程度上揭示了大规模开放教育的方向。大规模开放教育必然要求教师队伍专业化的分工,否则一个人包揽一门课的教学难有竞争优势。

有利于教师的专业发展。就一般意义而言,只有分工细化,才能实现专业化发展。现在教师的"专业"性太低。时代已经发展到迫切要求创新教师专业化分工,这种分工不仅是按照专业和学科的分工,更是工作性质、工作任务的再分工,"工种"的再细化。没有分工明确的专业化,绝大多数教师只能充当忙于"说知识"的传输机器,就不可能有大批的教育家,就不可能有大量的优质学习资源。结果,大众化的教师教大众化的学生,难有高质量的专业。

以上新的专业化分工,表面上看,势必要求教师量的扩张,然而,如果转换思维方式,此问题就可迎刃而解:一是采用开放式的大规模教学,二是相当层次的高校之间进行必要的专业和相关专业教师的整体交换与专业重组。

智慧型课程还要求教师拥有更为虔诚的敬业精神与更为炽热的爱生情愫,具有积极、坚持、开放、幽默、个性的人格特质,具有担当责任、崇尚民主、怀抱良心的伦理情怀,具有热爱生命、坚守信仰、追求艺术的审美情趣(王萍等,2015),还要有指导、激发、帮助学习者创新创造的高超本领。

3. 课程学习内容的时代性。课程的核心是目标和内容。离开课程内容,智慧型课程无从谈起。智慧型课程的智慧首先体现在内容的"智慧"上。知识是浩瀚的,将哪些内容选入课程需要大智慧,我国对此重视不够、举措不多。在许多大学,谁上课就谁制定教学大纲,规定课程目标、内容体系、教学方法,真正是"我的地盘我做主",缺乏严格的科学论证。一些教育主管部门和专业教学指导委员会也严重缺位,将严肃的课程蓝本的制定视同儿戏。例如,"十二五"期间国家规划教材中某个版本的《现代教育技术》,申报教材中竟然包含已从学校淘汰的幻灯机、投影仪等,说明国家规划教材的遴选办法、评选组织以及评委构成的某些方面存在不足。

课程内容过时、泛化、重复、远离社会的现实,是我国高校教学存在的共性问题。我国正在为 2020 年基本实现教育现代化做积极努力。信息时代的教育现代化是以先进教育观念为指导,科学地运用先进技术变革教育,使教育整体达到具有适应和引领现代社会发展要求的思想、观念、体系、管理、制度、队伍、内容、方法、手段、评价、环境、质量以及普及度、公平度,达到促进人在现代社会的全面发展、个性发展、特色发展、创新发展、终身发展、智慧性发展和全体发展的水平,达到培养具有国际竞争力创新型人才的水平。教育现代化的重要特征是教育的社会性,教学内容与社会发展相脱节是课程的最大问题。

不少课程内容设计缺少国际视野、时代担当、社会责任,只是在狭隘、过时的学科内容体系内做"知"的取舍,呈给学生的是"过夜茶""隔年饭"。可采取以下措施:教育部有关职能司要重视大纲、课程标准的制定,吸纳行业人士参加制定;缩短更新大纲和课标的周期(建议二至三年);改纸质教材为电子教材,缩短再版周期,部分教材甚至年年更新;建立若干专业课程中心,使每个专业课程和教材有专门的人和机构研究;建立专业课程的虚拟社区,使得人人可贡献课程内容智慧;保证课程内容专题研讨的常态化。

4. 课程形态全维融合性。在教育信息化初期,国内外曾力推混合式教学,在智慧教育背景下,要将之跃迁到课程形态的全维融合。全维融合包括传统与现代的融合,线上线下的融合,校内外的融合,国内外的融合,正式学习与非正式学习的融合,学、研、创的融合,理论与实践的融合,以适应泛在学习、学习型社会和创新型国家建设的需要。

5. 课程资源立体生成性。智慧型课程资源的立体性、生成性至少体现在以下方面:

一是课程资源表现形态立体化,以适应不同认知风格、学习特点的学习者。所打造的"现代教育技术"国家精品资源共享课所建构的立体学习资源,是文字教材、电子书、多媒体词典、学习自我诊断软件和网络课程的统一,其设计目的是让学习者灵活运用最合适的优质资源进行学习,以最恰当的资源进行自主学习、协作学习、研究性学习、深层学习,这是智慧课程资源立体化的一种有益尝试。

二是课程资源功能的立体化,不仅以传播知识为目的,还要支持学习者的研究、创造,以及建构自己的知识和能力体系。美国新媒体联盟发布的2014年高等教育版《地平线报告》预测,未来3年至5年,美国高校学生有从知识的消费者转换为创造者的趋势。我国大学的智慧型课程要加快服务于学生由知识的消费者向创造者的转变,为推进"大众创业、万众创新"做出贡献。

三是课程资源要具有进化性、发展性。课程资源要将学生作为资源进化的推进力量,向他们明确资源进化的任务及相应条件。课程资源建设智慧化还要解决资源重复建设的问题,尤其是利用财政资金建设的高层次资源。比如,面向大学生的同一门课程,建2~3门国家精品资源共享课足矣。这样可用有限的资金集中全国最好的教师做精品,否则资金分散,最终必然是精品不精。

三、结论与思考

综上,智慧教育的关键在于要尽快实现由培养知识人转向培养创新创造之人的历史性转变和时代飞跃,而这种转变和飞跃要以课程学习目标的"知行创"统一、课程教师全新意义的专业协同、课程学习内容的时代性、课程形态的全维融合性以及课程资源的立体生成性等五大智慧性特征为前提和保障。五大特征是一个整体,缺一不可。智慧型课程最本质之处是培养创新创造之人,因此可将相应的课程新形态称为创课或智课。

建构以上五大特征的智慧型课程,是对教育的深层次革命,是信息技术对教育影响的集中体现,是教育综合改革和全面深化改革的突破口,意义重大而深远。但是,难度之大也前所未有。具有五大特征的智慧型课程是对教育理念、目标、方式的颠覆,推进它需要全社会形成共识以及理解与支持,需要学校的重视和广大教师的身体力行,更需要全国教育改革领导小组、教育部等的重视与顶层设计。要彰显智慧型课程的特点,并充分发挥智慧课程在促进教育创新和变革方面的作用,智慧型课程建设还要特别重视以下两个方面内容:

1.加强课程教学的激发性。人的能力具有发展性,发展潜力巨大,亟待开发。这种能力的开发、潜能的挖掘,是智慧教育的核心所在,是智慧型课程的首要任务。课程教学要让学生认识到自己的无限潜能,并千方百计、想方设法地给他们以激发、激励、引导、分析,给他们必要的压力和高要求的目标及挑战性的任务。传统大学课程大多就事论事,缺少思维的碰撞、灵感的激发、发展的畅想、潜能的挖掘、能力的挑战,教师更多的是充当知识的二传手,对学生激发、引发、鞭策不够。智慧型课程必须强调教育的拉伸性,将发展学生的能力放在课程教学的首位,让学生迸发创新创造的活力。高目标的任务是让学生利用集体智慧和力量并通过不懈努力才能完成的任务,从而造就大批具有国际竞争力的拔尖创新型人才,培养适应大众创业万众创新所需的人才。

2.加快课程学习评价全息发展性的进程。人类已进入教育大数据时代(顾小清,2014),技术已为教育的智慧性评价奠定了基础,智慧型课程要充分利用现代的云技术、物联技术、移动通信技术、新一代视频技术、分析技术、图示化技术,既让学生很好地量化自我(陈然,2014;张婷,2015),又让教师(诊断师、评价师)根据学习活动、学习进程和与之交互的学习环境等全息化的学习信息大数据(包括学习轨迹、学习习惯、学习效率、学习尝试、学习方式、学习努力程度、学习活动参与度、学习成果创新情况),对学生进行科学的、发展性的评价,为学生的发展"号脉""开方",真正指导学生智慧成长。

参 考 文 献

[1]何克抗,林君芬,张文兰.教学系统设计[M].北京:高等教育出版社,2006.

[2]李芒,徐晓东,朱京曦.学与教的理论[M].北京:高等教育出版社,2007.

[3]何克抗,李文光.教育技术学[M].北京:北京师范大学出版社,2009.

[4]董瑞卿.信息技术环境下基于协作学习的教学设计[B].石家庄:河北师范大学信息技术学院,2008.

[5]汪基德.中国教育技术学科的发展与反思[D].兰州:西北师范大学博士学位论文,2007.

[6]祝智庭.网络教育应用教程:第1版[M].北京:北京师范大学出版社,2001.

[7]加涅.教学设计原理[M].上海:华东师范大学出版社,1999.

[8]南国农,李运林,祝智庭.信息化教育概论[M].北京:高等教育出版社,2004.

[9]吴涛.项目管理在我国教育技术领域应用研究[D].南京:南京师范大学,2004.

[10]张克松.教育技术管理十年回顾与反思[D].合肥:安徽师范大学,2014.

[11]詹然平.教育技术项目管理系统的设计与实现[D].成都:四川师范大学,2009.

[12]鲁言霞.项目管理在教育技术领域的应用和研究[D].济南:山东师范大学,2012.

[13]罗明东,李丽.知识管理:教育技术管理研究的新视角[J].昆明:云南

师范大学学报,2001.

    [14]李丽.知识管理视角下的现代教育技术管理研究[D].昆明:云南师范大学,2008.

    [15]南国农,李运林主编.电化教育学[M].北京:高等教育出版社,1998.

    [16]贺斌.慕课:本质、现状及其展望[J].南京:江苏教育研究,2014.

    [17]李斐,黄明东."慕课"带给高校的机遇与挑战[J].北京:中国高等教育,2014.

    [18]夏生,程老湿.MOOC更好和更时髦的教育系统[J].人物,2013(5).

    [19]高地."慕课":核心理念、实践反思与文化安全[J].长春:东北师范大学学报,2014.

    [20]胡东雁.网络课程的影响建构:MOOC教学影片制作法[M].北京:高等教育出版社,2015.

    [21]王晨,刘男.互联网+教育:移动互联网时代的教育大变革[M].北京:中国经济出版社,2015.

    [22]李森.大学生数字化学习能力培养探索[J].天津:信息系统工程,2016(5).

    [23]魏勇,肖学玲.高职院校学生数字化学习能力的培养[J].太原:新课程,2015.

    [24]叶平浩.高职院校大学生数字化学习能力提升研究[J].武汉:武汉商学院学报,2014,28(5).

    [25]王英哲,石桂珍,张林静,王玉环.信息时代大学生数字化学习能力培养研究[J].北京:电子世界,2014.